BAC PRO

ALE
ELLE

HISTOIRE GÉOGRAPHIE
ÉDUCATION CIVIQUE

Guide pédagogique

F. Blanchard
M. Boulanger
J. Kermarec
D. Le Nuz
N. Perrier

Sous la direction de
A. Couderc

FOUCHER

ISBN 978-2-216-11602-7

Sommaire

Histoire

Sujet d'étude 1

Sujet d'étude 2

Sujet d'étude 3

Sujet d'étude 4

GÉOGRAPHIE

SUJET D'ÉTUDE 5

SUJET D'ÉTUDE 6

SUJET D'ÉTUDE 7

SUJET D'ÉTUDE 8

Histoire – Sujet d'étude 1

Les États-Unis et le monde (1917-1989)

Ce premier sujet d'étude du programme de la classe Terminale, intitulé « Les États-Unis et le monde (1917-1989) », a pour but de faire appréhender aux élèves la montée en puissance de cet État au XXe siècle. Le pays a tiré profit de son engagement dans les deux guerres mondiales, puis dans la guerre froide, au nom de la défense de la liberté et de la démocratie, fondements du modèle américain qui triomphe en 1989.

Problématique générale du sujet d'étude

Ce sujet d'étude est centré sur un seul pays, les États-Unis. Il traite d'un temps long, couvrant presque un siècle, puisqu'il débute en 1917, année de l'entrée en guerre des États-Unis au côté des Alliés, et se clôt en 1989 lors de la chute du mur de Berlin et de l'effondrement du bloc soviétique.

Afin d'aider à la compréhension des élèves, nous avons choisi de traiter ce sujet suivant la chronologie, d'en délimiter les différents paragraphes en fonction des points de rupture.

Durant cette longue période, les États-Unis, déjà première puissance industrielle mondiale en 1914, sont devenus, par leur entrée en guerre en 1917, une puissance politique et diplomatique, volontairement en retrait après le règlement du conflit, puis à la suite de la crise économique des années 1930. Leur intervention tardive dans la Seconde Guerre mondiale fait d'eux une superpuissance face à l'autre grand bénéficiaire de la guerre, l'URSS. Ainsi, de 1947 à 1989, ils affrontent dans la guerre froide cette autre superpuissance, détentrice d'un système idéologique opposé au leur. La disparition du bloc soviétique en 1989 fait des États-Unis l'unique superpuissance, une hyperpuissance.

L'entrée des États-Unis sur la scène mondiale, 1917-1919

Jusqu'en 1917, les États-Unis, dont le régime est fondé sur les valeurs de liberté et de démocratie, sont restés fidèles à leur tradition isolationniste énoncée dès 1876 par G. Washington et reprise par T. Jefferson puis par J. Monroe en 1823 : elle entend les tenir à l'écart des affaires concernant le continent européen. Ainsi, les États-Unis se déclarent neutres en 1914. Mais, face à la « guerre sous-marine à outrance » décidée par les Allemands qui coulent les navires commerciaux, ils interviennent dans le conflit le 6 avril 1917 au côté de l'Entente (France, Angleterre, Russie) et de ses alliés, et ils jouent un rôle décisif dans la victoire finale en interdisant la progression des Allemands vers Paris. Leur puissance économique sort renforcée de la guerre ; loin des champs de bataille qui ont détruit l'Europe, leur industrie intacte a fonctionné à plein régime pour fournir des armes aux Alliés.

Le président américain en exercice, W. Wilson, a une vision idéaliste des relations internationales, il les veut harmonieuses et pacifiques. Dans ce but, il établit un plan en 14 points, qui doit servir de base aux traités de paix : multilatéralisme, coopération des États, obéissance à des règles de droit international, ordre garanti par une organisation supranationale (Société des nations) car, selon lui, la démocratie génère la paix par l'égalité et la concertation. « Jamais encore on n'avait formulé des buts aussi révolutionnaires en les assortissant d'aussi peu de directives sur la manière de les mettre en œuvre. Le monde auquel songeait W. Wilson se fondait sur le principe et non la force, sur le droit et non l'intérêt, et chacun, vainqueur ou vaincu, devait y trouver sa place. » (H. Kissinger, *Diplomatie,* p. 206).

Le retour à un certain isolationnisme, 1920-1938

Si nombre des « 14 points » sont appliqués dans les traités de paix, W. Wilson est désavoué par le Sénat américain qui refuse, en 1920, de signer le traité de Versailles face à une opinion publique américaine hostile à tout engagement. Les tendances isolationnistes, redevenues prépondérantes, s'intensifient à partir de 1929 avec la crise économique et la profonde dépression qui atteint le pays puis le monde. Alors que les dictatures (Allemagne, Italie, Japon) multiplient les agressions, les États-Unis se replient sur eux-mêmes; des lois de neutralité interdisant de vendre des armes ou d'accorder des prêts aux États en guerre sont votées en 1935, 1936 et en 1937. Elles seront cependant progressivement atténuées à partir de 1938.

Du neutralisme à l'intervention dans la Seconde Guerre mondiale, 1939-1946

Au nom de la défense de la liberté et de la démocratie, le président F. D. Roosevelt, élu en 1933, engage progressivement les États-Unis dans la guerre. En mars 1941, la loi «prêt-bail» permet la livraison d'armes au Royaume-Uni (seul à résister après la défaite de la France) et ensuite à l'URSS envahie par Hitler. Après l'attaque par le Japon de leur base de Pearl Harbor dans le Pacifique (Hawaï) le 7 décembre 1941, les États-Unis entrent en guerre contre les puissances de l'Axe (Japon, Allemagne, Italie).

Grands vainqueurs et bénéficiaires de la guerre qui a épargné leur territoire et a favorisé l'essor de leur industrie (armement), les États-Unis entendent créer un monde nouveau de paix et de liberté, suivant leur propre modèle (démocratie, droits de l'homme, libéralisme économique). L'Organisation des nations unies (ONU), née en juin 1945 à la conférence de San Francisco et siégeant à New York, a pour but d'assurer la paix et la sécurité dans le monde. À la fin de la guerre, les États-Unis sont les seuls à posséder tous les aspects de la puissance (économique, financier, militaire, diplomatique, culturel), tandis que l'Europe n'est qu'un amas de ruines.

L'affrontement dans la guerre froide, 1947-1989

À partir de 1947, Les États-Unis et l'URSS, deux super-Grands, s'affrontent dans la guerre froide, chacun voulant imposer au monde son propre système idéologique. Les États-Unis, champions des libertés et de la démocratie, sont les grands bénéficiaires de la guerre : loin du théâtre des combats, enrichis grâce au développement de leur industrie pour la fabrication des armes, ils sont alors la première puissance économique de la planète et les seuls à posséder l'arme nucléaire. L'URSS, prônant le communisme et l'autoritarisme d'État, épuisée économiquement par le conflit, en a cependant tiré un grand prestige militaire et idéologique;

L'Europe coupée en deux. Face à l'emprise soviétique sur les États de l'Europe de l'Est, le président américain H. Truman lance en mars 1947 sa doctrine d'endiguement du communisme («containment») pour arrêter son expansion. Son application concrète est le plan Marshall, une aide économique et financière proposée en juin à toute l'Europe pour sa reconstruction, sous réserve d'opter pour la démocratie libérale. Refusé par l'URSS et sous sa directive par les pays de l'Europe de l'Est, le plan est accepté par ceux de l'Europe de l'Ouest. Dès lors le continent européen est divisé en deux : un rideau de fer (frontière hermétique) sépare l'Europe de l'Ouest ancrée dans le camp américain d'une part, et l'Europe de l'Est appartenant au camp soviétique d'autre part.

Le monde divisé en deux blocs. Pour arrêter l'expansion du communisme, les États-Unis tissent tout un réseau d'alliances défensives visant à encercler l'URSS : le bloc de l'Ouest - regroupant autour des États-Unis l'Europe occidentale et le Canada (OTAN), les pays d'Amérique latine, d'Océanie, d'Asie du Sud-Est, le Japon et des États du Moyen-Orient – fait face au bloc de l'Est dirigé par l'URSS et comprenant les pays de l'Europe de l'Est, la Chine, la Corée du Nord qui forment une sorte de glacis protecteur. L'Allemagne et Berlin sont, à l'image de l'Europe et du monde, coupées en deux par le rideau de fer.

L'ordre bipolaire. La dissuasion nucléaire naît de la course aux armements. Chaque camp s'arme à outrance tout en sachant qu'il n'utilisera pas la bombe nucléaire, car celui qui l'emploiera le premier sait qu'il sera détruit par la riposte de l'adversaire. Une active propagande vise à diaboliser l'autre. Des crises sans affrontement armé direct entre les deux Grands ont lieu, d'une part à la périphérie des blocs où le conflit a lieu par États interposés et, d'autre part, au cœur des blocs où la négociation les clôt.

Au milieu des années 1980, au moment de l'arrivée au pouvoir de M. Gorbatchev, l'URSS est en plein marasme économique et n'a plus les moyens de sa politique extérieure. Elle entend désormais privilégier les réformes intérieures, annonçant la fin de la guerre froide. Suivant la chronologie et les axes de lecture dégagés, nous avons divisé ce sujet d'études en deux parties :

- Les États-Unis de 1917 à 1945;
- Les États-Unis de 1947 à 1989.

Dans les pages d'ouverture, afin de familiariser les élèves avec le sujet d'étude, nous avons exposé deux points clés :

– l'entrée en guerre des États-Unis en 1941 au nom de la liberté, principe fondateur du pays ;
– leur affrontement avec l'URSS dans la guerre froide.

La situation 1 est consacrée aux « 14 points » de W. Wilson et concerne la première partie du cours. Elle permet de comprendre, à travers les propositions du plan de paix, les principes de l'idéalisme wilsonien, d'en voir la mise en application partielle et ses conséquences pour l'Europe.

La situation 2 traite le plan Marshall et le début de la guerre froide, elle s'inscrit dans la seconde partie du cours. Ce plan d'aide matérielle et financière à la reconstruction de l'Europe est l'application économique de la doctrine Truman de l'endiguement du communisme. Il est à l'origine de la division de l'Europe et du monde en deux blocs.

Le cours 1 concerne les États-Unis de 1917 à 1945. Par son titre, nous avons voulu insister sur les fluctuations de l'engagement américain dans le monde durant cette période, de l'entrée tardive dans la guerre en 1917 au retour à un neutralisme dans l'entre-deux-guerres et enfin à leur intervention dans la Seconde Guerre mondiale en 1941. Nous avons aussi mis en valeur leur montée en puissance à la suite des deux conflits jusqu'à l'accession à la superpuissance en 1945.

Le cours 2 a pour but de montrer aux élèves les raisons de l'entrée dans la guerre froide, les moyens mis en œuvre par la superpuissance américaine dans son affrontement avec l'URSS, l'autre superpuissance détentrice d'un système idéologique opposé, et enfin l'essoufflement des deux Grands à la fin des années 1980.

L'essentiel autrement entend présenter sous forme de schéma les éléments importants de ce sujet d'étude :

De 1917 à 1945	De 1947 à 1989
• Les hésitations de la politique américaine. • Protéger et défendre le modèle américain. • Les États-Unis, puissance mondiale.	• L'engagement dans la guerre froide. • Défendre et étendre le modèle américain. • Les États-Unis, superpuissance.

La page **Capacités** « Montrer en quoi la situation étudiée est caractéristique du sujet d'étude » est abordée à travers l'étude d'un témoignage, le constat fait par le général de Gaulle après son entretien avec le président américain H. Truman en 1945 et rapporté dans ses *Mémoires de guerre*. Il s'agit de montrer les éléments de la superpuissance américaine au lendemain de la Seconde Guerre mondiale.

Arts et Histoire présente un aspect de l'active propagande menée dans les deux camps pour diaboliser l'adversaire. Il s'agit ici du tableau d'un peintre communiste français dénonçant le modèle américain en l'accusant de tous les maux, tant d'un point de vue politique que social.

Vers le Bac permet aux élèves de faire le point sur leurs acquisitions concernant ce sujet d'étude.
– Une première partie vise à contrôler les connaissances au moyen d'un questionnaire ;
– la seconde partie porte sur les deux situations étudiées. Pour chacune, un document sert d'appui au questionnement.

Ouverture (p. 4-5)

1. (Doc 1) *Quel constat peut-on faire au sujet de la date d'intervention des États-Unis dans les deux guerres mondiales ? Que symbolise la statue et quel sens peut-on donner à sa présence sur cette affiche ? Pourquoi parle-t-on de « Nations unies » ?*
Les États-Unis interviennent tardivement dans chacune des deux guerres mondiales :
– au printemps 1917, soit trois ans après le début de la Première Guerre mondiale et peu avant sa fin ;
– à la fin de 1941, après l'attaque japonaise de leur base de Pearl Harbor dans le Pacifique.
La statue est le symbole de la liberté, valeur fondatrice des États-Unis. Sa présence sur cette affiche montre les raisons de l'engagement dans la Seconde Guerre mondiale, un combat contre les dictatures, au nom de la défense de la liberté.
On parle de « Nations unies » puisque les peuples de nombreux États du monde se sont alliés pour combattre les fascismes.

2. (Doc 2) *Qui sont les deux grands vainqueurs, bénéficiaires de la guerre en 1945 ? Quelle est la nature de leurs rapports ?*
Les deux grands vainqueurs, bénéficiaires de la guerre en 1945, sont les États-Unis et l'URSS.
Ils entretiennent des rapports de force faits de nombreuses tensions (gants de boxe), chacun voulant assurer le triomphe de son modèle dans le monde.

3. (Doc 1 et 2) *Donnez l'évolution (continuité et rupture) de la politique extérieure des États-Unis de 1917 à 1989 et celle de leur puissance. Aidez-vous de la chronologie.*
Entre 1917 et 1945, les États-Unis conduisent une politique extérieure fluctuant entre intervention et repli sur soi ; après leur engagement tardif dans la Première Guerre mondiale, ils retournent à leur isolationnisme traditionnel à partir de 1920. Ils n'inter-

viennent dans la Seconde Guerre mondiale qu'à la fin de 1941 après avoir été directement attaqués. De 1947 à 1989, se déclarant chefs du monde libre, ils entendent arrêter l'expansion du communisme dans le monde et affrontent l'URSS dans la guerre froide.
Grande puissance industrielle en 1914, ils sont :
- en 1918, une puissance mondiale;
- en 1945, une superpuissance qui a tiré un grand bénéfice de la Seconde Guerre mondiale, dont le théâtre, éloigné de leur territoire, a permis à leurs industries de fonctionner à plein régime.

Situation 1 : Les « 14 points » de Wilson (p. 6-7)

1. **(Doc 1)** *Qui est W. Wilson et qu'a-t-il décidé en 1917 ? Quels sont ses buts ?*
W. Wilson est président des États-Unis depuis 1912. Il décide, en 1917, de faire entrer son pays dans la guerre. Ses buts sont la défense du droit (justice) et de la liberté.

2. **(Doc 2)** *Repérez les principes généraux et les mesures concernant particulièrement l'Europe.*
Par quels moyens la sécurité sera-t-elle assurée ?
Les principes d'ordre général sont d'assurer la paix et la liberté dans le monde :
- à propos de la paix : fin de la diplomatie secrète, limitation des armements, règlement impartial des questions coloniales;
- pour la liberté : libre circulation sur les mers, liberté de commerce international.

Les mesures concernant l'Europe répondent au principe des nationalités (droit des peuples à disposer d'eux-mêmes) : restauration de la Belgique, retour de l'Alsace-Lorraine à la France, rectification des frontières italiennes selon les limites des nationalités, indépendance des peuples de l'empire austro-hongrois, création d'une Pologne indépendante ayant accès à la mer, liberté de navigation dans les détroits. La sécurité sera assurée par la création d'une Société des nations.

3. **(Doc 2 et 1)** *En quoi ces propositions répondent-elles aux buts affichés par W. Wilson ?*
Ces propositions répondent aux buts affichés par W. Wilson puisqu'elles sont fondées sur les principes de liberté (navigation et commerce), de justice et de droit (droit des peuples à disposer d'eux-mêmes).

4. **(Doc 3)** *Pourquoi le Sénat américain refuse-t-il l'adhésion de son pays à la SDN ?*
Le Sénat américain refuse l'adhésion de son pays à la SDN pour que celui-ci ne soit pas engagé, contre sa volonté, dans une guerre, qu'il reste maître de sa politique étrangère et un rempart contre le communisme.

5. **(Doc 4 et 2)** *Quels points du programme de Wilson sont concrétisés dans la nouvelle Europe ?*
Les points du programme de Wilson concrétisés dans la nouvelle Europe concernent les minorités nationales. Suivant le principe du droit des peuples à disposer d'eux-mêmes, les empires multinationaux austro-hongrois et ottoman ont disparu, laissant place à de nouveaux État créés sur leur territoire : Tchécoslovaquie, Autriche, Hongrie, Yougoslavie. La Finlande et les Républiques baltes (Estonie, Lettonie, Lituanie) se libèrent de la Russie. L'Alsace-Lorraine redevient française. La Pologne, la Roumanie sont à nouveau indépendantes…

6. **(Doc 5)** *Quels sentiments animent cet ancien chancelier ? Que dénonce-t-il dans le traité ?*
L'ancien chancelier, Bülow, est indigné, outré, furieux. Il parle de « paix accablante », « ignominieuse », « honteuse ». Il dénonce :
- l'absence de négociations entre vainqueur et vaincu auquel le traité est imposé;
- la démilitarisation de son pays alors que les voisins et les puissances victorieuses peuvent continuer à s'armer.

7. **(Doc 3, 4 et 5)** *Pourquoi la paix paraît-elle fragile et incomplète au début des années 1920 ?*
Au début des années 1920, la paix paraît fragile car l'Allemagne vaincue se sent humiliée et va entretenir un désir de revanche. Elle est aussi incomplète car des villes ou des territoires sont en attente de statut : Memel, Dantzig, Fiume et la Sarre sont placées sous contrôle de la SDN.

Pour conclure

Pourquoi les « 14 points » de Wilson n'ont été qu'un bel idéal, non abouti dans les traités de paix ?

À l'approche de la victoire, afin de créer un nouvel ordre international qui éviterait les guerres, le président américain W. Wilson propose aux alliés européens un plan de paix en 14 points. Ce plan, conforme aux buts de guerre affirmés en 1917, met en avant d'abord des principes généraux pour assurer la sécurité, le droit et la liberté (une diplomatie ouverte, la liberté des mers et du commerce, la réduction des armements nationaux, le droit des peuples colonisés à disposer d'eux-mêmes), puis leur application au sujet de l'Europe après la guerre (l'évacuation de la Russie, la restauration de la Belgique, la restitution de l'Alsace-Lorraine à la France, la création d'un État polonais indépendant ayant accès à la mer, la modification des frontières italiennes selon les limites des nationalités). Ce nouvel ordre international a pour moteur la Société des nations, organisation internationale pour la paix garantissant l'indépendance territoriale et politique de tous les États.

Le programme du président Wilson est appliqué en partie dans les traités de paix : fondation de la SDN, rétablissement de la Pologne et création d'États indépendants sur les décombres des empires multinationaux emportés par la guerre. Mais la paix demeure incomplète : certaines zones, objets de litige, sont placées provisoirement sous contrôle de la SDN. L'Allemagne, tenue à l'écart des négociations, se sent humiliée et dénonce une paix qu'elle considère injuste et honteuse; amputée d'une partie de son territoire et de ses habitants, astreinte à payer des « réparations », elle voit son armée réduite. Le Sénat américain ne ratifie pas le traité de Versailles. Pour éviter à son pays un engagement contraint dans des guerres européennes, il refuse l'adhésion à la SDN, qui perd ainsi de sa substance.

Situation 2 : Le plan Marshall et le début de la guerre froide (p. 8-9)

1. (Doc 1) *Quels faits concernant l'Europe sont dénoncés par H. Truman? Identifiez et caractérisez les deux modes de vie présentés.*

Le président américain dénonce l'instauration de régimes communistes imposés de force par l'URSS dans les pays de l'Europe de l'Est (Pologne, Roumanie, Bulgarie). Le premier mode de vie présenté est celui des États-Unis; il est fondé sur la démocratie libérale, la liberté et le droit. Le second concerne l'URSS; il se caractérise par l'autoritarisme d'État, la violence, l'absence de liberté.

2. (Doc 1) *Que décide le président américain? Quel est son but?*

H. Truman, au nom des États-Unis, décide de venir en aide aux peuples qui rejettent le communisme et veulent rester libres. Son but est d'arrêter l'expansion du communisme, la mainmise de l'URSS sur une Europe ruinée.

3. (Doc 2 et 1) *Qu'appelle-t-on « plan Marshall » ? En quoi est-il le prolongement économique de la doctrine Truman?*

Le plan Marshall est un plan d'aide économique et financière proposée par les États-Unis à tous les pays européens. Il est le prolongement économique de la doctrine Truman qui entend « endiguer » le communisme. L'aide américaine permettra aux États européens de se relever dans la paix en optant pour la démocratie libérale, l'opposée de la dictature communiste.

4. (Doc 3 et 2) *Comment le plan Marshall est-il concrétisé sur cette photo? En quoi l'inscription sur le tableau répond-elle à ses buts?*

Cette photo montre une religieuse distribuant des produits venus des États-Unis (étiquettes en langue anglaise) à des enfants français (mots sur le tableau). Il s'agit de l'aide matérielle américaine du plan Marshall. L'inscription sur le tableau est un signe de reconnaissance des pays européens vis-à-vis des États-Unis. Bénéficiant de leur aide, ils se rangent à leur côté, adhèrent à leur modèle, font partie de leur camp.

5. (Doc 4 et 2) *Pourquoi l'URSS refuse-t-elle l'aide américaine? Que décide-t-elle ensuite?*

L'URSS refuse l'aide américaine pour ne pas dépendre des États-Unis, ne pas se voir imposer le modèle américain (la démocratie libérale). Elle invite ensuite tous les partis communistes européens à résister aux tentatives de domination américaine, et elle crée dans ce but le Kominform, bureau de liaison des partis communistes européens soumis à ses ordres. Ainsi, le Parti communiste français rejette l'adhésion de la France à l'OTAN en 1949.

6. (Doc 5, 4 et 3) *À quelle partie de l'Europe appartiennent les pays qui ont accepté le plan Marshall? Ceux qui l'ont refusé? Pourquoi parle-t-on dès lors de « division de l'Europe en deux camps » ?*

Les pays qui ont accepté le plan Marshall appartiennent à l'Europe de l'Ouest. Ceux qui l'ont refusé font partie de l'Europe de l'Est. On peut dire que l'Europe est dès lors divisée en deux camps :

– à l'Ouest, le camp américain : pays liés aux États-Unis et adhérant à leurs valeurs;

– à l'Est, le camp soviétique : pays devenus communistes et soumis à l'URSS.

Pour conclure

Pourquoi peut-on dire que le plan Marshall marque le début de la guerre froide en Europe?

En 1945, les États-Unis et l'URSS sont les deux grands vainqueurs bénéficiaires de la guerre. Détenteurs de systèmes idéologiques opposés, ils entrent vite en rivalité pour étendre leur modèle politique et économique au reste du monde. Après l'implantation forcée de régimes communistes soumis aux ordres de Moscou en Europe de l'Est, les États-Unis craignent la mainmise de l'URSS sur tout le continent européen. En mars 1947, le président américain H. Truman lance sa doctrine de l'« endiguement »; il s'agit d'arrêter l'expansion du communisme en Europe. Dans ce but, il propose un plan d'aide matérielle et financière à tous les pays européens, nécessaire à la reconstruction étant donné leur délabrement économique et politique, sous réserve qu'ils adoptent des institutions libres. La très grande majorité des États de l'Europe de l'Ouest adhèrent au plan Marshall lancé en juin, ceux de l'Europe de l'Est le refusent sous la pression de l'URSS qui l'a rejeté pour ne pas être sous la dépendance des États-Unis. Les pays de l'Europe de l'Ouest se regroupent en 1948 dans l'OECE (Organisation économique de coopération européenne) afin de se répartir l'aide des États-Unis, dont ils adoptent le modèle fondé sur la démocratie libérale et le libéralisme économique. Ceux de l'Europe de l'Est, avec l'arrivée des communistes au pouvoir, sont sous l'influence de l'URSS qui impose son système idéologique, l'autoritarisme d'État et le dirigisme économique. Ainsi, à la suite du plan d'aide américaine, l'Europe se trouve divisée en deux camps rivaux et devient le théâtre de l'affrontement des deux Grands dans la guerre froide.

Cours : Une politique extérieure hésitante (1917-1945) (p. 10-11)

L'entrée dans la guerre, 1917-1919

1. **(Doc 1 et 2)** *Pourquoi et dans quel but W. Wilson décide-t-il d'entrer en guerre ? En quoi son programme de paix répond-il aux buts de guerre de 1917 ?*

W. Wilson décide d'entrer en guerre parce que des bateaux de commerce américains ont été coulés par les Allemands. Grande puissance industrielle exportatrice, les États-Unis entendent préserver leurs intérêts et faire respecter la liberté du commerce et de la navigation maritime.

Son programme de paix est fondé sur la liberté et le droit, valeurs dont le respect répond aux buts de guerre des États-Unis : ceux-ci sont intervenus en 1917 pour défendre la liberté du commerce à la suite des attaques perpétrées par le régime autoritaire allemand contre les flottes marchandes.

De l'isolationnisme à la neutralité, 1919-1941

2. **(Doc 2 et 3)** *Repérez la phase d'isolationnisme et celle de neutralité. Quelles lois entament leur neutralité ? Comment ce dessin traduit-il les incertitudes de la politique américaine ?*

La phase d'isolationnisme se situe dans l'entre-deux-guerres : débutant en 1919 avec la non-ratification du traité de Versailles par le Sénat qui s'oppose à l'adhésion des États-Unis à la SDN, elle s'intensifie dès le début des années 1930 à la suite de la crise économique qui les fait se fermer au monde. La phase de neutralité s'étend de 1935 à 1938 par le vote de lois interdisant la vente d'armes en cas de conflit à l'extérieur et limitant le commerce (loi « cash and carry » réservée aux matières premières).

Les lois qui entament leur neutralité sont la loi « cash and carry » étendue aux armes en 1939, ce qui met fin à l'embargo, et la loi prêt-bail de 1941 permettant à l'Angleterre et à tout Allié de s'approvisionner à crédit en matériel de guerre.

Ce dessin qui montre symboliquement les États-Unis à un carrefour de routes (décisions à prendre) traduit les incertitudes de leur politique : un haut responsable de la politique étrangère américaine (l'oncle Sam portant une valise diplomatique) est incertain sur les choix politiques à faire, les panneaux indiquant des directions (options) opposées : engagement ou neutralité.

L'engagement dans le monde, 1941-1945

3. **(Doc 2 et 4)** *Quel événement pousse les États-Unis dans la guerre ? Qu'appelle-t-on « Victory Program » ?*

C'est l'attaque de leur base de Pearl Harbor par le Japon en décembre 1941 qui pousse les États-Unis à entrer en guerre. Le « Victory Program » est un plan de développement de l'armement à outrance, il traduit l'effort de guerre américain, monopolisant toutes les forces du pays au service du conflit.

4. **(Doc 4 et 5)** *Pourquoi peut-on dire qu'en 1945 les États-Unis possèdent tous les attributs de la superpuissance ?*

En 1945, les États-Unis possèdent tous les attributs de la superpuissance car ils ont :

– la puissance financière, leur PNB ayant plus que doublé à l'issue de la guerre;

– la puissance industrielle (fort accroissement de leur production);

– la puissance commerciale (triplement du nombre de navires de commerce);
– la puissance militaire avec le monopole de l'arme atomique.

Cours : Les États-Unis dans la guerre froide, 1947-1989 (p. 12-13)

L'entrée dans la guerre froide, 1947

1. **(Doc 1)** *Quelle est la situation de l'Europe de l'Est?*
En 1946, l'Europe de l'Est est occupée par les troupes soviétiques, elle est sous l'emprise de l'URSS.

2. **(Doc 2)** *Quels vont être les principes de la politique américaine face à l'URSS?*
La politique américaine a pour principes d'arrêter l'expansion de l'URSS, de l'« endiguer » fermement sans provocation.

L'ordre du monde bipolaire

3. **(Doc 3)** *Pourquoi parle-t-on de « monde bipolaire » ? Qui en sont les chefs?*
Le monde est dit bipolaire car il est divisé en deux camps opposés, chacun voulant conquérir le monde.
– Le bloc de l'Ouest est dirigé par les États-Unis et regroupe autour d'eux les États du continent américain (sauf Cuba), de l'Europe occidentale, du Moyen-Orient (la Turquie, l'Iran, le Pakistan), d'Asie (la Thaïlande, les Philippines, la Corée du Sud, le Japon), d'Afrique, essentiellement occidentale et méridionale (l'Afrique du Sud), l'Australie et la Nouvelle-Zélande;
– le bloc de l'Est a pour chef de file l'URSS et est formé d'États communistes amis situés tout autour de ses frontières : les pays de l'Europe de l'Est, la Chine, la Corée du Nord et le Vietnam. L'île de Cuba est une avancée du bloc communiste dans l'espace américain. Des bases militaires, installées à la périphérie, entendent protéger l'URSS de toute attaque de l'autre camp.

4. **(Doc 3)** *Repérez les deux principaux théâtres de la guerre froide. Précisez la situation de l'Europe, et particulièrement celle de l'Allemagne.*
Les deux principaux théâtres de la guerre froide sont l'Europe et l'Asie. L'Europe, et particulièrement l'Allemagne, se trouvent au cœur des rivalités Est-Ouest; elles constituent un lieu de contact des deux blocs. Elles sont divisées en deux, de part et d'autre du rideau de fer, une frontière hermétique entre les blocs : l'Europe de l'Ouest et la RFA (l'Allemagne de l'Ouest) appartiennent au camp américain, l'Europe de l'Est et la RDA (Allemagne de l'Est) font partie du camp soviétique.

5. **(Doc 3 et 2)** *Par quels moyens les États-Unis veulent-ils « contenir » les « tendances à l'expansion » de l'URSS?*
Pour « contenir » les « tendances à l'expansion » de l'URSS, les États-Unis ont :
– tissé un réseau d'alliances visant à « endiguer » le territoire soviétique en l'encerclant;
– complété ce dispositif par l'implantation de bases militaires américaines chez leurs alliés;
– fait croiser en permanence leur flotte sur les mers limitrophes de leur adversaire.

6. **(Doc 4)** *Qu'entend-on par « dissuasion nucléaire » ?*
La dissuasion nucléaire consiste pour chaque camp à s'armer à outrance, tout en sachant qu'il n'utilisera pas ces armes car la réplique de l'adversaire entraînerait sa destruction. Le but est de faire peur à l'autre.

Vers la fin des blocs, 1989

7. **(Doc 5 et 3)** *Quels aspects la guerre du Vietnam semble-t-elle revêtir? Pourquoi parle-t-on d'un « enlisement américain » au Vietnam?*
La guerre menée par les Américains au Vietnam a des aspects de guérilla car la désorganisation apparaît sur la photo : les soldats marchent en désordre au milieu des civils qui fuient leur avancée dans la confusion. On parle de l'enlisement américain au Vietnam car la guerre est longue (9 ans), les Américains sont contraints au recul car ils ne peuvent utiliser la puissance d'une force armée moderne dans cette guérilla.

Essentiel autrement – Essentiel en carte (p. 14-15)

À partir du schéma et de la carte, dites comment les États-Unis ont protégé et défendu leur modèle (1917-1945) pour ensuite vouloir l'imposer au monde (1945-1989).
Entre 1917 et 1945, les États-Unis hésitent à intervenir dans les affaires européennes afin de protéger et de défendre leur modèle fondé sur la liberté et le droit. De tradition isolationniste, ils entrent tardivement dans les deux guerres mondiales : en 1917, quand la liberté du commerce maritime est menacée, en 1941 à la suite de l'attaque de leur base de Pearl Harbor par les Japonais. En 1918, le

président Wilson propose aux Européens un plan de paix en 14 points, fidèle aux valeurs et principes fondateurs des États-Unis. Celui-ci ne sera que partiellement appliqué. Les États-Unis n'adhèrent pas à la SDN, car le Sénat américain refuse de ratifier le traité de Versailles par crainte d'engager le pays dans une guerre qui ne le concernerait pas. Dès lors, dans l'entre-deux-guerres, c'est le retour à leur isolationnisme traditionnel, la crise économique de 1929 accentuant encore leur repli (lois de neutralité de 1935 et 1937).

Promus superpuissance à la suite du second conflit mondial, les États-Unis interviennent à l'extérieur de 1947 à 1989 pour défendre et étendre leur modèle. Ils sont confrontés à l'URSS, l'autre super Grand détendeur d'un système idéologique opposé au leur. Dès 1947, face à la mainmise soviétique sur l'Europe de l'Est, ils décident de contenir l'expansion du communisme, de l'« endiguer » en lançant le plan Marshall, une aide économique et financière proposée à toute l'Europe pour sa reconstruction. Accepté par les pays de l'Europe de l'Ouest, le plan est refusé par l'URSS et les États de l'Europe de l'Est devenus communistes et placés sous l'emprise de Moscou. En outre, les États-Unis mettent en place tout un réseau d'alliances militaires défensives visant à encercler l'URSS. Le monde est ainsi divisé en deux blocs. L'Europe, et particulièrement l'Allemagne, partagées en deux de part et d'autre du rideau de fer, sont le symbole de cette bipolarisation. Dès lors, les États-Unis et l'URSS s'affrontent dans la guerre froide lors de crises par pays interposés ou réglées par la négociation, la politique de dissuasion nucléaire menée empêchant toute attaque directe. La guerre froide prend fin en 1989 par l'effondrement du bloc soviétique.

Capacités : Étudier un témoignage (p. 16)

Constat du général de Gaulle, après un entretien avec H. Truman, fin août 1945

1. *Quelle est la nature de ce document ?*
Ce document est un extrait des *Mémoires de guerre* du général de Gaulle, où il fait part de son constat sur la situation internationale établi après un entretien avec H. Truman.

2. *Quand et dans quel contexte le général de Gaulle rencontre-t-il H. Truman ?*
Le général de Gaulle rencontre H. Truman à la fin du mois d'août 1945, après la capitulation de l'Allemagne nazie et le largage de deux bombes atomiques sur le Japon par les États-Unis, peu de temps avant la capitulation japonaise mettant fin à la Seconde Guerre mondiale.

3. *Quelle fonction politique chacun d'eux occupe-t-il alors ?*
Fin août 1945, le général de Gaulle est depuis un an le chef du gouvernement provisoire de la République française, H. Truman vient d'être élu président des États-Unis à la suite du décès de F. Roosevelt.

4. *Quels sont les deux aspects de la situation internationale relevés ici ?*
Le premier aspect de la situation internationale a trait à la rivalité entre le modèle américain (démocratie libérale) et le modèle soviétique (communisme) pour dominer le monde. Le second aspect concerne la très grande puissance (superpuissance) détenue par les États-Unis à l'issue de la guerre.

5. *Quelle politique étrangère le président Truman entend-il conduire ? Pour quelle raison selon lui ?*
Le président Truman entend arrêter l'expansion du communisme dans le monde. Il s'agit pour lui d'une mission qui incombe au pays depuis sa fondation : les États-Unis doivent prendre la tête de la défense de la liberté.

6. *Quels sont les éléments de la puissance américaine d'après le général de Gaulle ?*
D'après le général de Gaulle, les États-Unis détiennent tous les éléments de la superpuissance : puissance économique (immenses ressources d'un territoire épargné par la guerre, industries florissantes), puissance commerciale (vastes débouchés : marché intérieur avide de consommation, pays étrangers à reconstruire), puissance militaire (monopole de l'arme nucléaire).

7. *Pourquoi, d'après le constat que le général de Gaulle fait en 1945, les États-Unis vont-ils entrer dans la guerre froide et constituer le bloc occidental ?*
D'après le constat fait par le général de Gaulle en 1945, les États-Unis vont entrer dans la guerre froide pour arrêter l'expansion du communisme en Europe (doctrine Truman) et constituer le bloc occidental pour « endiguer » son extension en encerclant l'URSS.

Arts et Histoire : Rejet ou attrait du modèle américain ? (p. 17)

1. (Doc 1) *Que symbolisent la voiture, la chaise électrique et les trois personnages au centre ?*
Ce que symbolisent :

• la voiture : la société de consommation, le capitalisme, la richesse des patrons ;

• la chaise électrique : la peine de mort, une justice expéditive, la violence, la dureté de la civilisation américaine ;

• les trois personnages centraux :
– le soldat : l'armée, la guerre, la violence ;
– l'homme en costume : le capitalisme ;
– l'homme assis lisant une revue porno : la dépravation de la société.

2. (Doc 1) *Que dénonce le peintre sur la droite du tableau ? Quelles sont les conditions de vie des Occidentaux peints à gauche ?*
Sur la droite du tableau, le peintre dénonce les guerres coloniales qui engendrent la mort d'innocents, la douleur des familles, le malheur. Les conditions de vie des Occidentaux peints à gauche sont mauvaises :
– la masse du peuple vit pauvrement : habitat précaire (tente, cave), pollution (fumées d'usines) ;
– la société comporte des exclus : vieillards abandonnés (solitude), immigrés misérables (précarité).

3. (Doc 1) *Que représentent les États-Unis pour les immigrants ? Qui sont-ils, que viennent-ils chercher ?*
Pour les immigrants, les États-Unis représentent la « Terre Promise » (« le paradis »), le pays de la liberté où tout est possible, l'accès à la société de consommation, le confort. Ce sont des gens pauvres qui fuient leur pays et sont à la recherche d'un avenir meilleur.

4. (Doc 1 et 2) *En quoi ces deux œuvres traduisent-elles des points de vue contradictoires sur le modèle américain ?*
Ces deux œuvres traduisent des points de vue contradictoires sur le modèle américain. En effet, la peinture montre une société violente (guerre, exécutions), corrompue, dépravée et inégalitaire (richesse d'une minorité, misère du peuple) alors que la comédie musicale rapporte le « rêve américain » des immigrés qui voient dans les États-Unis le pays de la liberté, celui de tous les possibles, de toutes les promesses.

Vers le Bac (p. 18-19)

1. Le sujet d'étude (p. 18)

1. *Sur quels principes les États-Unis sont-ils fondés ?*
Les États-Unis sont fondés sur les principes de liberté, de justice et de droit : la démocratie libérale et le libéralisme économique.

2. *Quelles sont les raisons et les buts de l'intervention des États-Unis dans les deux guerres mondiales ? Donnez les dates de leur entrée dans chacune.*
Les États-Unis interviennent dans les deux guerres mondiales pour défendre la liberté et le droit :
– en 1917 (Première Guerre mondiale) à la suite de la destruction de navires de commerce par les Allemands ;
– en 1941 (Seconde Guerre mondiale) après l'attaque de leur base de Pearl Harbor par les Japonais.

3. *Définissez : guerre froide, monde bipolaire, doctrine Truman, doctrine Jdanov, dissuasion nucléaire.*
– Guerre froide : période d'affrontement entre les États-Unis et l'URSS (détenteurs de systèmes idéologiques opposés) sans conflit armé direct.
– Monde bipolaire : monde divisé en deux blocs opposés et rivaux ;
– Doctrine Truman : doctrine visant à arrêter l'expansion du communisme, à l'« endiguer ».
– Doctrine Jdanov : doctrine qui a pour but d'étendre le communisme à toute l'Europe.
– Dissuasion nucléaire : politique de course aux armements dans le but de menacer l'adversaire d'une riposte qui le détruira s'il attaque le premier.

4. *Dites ce que signifient les sigles : SDN ; ONU ; OTAN.*
– SDN : Société des nations.
– ONU : Organisation des Nations unies.
– OTAN : Organisation des traités de l'Atlantique Nord.

5. *Qualifiez le degré d'engagement des États-Unis dans la politique internationale selon les périodes en inscrivant les mots suivants dans le tableau : isolationnisme, neutralité, engagement. Justifiez votre réponse par des exemples.*

1917-1919	**Engagement** Entrée dans la Première Guerre mondiale – Les « 14 points » de Wilson.
1920-1937	**Isolationnisme** Non-adhésion à la SDN – Repli sur soi (crise économique) – Embargo sur les armes.

1938-1940	**Neutralité** Loi « cash and carry » étendue aux armes.
1941-1945	**Engagement** Loi prêt-bail – Intervention dans la Seconde Guerre mondiale.

Situez ces événements chronologiquement dans le tableau (une même année pouvant en comporter plusieurs).

- *Entrée dans la guerre froide* • *Fin de la guerre froide* • *Crise de Cuba* • *Plan Marshall*
- *Construction du mur de Berlin*
- *Réunification de l'Allemagne* • *Doctrine Truman*
- *Effondrement de l'URSS* • *Retrait des Américains du Vietnam* • *Chute du mur de Berlin*

1947	Entrée dans la guerre froide – Doctrine Truman – Plan Marshall
1961	Construction du mur de Berlin
1962	Crise de Cuba
1973	Retrait des Américains du Vietnam
1989	Chute du mur de Berlin – Fin de la guerre froide
1990	Réunification de l'Allemagne
1991	Effondrement de l'URSS

2. Les situations (p. 19)

Situation 1. Les « 14 points » de Wilson

1. *Qu'est-ce que la SDN ? Qui est à l'origine de sa création ?*
La SDN (Société des nations ou Ligue des nations) est une organisation internationale pour le respect du droit et le maintien de la paix dans le monde. C'est le président américain W. Wilson qui est à l'origine de sa création.

2. *Comment le dessin, par les symboles, traduit-il l'idéal du président Wilson ?*
Le dessin traduit l'idéal du président Wilson par le rameau d'olivier qu'il présente à une colombe, symboles tous deux de paix.

3. *Que met en évidence le texte ? Quelle réalité historique cette caricature expose-t-elle ?*
Le texte met en évidence les difficultés de mise en place du plan de paix proposé par W. Wilson dans ses « 14 points », la surenchère des différentes parties. Cette caricature expose les désaccords entre les vainqueurs, le sentiment d'humiliation de l'Allemagne, le rejet de la SDN par les États-Unis.

Situation 2. Le plan Marshall et le début de la guerre froide

4. *Qu'entend-on par plan Marshall ? Que représentent le personnage et la statue ?*
Le plan Marshall consiste en une aide économique et financière proposée à tous les pays européens dans le but d'arrêter l'expansion du communisme.

5. *Quelle partie de l'Europe a accepté ce plan ? Quelle en est la conséquence ?*
Seule l'Europe de l'Ouest a accepté ce plan. L'Europe, enjeu des deux Grands, se trouve ainsi divisée en deux blocs de part et d'autre du rideau de fer.

6. *En quoi s'agit-il d'une affiche de propagande. Qu'apporte le plan Marshall aux pays bénéficiaires ?*
Il s'agit d'une affiche de propagande vantant les bienfaits des États-Unis. Ceux-ci sont incarnés par l'Oncle Sam jovial. Il participe à la reconstruction d'une Europe de l'Ouest ruinée mais renaissant dans l'unité sous la lumière et la chaleur d'un soleil resplendissant, représenté par le flambeau de la liberté que lève la statue (symbole du modèle américain) en arrière-plan.
Le plan Marshall apporte aux pays bénéficiaires les moyens de leur reconstruction, et donc le bien-être, le bonheur, dans la liberté, l'entente et la paix.

Histoire – Sujet d'étude 2

L'idée d'Europe au XXe siècle

Ce sujet d'étude vise à étudier les grands projets politiques et économiques d'unité de l'Europe en tenant compte des idées de supranationalité et de fédéralisme qui sous-tendent l'histoire de l'Union. Le sujet s'intitule bien « L'idée d'Europe » car il prend en compte les projets avortés comme celui d'A. Briand, qui n'en reste pas moins marquant entre les deux guerres. Cependant, l'idée a permis des réalisations concrètes, dont la situation 1, avec le plan Schuman, marque un point de départ déterminant. Le contexte historique est important pour chaque avancée du projet, en particulier la disparition des blocs, ce qui explique le choix de la situation 2 « Kohl-Mitterrand » ouvrant sur l'Union Économique contemporaine.

Problématique générale du sujet d'étude

La difficulté du sujet est de présenter à la fois les idées et les réalisations, de passer de l'abstrait au concret ou plutôt d'ajuster la première partie à la seconde. Ce sujet d'étude privilégie une approche chronologique.

Les pages d'ouverture. Les deux documents en face à face permettent d'inscrire la notion d'Europe dans l'histoire : l'Europe se crée avec l'établissement de la paix à partir du second conflit mondial et la mise en place de la démocratie sur son territoire. L'Europe possède un horizon à l'échelle du monde, et pas seulement à l'échelle du continent, par des engagements conformes aux droits de l'homme inscrits dans ses institutions.

La situation 1 présente l'idée d'Europe jusqu'en 1973 qui marque le début de la crise économique et la nécessité de relancer le projet sur des bases plus fermes. Victime de son succès, le marché commun compte de plus en plus de membres et de demandes d'entrée. La fin de la guerre froide ne fait qu'augmenter ces caractéristiques. La période allant de 1973 à 1989 voit l'Europe passer de 9 à 12 pays sans initiative vraiment importante, et l'idée d'Europe semble piétiner. Cette première partie permet de mettre en place les idées importantes pour la construction de l'Europe : en finir avec les conflits récurrents franco-allemands et garantir la paix, mettre en commun les productions essentielles à la vie économique d'un pays et créer des institutions capables de gérer ces données. Les premiers projets énonceront déjà les notions de fédéralisme et de supranationalité qui seront déclinées et nuancées par la suite dans les institutions réalisées, tant au sein de la CECA que de la CEE.

La situation 2 met l'accent sur les nouveaux enjeux de l'Europe : l'élargissement à l'échelle continentale et le renouveau indispensable de ses institutions. L'idée d'Europe s'accomplit et avance grâce à la compréhension et l'entente du couple franco-allemand depuis le début, mais l'événement de la chute du mur de Berlin met les deux dirigeants dans la situation de prendre des initiatives capitales. L'idée de garantir la paix et la prospérité en filigrane amène le chancelier Kohl et le président Mitterrand à poser les jalons de l'Europe d'aujourd'hui. L'Acte unique, le traité de Maastricht, dans le respect des principes démocratiques, donnent à l'Europe un souffle nouveau avec la libre circulation des personnes, une monnaie unique et une représentation sur la scène internationale, inachevée certes, mais largement en cours. L'idée d'Europe énoncée et posée par A. Briand, R. Schuman et J. Monnet, est en perpétuel mouvement, comprenant des projets qui peuvent paraître encore utopiques comme celui d'un partenariat euro-méditerranéen pour réaliser un espace commun de paix, de stabilité et de prospérité, ainsi qu'un partenariat économique, social, culturel et humain. De nouvelles questions se posent aux Européens qui ont obtenus la double nationalité avec la citoyenneté européenne : où s'arrêtent les frontières réelles ou idéelles de l'Europe ?

L'essentiel autrement et l'essentiel en cartes. L'organigramme doit permettre aux élèves de périodiser et de mettre en parallèle l'idée d'Europe et ses réalisations sur un axe chronologique ainsi que son évolution. Le sujet qui l'accompagne peut faire l'objet d'une synthèse construite. L'élève dispose de la carte pour donner des exemples précis sur les différents élargissements et les différents espaces de l'UE. Il peut aussi aller chercher dans le cours le contenu des différents traités évoqués sur l'essentiel autrement. C'est l'occasion également de replacer la situation étudiée en cours, en vue de l'examen.

Ouverture (p. 20-21)

1. (Doc 1) *Quelle caractéristique marque l'histoire de l'Europe dans les trois premiers dessins? Repérez et nommez les époques évoquées.*

La guerre et le désir de conquête caractérisent l'histoire de l'Europe dans les trois premiers dessins. On reconnaît l'époque de la conquête romaine, les casques des soldats sont significatifs et l'inscription sur le drapeau est en latin. En face, se trouve de vaillants Gaulois aux casques à ailettes.

La deuxième image montre Napoléon et ses soldats partant à la conquête de l'Europe, on les reconnaît là aussi aux chapeaux des personnages (bicorne pour Napoléon, chapeaux des hussards pour les soldats). La troisième image met clairement en scène la Seconde Guerre mondiale et le carnage humain dont elle est responsable. Le char est conduit par Hitler reconnaissable à sa moustache; il rappelle la guerre éclair (*blitzkrieg* en allemand : tactique de guerre offensive mise au point par l'Allemagne; l'aviation puis les chars préparent le terrain aux troupes).

2. (Doc 1) *Quel choix les européens font-ils? À partir de quand?*

Après la Seconde Guerre mondiale, les Européens font le choix de l'union et de la paix, ils choisissent le bulletin de vote pour décider de leur sort et ne plus se laisser entraîner par un seul homme.

3. (Doc 2) *Quelle réalisation concrète évoque cette image? Au service de quelle cause?*

Cette image met en position centrale le symbole de l'euro, monnaie européenne, mais ce symbole économique est recouvert d'herbe verte et se confond avec l'immense plaine où il repose. La plaine rencontre le ciel pur à l'horizon comme si l'objectif de l'UE était de ne faire qu'un avec la nature.

4. (Doc 1 et 2) *Comment l'idée d'Europe semble-t-elle avoir évolué?*

Il semble que l'idée d'Europe se soit construite après des siècles de guerre entre nations européennes en faveur d'une union pour maintenir la paix, objectif qui a été atteint. Elle évolue avec son temps et prend en compte les problèmes écologiques contemporains qui concernent le monde et pas seulement l'Europe. Par sa participation au sommet de Copenhague pour limiter les émissions de gaz à effet de serre afin de protéger la planète du réchauffement, elle semble engager son économie dans un projet écologique à l'horizon des années à venir.

Situation 1 : Le plan Schuman (p. 22-23)

1. (Doc 1) *Dans quelle circonstance les deux hommes ont-ils travaillé ensemble? Quel élément biographique peut expliquer l'engagement de R. Schuman?*

Les deux hommes ont travaillé dans le cadre du Conseil de l'Europe fondé en 1949, essentiellement destiné à défendre la démocratie et les droits de l'homme. L'engagement de R. Schuman pour la paix peut s'expliquer par son lieu de naissance, la Lorraine, annexée au Reich pendant la Seconde Guerre mondiale. Né en 1886, Il est allemand jusqu'en 1918, puis français entre les deux guerres et allemand à partir de 1940. Il est donc très sensible aux problèmes de nations et de guerre.

2. (Doc 2) *Quels sont les objectifs proposés par le plan?*

Les objectifs du plan Schuman sont d'une part, de garantir la paix en Europe par des réalisations concrètes qui mettront fin au vieux conflit entre la France et l'Allemagne, d'autre part, de construire une Fédération européenne.

3. (Doc 2, 3 et 4) *Quelle réalisation concrète propose R. Schuman dans sa déclaration? À l'aide du schéma et de la légende, expliquez en quoi elle coïncide avec l'idée de fédéralisme.*

R. Schuman propose de mettre l'ensemble de la production de charbon et d'acier française et allemande ensemble, dans une organisation commune et ouverte afin que les intérêts des uns et des autres soient identiques et que se crée une solidarité pour la commercialisation des produits. De cette façon, ils travailleraient ensemble et ne se feraient plus la guerre.

Cet objectif correspond à l'idée de fédéralisme car ce ne sont plus les nations qui géreront la production des produits mais la Haute Autorité de la

CECA, elle se situe donc au dessus des nations car les gouvernements n'ont pas le pouvoir de décision. Ils se contentent de nommer ou de mandater des représentants composés «de personnalités indépendantes» selon la déclaration de R. Schuman. Le pouvoir exécutif est donc délégué à la Haute Autorité. On peut aussi noter que l'Assemblée commune préfigure déjà le Parlement et que la société civile est prise en compte. La Haute Autorité est une institution démocratique et supranationale.

4. **(Doc 5)** *Que symbolise ce train?*
Ce train est le symbole de la fin des frontières et des droits de douane entre pays de la CECA. L'échange des marchandises est facilité et la solidarité entre européens s'établit : les deux hommes arborent les drapeaux des pays ayant adhéré.

5. **(Doc 2)** *Expliquez le choix de la date du 9 mai pour la fête de l'Europe.*
Il s'agit de la date de la déclaration Schuman, le 9 mai 1950 qui fonde le projet de la CECA.

Pour conclure

Expliquez en quoi le plan Schuman est novateur pour l'époque.
Le plan Schuman est novateur pour l'époque car, au sortir de la Seconde Guerre mondiale, il propose aux belligérants séculaires de faire la paix de façon définitive. Il pense que la condition au maintien de la paix en Europe est d'établir des liens d'amitié entre la France et l'Allemagne. Dans cet objectif, il propose une mesure concrète : la mise en commun du charbon et de l'acier qui forment une production de base pour les économies des pays afin de construire des liens de solidarité. Ce projet est novateur car il ne sépare plus deux pays mais tente de les rapprocher par une idée de partage. Cela suppose que les frontières soient abolies ainsi que les droits de douane entre les deux pays. Cela induit aussi une organisation particulière par le biais d'institutions à créer. Pour la première fois, les États vont déléguer une partie de leur pouvoir à une Haute Autorité qui gérera, selon des principes démocratiques, ces produits essentiels à l'économie et sans lesquels elle n'est plus viable. Le principe d'un marché commun et d'une instance supranationale se dessine à travers l'organisation de la CECA. Enfin, cette organisation est originale par l'ouverture laissée à tous les pays d'Europe qui souhaitent y participer. Quatre pays vont immédiatement y adhérer et formeront l'Europe des Six, premiers fondateurs de l'Europe à 27 pays qui reste toujours ouverte à d'autres adhésions. Ces initiatives garantiront une paix durable sur l'ensemble du continent.

Situation 2 : Kohl-Mitterrand et l'Europe (p. 24-25)

1. **(Doc 1)** *Quel souvenir est commémoré? Que représente l'unique cercueil? Pourquoi?*
Le souvenir commémoré est celui de la bataille la plus meurtrière de la Première Guerre mondiale, celle de Verdun, sur le lieu même de la bataille. L'unique cercueil représente tous les soldats morts lors de cette bataille, allemands comme français; il n'y en a qu'un pour signifier que le drame a été des deux côtés, et qu'il n'y a plus d'esprit de revanche.

2. **(Doc 2)** *Quelle mesure est adoptée par les gouvernements allemand et français? Dans quel but?*
Les deux gouvernements s'entendent pour supprimer les frontières entre leurs pays concernant la libre circulation de leur population, cela dans le but de les rapprocher par des liens et des échanges plus étroits. La libre circulation des personnes créerait plus de solidarité. Il s'agit de réunir et d'unir.

3. **(Doc 3)** *Quel est l'objectif de l'Acte unique? Quelle idée d'Europe apparaît à travers le texte?*
L'Acte unique a pour objectif de passer du marché commun à l'Union européenne. L'idée d'Europe qui s'en dégage est celle d'une démocratie dont le but est d'assurer la paix et la sécurité dans le respect des Droits de l'homme. Il s'agit de renforcer les politiques communes pour avoir une représentation internationale et de développer plus encore la coopération économique et l'intégration de nouveaux pays. Il s'agira donc de donner des moyens pour modifier et moderniser ses institutions.

4. **(Doc 4 et 5)** *Quelle peur la réunification allemande provoque-t-elle? Est-elle justifiée selon le président français?*
La réunification de l'Allemagne après la chute du mur de Berlin en 1989 ravive la peur d'une grande Allemagne qui pourrait à nouveau se confronter avec la France, économiquement ou par de nouveaux conflits. Le discours de F. Mitterrand est rassurant; il parle de concorde, de paix et de progrès. Il envisage même d'intégrer d'autres pays de l'Est quand ils seront prêts. Il fait le projet d'élaborer une confédération par de nouveaux traités qui permettraient de consolider la Communauté afin de rendre possible les intégrations à venir. La peur ne semble donc pas justifiée.

5. (Doc 6) *Comment se manifeste concrètement l'amitié du couple franco-allemand ?*
L'amitié franco-allemande se concrétise par la création de l'Eurocorps destiné à intervenir dans les conflits importants pour protéger les populations. Elle se manifeste aussi par de nombreuses initiatives culturelles comme la création de la chaîne de télévision Arte.

Pour conclure

Montrez comment l'amitié franco-allemande a permis de relancer et de rendre plus concrète l'idée européenne.
L'amitié du couple franco-allemand se manifeste par la rencontre de deux hommes fortement marqués par la Seconde Guerre mondiale et qui ont le désir de maintenir la paix à travers un grand projet européen, comme cela s'est effectué depuis la création de la CECA et de la CEE. Dans les années 1980, l'Europe s'est élargie et comprend 12 pays. Les deux pays fondateurs comprennent qu'il est nécessaire de moderniser les institutions pour permettre l'intégration et le fonctionnement du libre-échange entre les nations. Ils proposent, dès 1984, la liberté de circulation des personnes entre leurs pays et, en 1986, ils mettent en place l'Acte unique, préparatoire du traité de Maastricht en 1992 qui institue l'UE. Grâce à l'amitié franco-allemande, les craintes de nouveaux conflits, ravivées par la chute du mur de Berlin en 1989, seront vite apaisées. Cette amitié permettra la réunification des deux Allemagnes et, plus tard, l'intégration de nouveaux pays de l'Est, libérés aussi du joug soviétique. Le couple franco-allemand est également à l'origine de la création d'une première défense de l'Europe par la création de l'Eurocorps et de nombreuses initiatives culturelles comme la chaîne Arte qui diffuse des informations dans les deux langues. On pourrait aussi évoquer le projet Erasmus destiné à favoriser les échanges pour les études ou la carte Interail pour que les jeunes circulent partout en Europe à moindre coût. Avec le couple Kohl-Mitterrand, l'Europe est devenue une réalité quotidienne pour chacun grâce à des réalisations concrètes et plus proches des citoyens européens.

Cours : De l'utopie à la construction de l'Europe (p. 26-27)

Aux origines de l'idée européenne

1. (Doc 1) *Quel courant d'idée A. Briand représente-t-il ici ? Dans quel contexte ?*
A. Briand représente le courant européiste qui soutient l'idée d'un grand marché européen selon un système fédéraliste ; il rêve d'« États-Unis d'Europe ». Il présente son projet en 1929, devant la SDN, organisation internationale destinée à maintenir la paix en Europe, créée par le traité de Versailles au lendemain de la Première Guerre mondiale.

L'Europe à petits pas : 1947-1957

2. (Doc 2) *En quoi consiste le projet de la CED ? Dans quel contexte s'inscrit-il ?*
Le projet de la CED consisterait à mettre en place une armée européenne qui aurait à sa tête un ministre de la Défense nommé par les gouvernements des nations adhérentes. Ce ministre serait responsable devant une assemblée élue. R. Pleven, président du Conseil des ministres, désigne peut-être, pour cette assemblée européenne, le Conseil de l'Europe, créé en 1949. Il se situe dans le contexte de la guerre froide et au moment où se met en place la CECA, organisation à visée supranationale.

3. (Doc 1 et 2) *Quelle idée commune aux deux projets peut en expliquer l'échec ?*
L'idée qui rassemble les deux projets est celle d'un commandement supranational, or le fédéralisme fait peur, et l'Angleterre y est très hostile. C'est la raison pour laquelle elle ne fera pas partie de la CECA.

L'Europe s'affirme : 1957-1973

4. (Doc 3) *Définissez la Communauté européenne à partir des indications de l'affiche.*
La Communauté européenne comprend six pays indiqués par leur capitale (Italie, France, Luxembourg, Belgique, Pays-Bas et Allemagne). Cette affiche indique ses caractéristiques : la libre circulation des marchandises et l'affranchissement des barrières douanières que cela entraîne ainsi que la liberté de circulation des personnes. Elle met l'accent sur le poids démographique et économique de l'organisation semblant indiquer qu'ensemble et réunis, ces pays représentent une force et peuvent effectivement proposer un « avenir meilleur ».

5. (Doc 5) *Quelle est la mission de l'Euratom ? En quoi se rapproche-t-elle des objectifs de la CEE ?*
L'Euratom est chargée de faciliter les investissements et de développer les programmes de recherche sur l'énergie nucléaire. Elle est chargée aussi de la surveillance et de la sécurité de la production. Elle se rapproche des objectifs de la CEE, car il s'agit d'un « marché commun » des spécialistes et des équipements du nucléaire. Il s'agit vraiment de mettre tout ce qui concerne le nucléaire en commun.

6. (Doc 4) *Quel bilan peut-on tirer de la Politique agricole commune dans les années 1980 ?*
La Politique agricole commune dans les années 1980 est une réussite; elle est excédentaire pour l'alimentation de base avec les céréales, le lait, mais aussi pour le beurre et le vin. Cela permet d'exporter les excédents et de retirer de grands bénéfices.

Cours : De nouveaux enjeux pour l'Europe (p. 28-29)

L'Européen face à l'élargissement

1. (Doc 2 et 4) *En quoi le Parlement a-t-il un rôle important ? Que révèle pourtant le taux de participation aux élections européennes ?*
Le Parlement a un rôle important car il représente le peuple qui s'exprime par le bulletin de vote au suffrage direct pour les élections de ses représentants au Parlement européen. Ces députés ont une influence directe sur toutes les instances européennes. Le Parlement européen contribue à l'adoption des lois en part égale avec le Conseil des ministres et a un droit de regard sur la Commission puisqu'elle ne peut fonctionner sans être investie par lui. Le président de la Commission est élu par le Parlement. Malgré cela, le taux d'abstention aux élections européennes ne cesse de progresser, montrant un certain désintérêt des Français et des Européens en général. Ce taux d'abstention passe de 38 % en 1979 à 59,5 % en 2009 pour les Français, et de 38 % à 56,6 % pour les Européens, toutes nations confondues.

2. (Doc 3) *Comment s'exprime le mécontentement des Européens ? À quel sujet ?*
Le mécontentement des Européens s'exprime ici au sein de manifestations organisées par une Confédération européenne des syndicats, à Strasbourg, où se situe le Parlement européen. C'est une manifestation pour réclamer des réformes sociales; moins de temps de travail et la priorité aux droits des travailleurs. Les manifestants réclament une Europe sociale.

L'UE : vers des « États-Unis » d'Europe ?

3. (Doc 1) *Quelles sont les initiatives prises à Maastricht ? En quoi l'élargissement rend-il ces mesures nécessaires ?*
C'est à Maastricht que la CEE se transforme en Union européenne. Il est décidé alors de se diriger vers une monnaie unique, d'établir une politique étrangère et de sécurité commune ainsi qu'une défense, afin d'être présent sur la scène internationale comme une entité. Le traité décide aussi de créer une citoyenneté européenne qui permettra aux électeurs de participer aux élections municipales dans son pays de résidence et de voter à partir de celui-ci pour les députés européens. L'élargissement rend ces mesures nécessaires parce qu'il faut des institutions efficaces et plus modernes pour gérer un ensemble de pays plus important (la CEE s'est élargie à 12 pays), et la citoyenneté permettra de faciliter les élections et de rassembler les Européens entre eux.

Une construction originale mais inachevée ?

4. (Doc 2) *Quelles institutions sont, selon vous, à caractère plus national ou plus fédéral ? Qui représente l'UE à l'extérieur ?*
Le Parlement européen et la Commission européenne ont une vocation plus fédérale; ils sont indépendants des gouvernements nationaux et ne prennent de mesures que par eux-mêmes. Le Conseil européen est plus un organisme de coopération gouvernementale. L'UE peut être représentée à l'extérieur par le président de l'Union (M. Herman Van Rompuy), nommé par le Conseil européen à la majorité qualifiée, mais c'est surtout le Haut-Représentant pour les Affaires étrangères et la Politique de sécurité (Catherine Ashton) qui est chargé de la diplomatie et des relations extérieures.

5. (Doc 5) *Quelles constatations peut-on faire à partir du schéma ?*
On remarque que beaucoup d'Européens se définissent par leur nationalité seulement, les Anglais se reconnaissent peu comme européens, par exemple. Cependant, nombre d'Européens se définissent maintenant par leur nationalité d'abord mais aussi comme européens, ils reconnaissent donc leurs deux citoyennetés. Très peu se reconnaissent uniquement européens, ni même européens avant leur pays d'origine. Ce schéma montre combien l'identité européenne a du mal à s'imposer par rapport au principe de nationalité.

Essentiel autrement – Essentiel en carte (p. 30-31)

À l'aide d'exemples précis, montrez comment l'idée d'Europe est liée à la recherche de la paix et expliquez son évolution.

La recherche de la paix. Elle est présente après les deux grands conflits mondiaux et pendant la guerre froide où l'Europe se divise en deux blocs. L'Allemagne partagée en deux est une grande source de conflits sur le territoire européen. Il s'agit aussi de préserver la paix et l'unité européenne après la chute du mur de Berlin qui réveille les nationalismes (Yougoslavie).

Des réalisations concrètes. L'idée d'Europe défendue par A. Briand entre les deux guerres ne voit aucune réalisation concrète, et semble rester une utopie. Le choc du deuxième conflit mondial, par le biais de la reconstruction, amène la réalisation de la CECA en 1951 puis de la CEE en 1957. Les deux ennemis séculaires sont les principaux architectes de la paix, et le couple Kohl-Mitterrand relance l'avenir européen avec de nouveaux traités qui mèneront entre autres choses à la monnaie unique, à la libre circulation des personnes, etc.

Une l'idée qui a fait du chemin. L'Europe se rapproche aujourd'hui de plus en plus de l'idée d'États-Unis d'Europe prônée par A. Briand entre les deux guerres, mise alors en échec par le protectionnisme des États et la montée du nazisme. L'Europe est passée, petit à petit, de la simple coopération économique de la CECA à l'idée d'une Communauté (CEE) à visée supranationale. Cela conduit, après 1989, à une Union économique élargie presque à l'intégralité du continent, dont le cadre institutionnel est à plusieurs égards à vocation fédérale. L'idée d'Europe s'impose lentement d'elle-même et semble laisser le temps à chaque pays de rejoindre ses initiatives en laissant libre de toute contrainte ceux qui préfèrent attendre pour entrer dans l'espace euro ou l'espace Schengen.

Capacités : Étudier une affiche (p. 32)

L'Europe et le symbole de la tour de Babel

1. *De quel type de document s'agit-il ? À quoi sert-il en général ?*

Ce document est l'affiche d'une institution européenne, elle est destinée à mettre en valeur l'institution qui la publie.

2. *Repérez la date et l'institution concernée.*
Cette affiche a été publiée par le Conseil de l'Europe en 2001.

3. *Définissez le sujet précis de ce document et posez le problème de sa représentation.*
La légende indique qu'il y a de nombreuses langues parlées en Europe et qu'il faut pourtant « une seule voix », c'est-à-dire celle de l'Europe. Une tour est en construction au dessous d'un ciel constellé des 12 étoiles du drapeau européen. Le paysage est idyllique et les hommes fraternisent pour bâtir cette tour commune.

4. *Quel est l'élément commun avec les deux autres documents*
Les trois documents montrent des tours, soit en construction, soit réalisées, comme le siège du Parlement européen à Strasbourg.

5. *Quel est le plus ancien ? Quelle est sa source ?*
Le plus ancien document est le tableau de Bruegel l'Ancien, daté du XVIe siècle. Il s'inspire d'un texte mythique, celui de la tour de Babel dans la Bible.

6. *Que cherche t-il à démontrer ?*
Il montre que des hommes unis et parlant tous le même langage autour d'un même projet peuvent devenir puissants au point de rivaliser avec Dieu. L'union rend les hommes puissants.

7. *Comment peut-on comprendre la représentation de l'affiche ?*
L'affiche reprend le mythe biblique de la tour de Babel peint par Bruegel au XVIe siècle, d'autant plus que le bâtiment du Parlement européen (où siège le Conseil de l'Europe) ressemble étrangement à cette construction imaginaire.

8. *Quelles réalités recouvre-t-elle ?*
Comme dans le mythe, les Européens parlent plusieurs langues différentes (123 sont officiellement recensées, dont 43 langues nationales et 80 langues régionales pratiquées), et il est difficile de se comprendre et de faire entendre la voix d'une certaine unité. L'UE reconnaît 23 langues officielles et tous les documents officiels sont traduits dans ces 23 langues.

9. *Quel message délivre-t-elle ?*
L'affiche semble délivrer le message que le projet européen doit unir les peuples de façon suffisamment forte pour dépasser le problème, réel, de la diversité des langages. Le multilinguisme ne doit pas être un facteur de division comme il l'a été dans le mythe de Babel.

Arts et Histoire : La puissance du mythe des origines (p. 33)

1. **(Doc 2)** *Qui était Europe dans la mythologie grecque ? De quelle partie du monde vient donc le nom du continent ?*
Europe est une très belle princesse asiatique, enlevée par Zeus, le roi des Dieux dans la mythologie grecque. Le nom du continent européen vient donc d'Asie.

2. **(Doc 2 et 3)** *Quelle qualité est attribuée au taureau ? Et à la femme ?*
La force, la puissance et la virilité sont les symboles attribués généralement au taureau ainsi que la fécondité. La femme est imaginée comme un être plus fragile, sensible, et elle est aussi une mère.

3. **(Doc 1 et 3)** *Comment est représenté l'enlèvement dans le tableau de Valentin Serov ? Et dans la sculpture ?*
Dans les deux cas, le taureau est fort, il brave les eaux de la mer ou est capable de bondir pour franchir l'obstacle qui le sépare de l'autre rive du continent dans la sculpture. Europe est dans les deux cas solidement arrimée aux cornes du taureau et semble lui faire entièrement confiance. Elle est légère et se laisse emporter.

4. **(Doc 1 et 3)** *Quelle idée de l'Europe le peintre et le sculpteur ont-ils respectivement voulu représenter ?*
Europe mettra au monde trois fils : de la force du taureau et de la fragilité de la femme naît une civilisation sur un autre continent.

Vers le Bac (p. 34-35)

1. Le sujet d'étude (p. 34)

1. *Analysez le texte et répondez aux questions suivantes.*

1. *De quel « défi historique » s'agit-il ?*
Il s'agit de relever le défi de l'élargissement, c'est-à-dire l'adhésion de nouveaux pays au sein de l'UE que la chute du mur de Berlin, symbole de la fin de la guerre froide, a développé rapidement, puisqu'en 2000 l'UE est passée à 15 pays et s'apprête à en accepter d'autres. L'Europe comptera 25 pays, quatre ans plus tard.

2. *Quelle difficulté soulève l'auteur ?*
L'auteur explique qu'il est impossible à trente chefs d'États et de gouvernement de prendre des décisions rapides et cohérentes. Il est impossible d'envisager trente présidences. On n'est vraiment président que de son pays.

3. *Quelle solution envisage-t-il ?*
L'auteur pense qu'il faut aussi une intégration politique et pas seulement économique.

4. *Quelle idée de l'Europe défend-il ?*
Il défend l'idée d'une fédération européenne, comme le faisait déjà R. Schuman.

5. *En quoi consiste-t-elle ?*
Elle consiste dans la création d'un Parlement européen pour exercer le pouvoir législatif et d'un gouvernement européen pour exercer le pouvoir exécutif. Il s'agit bien d'une construction politique nouvelle.

2. *Complétez le tableau ci-dessous en nommant l'événement correspondant à la date et en précisant son contenu.*

Année	Événement	Contenu
1929	Projet Briand	Projet d'une union fédérale européenne devant la SDN.
1950	Plan Schuman	Organisation supranationale autour de la production du charbon et de l'acier.
1957	Traité de Rome	Création de la CEE.
1986	Acte unique européen	Révision des traités de Rome pour relancer l'intégration européenne, modification des règles de fonctionnement des institutions européennes, élargissement des compétences communautaires.
1992	Traité de Maastricht	Création d'un marché supranational, d'un cadre institutionnel unique, de la citoyenneté européenne, mise en place d'une monnaie unique et de la PESC.
1993	Sommet de Copenhague	Définition des critères d'adhésion politiques et économiques à l'UE.
1995	Traité de Schengen	Libre circulation des personnes.

2. Les situations (p. 35)

Situation 1 : Le plan Schuman

1. *Quels pays, indiqués sur les pupitres, sont représentés par les musiciens de l'orchestre ?*

Les pays indiqués sur les pupitres sont L'Allemagne, l'Italie, le Benelux (Belgique, Nederland, Luxembourg).

2. *Qui est le chef d'orchestre ?*

Le chef d'orchestre est le français R. Schuman. Sa partition est écrite en français et indique un air célèbre, « Viens poupoule », transformé en « Viens pool, pool ». Il s'agit du pool du charbon et de l'acier créé par la CECA.

3. *Quel pays refuse de jouer ?*

La Grande-Bretagne refuse de jouer; sur le pupitre est dessiné un drapeau anglais, le musicien tourne le dos à l'orchestre.

4. *Expliquez en quelques lignes ce que représente cette caricature.*

Hostile à l'idée de supranationalité, la Grande-Bretagne refuse d'entrer dans le projet présenté par R. Schuman qui consiste à mettre en communauté la production de charbon et d'acier afin de préserver une paix (la musique !) durable en Europe. Il propose de créer la CECA sans prendre en compte la décision de l'Angleterre. Il décide donc de « jouer » la partition européenne sans elle et malgré elle.

Situation 2 : Kohl-Mitterrand et l'Europe

1. *Quel personnage est situé à gauche de la photo ? à droite ?*

Le personnage à gauche de la photo est le chancelier allemand Helmut Kohl; à droite, se trouve le président de la République française, François Mitterrand.

2. *Quelle est l'opinion du journal allemand* Der Spiegel *au sujet de la création de l'euro ?*

Le journal allemand pense que l'euro a été l'objet d'un marchandage entre les deux hommes. Ils auraient négocié la réunification de l'Allemagne contre le renoncement au mark. Le mark était alors la monnaie forte en Europe, la « force nucléaire » de l'Allemagne.

3. *Que dit J.-L. Bianco à ce sujet ?*

J.-L. Bianco, ancien secrétaire général de l'Élysée, pense au contraire que ces décisions émergent d'une volonté commune des deux hommes.

4. *Quelles étaient les craintes des deux pays face à la réunification pour la France et face à l'abandon du mark pour les Allemands ?*

La France craint la constitution d'un grand pays susceptible de devenir une telle force économique que les conflits renaîtraient avec la France. H. Kohl craint que l'abandon du mark ne rejette l'Allemagne dans les difficultés inflationnistes de l'entre-deux-guerres, période pendant laquelle les Allemands ont beaucoup souffert. Au bout du compte, chacun passera outre ses craintes pour faire avancer l'Europe et la paix.

Histoire – Sujet d'étude 3

La décolonisation et la construction de nouveaux États : Inde, Algérie

Le sujet d'étude répond au double objectif fixé par le programme officiel, dans un premier temps la présentation de la décolonisation, « onde de choc » qui fait disparaître en trente ans les empires coloniaux constitués au cours de deux à trois siècles, ensuite la construction des États, nouveaux venus sur la carte du monde, en prenant appui sur l'Inde et l'Algérie. On n'entre pas dans le détail des événements, mais on cherche à faire comprendre la contestation de l'ordre colonial jusqu'à la fin de la domination, puis l'originalité des réponses apportées par les jeunes États, face aux immenses défis économiques et politiques qu'ils rencontrent.

Problématique générale du sujet d'étude

Les peuples dominés remettent en cause la colonisation qui a mis en valeur des territoires au bénéfice des métropoles (exploitation de matières premières, cultures d'exportation), a brisé les activités traditionnelles en apportant une certaine modernité avec des structures administratives, des écoles, des dispensaires, etc. La population locale a été peu, ou pas du tout, associée à la gestion des colonies. Des mouvements nationalistes très divers, nés avant ou entre les deux guerres mondiales, se sont développés après 1940, recrutant leurs cadres parmi les élites locales, formés en Europe, instruits par l'enseignement et/ou l'armée. Ils mesurent le décalage entre les idéaux (égalité, liberté) et la réalité vécue.

En 1945, les colonies espèrent être récompensées de leur loyauté (2 millions d'Indiens ont combattu dans l'armée britannique) et devenir indépendantes. Mais les réponses des métropoles, sorties affaiblies de la Seconde Guerre mondiale, sont inadaptées. Les Anglais veulent accorder plus d'autonomie dans leurs territoires, les Français faire évoluer le droit des colonisés, la Belgique, les Pays-Bas désirent garder leurs colonies comme un élément de prestige international. La décolonisation, prioritaire pour l'ONU qui a pour objectif l'égalité des nations, soutenue par les deux Grands, est inéluctable.

Les pages d'ouverture permettent d'entrer dans le sujet en montrant deux aspects de la décolonisation, la chute de la puissance britannique d'un côté, la libération et l'espoir du côté des anciens colonisés.

Les situations et le cours 1, centrés sur des exemples précis, expliquent comment deux colonies importantes, l'Inde « perle de l'Empire britannique », l'Algérie seule colonie française de peuplement, ont contesté l'ordre colonial et se sont libérées de la domination européenne par des voies différentes.

La situation 1 « Gandhi, la non-violence pour l'indépendance » étudie le rôle d'une personnalité exceptionnelle dans la décolonisation. Les textes présentés sont de Gandhi et non des études récentes d'historien ou des images de films.

Que l'Inde ne se soit pas émancipée du joug colonial grâce à la seule méthode de Gandhi fait peu de doute. En revanche, le mouvement de libération nationale n'aurait sans doute jamais acquis une telle ampleur sans son charisme et son pouvoir de mobilisation. L'exemple de la marche du sel est caractéristique de la méthode de Gandhi. L'impôt sur le sel rapportait 15 000 000 de francs-or (environ 38 millions d'euros) par an au gouvernement britannique. La taxe sur un produit essentiel à la vie et à celle du bétail était très lourde pour les paysans pauvres. Ceux qui habitaient sur la côte auraient pu faire bouillir de l'eau de mer pour fabriquer du sel, mais c'était interdit. Gandhi invite tout le peuple de l'Inde à violer cette interdiction. Pour cela, il entame à pied, à l'âge de 61 ans, une marche de 384 km et atteint en trois semaines Dandi, village symbolique de l'injuste taxation des Britanniques sur le sel.

En brandissant une poignée de ce sel dans la mer, devant les fidèles qui l'avaient suivi, Gandhi brave ainsi le monopole d'État.

La situation 2, « Le 1er novembre 1954 en Algérie, jour de la Toussaint », étudie une journée particulière, déterminante pour la France et l'Algérie, fondement de la mémoire collective. Pour illustrer cette date précise, les documents disponibles sont peu nombreux, titres des journaux français, d'une part, et proclamation du FLN, de l'autre, on a choisi de montrer comment elle est commémorée (et utilisée) actuellement.
En 2009, le rôle de Moudjahid (combattant), assez bref, du président de la République, Abdelaziz Bouteflika, est mis en évidence. Né à Oudja au Maroc en 1937, il entre dans l'Armée de libération nationale (ALN) en 1956 lorsque le FLN ordonne à tous les étudiants algériens de rejoindre ses rangs. Secrétaire de H. Boumédiène, il devient ministre des Affaires étrangères après l'indépendance en 1963 (il a 26 ans) jusqu'en 1979. Il dirige la diplomatie algérienne qui fait de l'Algérie un pays porte-parole du tiers monde, interlocuteur privilégié dans les rapports entre le Nord et le Sud. Ecarté un moment de la vie politique, il se présente en 1999 (après la guerre civile), à la présidence de la République comme candidat indépendant. Elu avec 73,8 % des suffrages, président d'honneur du Front de libération nationale en 2005, il est réélu en 2009 avec 90,2 %.

Le cours 2 met en évidence le rôle des jeunes États désormais acteurs de leur destin. Ils affirment leur force de « tiers monde », cherchent une place entre les blocs de la guerre froide et choisissent des voies économiques et politiques illustrées par des exemples significatifs, la grande société pétrolière Sonatrach en Algérie, la démocratie en Inde.

L'essentiel autrement reprend, dans un organigramme, les points forts du sujet d'étude que les élèves doivent retenir.

La page Capacités revient sur l'histoire de l'Algérie en développant la méthode d'analyse d'une frise chronologique, la recherche des continuités et des ruptures.

Arts et Histoire présente deux artistes au destin lié à l'histoire de l'Algérie : Baya, peintre, et Tahar Djaout, poète. En 2003, le musée Réattu en Arles a présenté une rétrospective ***Baya ou la fable du monde*** et fait connaître l'artiste algérienne, peintre autodidacte, douée d'une grande créativité et d'un sens inné des couleurs, épouse d'un musicien bien connu en son pays, mère de famille nombreuse, travailleuse infatigable, discrète, digne, d'une grande élégance physique et morale. Tahar Djaout de triple culture, arabe, berbère et française (sa langue d'écriture privilégiée) est assassiné à Alger en 1993. Écrivain et poète reconnu, journaliste respecté, ses revendications étaient la liberté d'expression et de création. « Le silence, c'est la mort/Et toi, si tu parles, tu meurs/Si tu te tais, tu meurs/Alors, parle et meurs ». Ces vers de Djaout sont devenus une profession de foi pour de nombreux journalistes algériens pendant la période de la guerre civile.

Vers le Bac conclut le sujet d'étude en proposant des exercices permettant aux élèves de contrôler les connaissances acquises.

Ouverture (p. 36-37)

1. (Doc 1) *Sur quelle partie du monde est centré le dessin ? Comment la décolonisation est-elle vue par John Bull ?*
Le dessin est centré sur l'Afrique et sur une partie de l'Asie (l'Inde) où s'est déployée la colonisation britannique. John Bull, fièrement installé au sommet du globe, est le pilote sûr de lui. Brutalement, il est renversé, écrasé par le monde qu'il dirigeait, étonné de cette chute qu'il n'a pas prévue.

2. (Doc 1) *D'après le titre, à quelle date la décolonisation a-t-elle eu lieu ?*
La décolonisation commence après la Seconde Guerre mondiale, aux alentours de 1950.

3. (Doc 2) *Décrivez la partie bleue de la peinture murale, puis la partie opposée. Quelle situation est résumée dans cette peinture ?*
Dans la partie bleue (la nuit), des hommes enchaînés, soumis, ont les yeux baissés et l'air triste. Puis, les yeux s'ouvrent sur la situation vécue. La partie opposée, dans la lumière, montre l'homme libéré, décidé à donner son avis en votant. La peinture murale, destinée à être vue par tous les passants, résume la colonisation et la libération des peuples.

4. (Doc 1 et 2) *Comment l'équilibre du monde a-t-il été bouleversé ?*
Les peuples dominés ont renversé l'ordre traditionnel pour prendre en main leur histoire.

Situation 1 : Gandhi, la non-violence pour l'indépendance (p. 38-39)

1. (Doc 1) *Comment Gandhi apparaît-il dans ce portrait ? À quelle classe sociale appartient-il ?*

Gandhi est un jeune homme vêtu d'un élégant costume, chemise et cravate à la mode. Cela suppose qu'il vient d'un milieu aisé, capable de financer des années d'études à Londres pour qu'il devienne un vrai britannique.

2. **(Doc 2)** *Comment se révèle-t-il en 1930? Expliquez pourquoi la marche du sel est importante.*

Gandhi a abandonné la mode occidentale et porte désormais le vêtement traditionnel. En 1930, il invite le peuple de l'Inde à violer l'interdiction de fabriquer du sel à partir de l'eau de mer, afin d'échapper à la taxe imposée par les Britanniques sur ce produit indispensable. Gandhi entame à pied la marche jusqu'à la mer et ramasse une poignée de sel. Il brave ainsi la loi et lance le mouvement de désobéissance civile dans le but d'ébranler la puissance britannique.

3. **(Doc 3)** *Quel est le but du refus des produits anglais?*

Refuser l'achat de produits anglais a pour but de gêner et d'affaiblir l'industrie anglaise qui exporte, en particulier des textiles, vers l'immense marché indien. Ce boycott doit faire avancer sans violence la cause de l'indépendance.

4. **(Doc 3, 2 et 1)** *Comment, sur les documents 2 et 3, Gandhi a-t-il appliqué le mot d'ordre du boycott des tissus ?*

Gandhi, qui a renoncé aux vêtements importés d'Angleterre, porte désormais le vêtement traditionnel indien en coton local. Il applique le boycott des produits anglais en montrant l'exemple.

5. **(Doc 4 et 2)** *À qui la déclaration s'adresse-t-elle? Quelle est la conséquence pour Gandhi?*

La déclaration « Quittez l'Inde », lancée par Gandhi et par le parti du Congrès auquel il appartient, s'adresse aux Britanniques. Elle concerne également les Indiens appelés à se joindre à la lutte. Gandhi et les leaders du parti du Congrès sont emprisonnés alors que la Grande-Bretagne est engagée en 1942 dans la Seconde Guerre mondiale.

6. **(Doc 5 et 1)** *Comment l'Assemblée de l'ONU célèbre-t-elle le principe de non-violence? Ce principe est-il toujours en vigueur dans le monde?*

Une journée internationale est dédiée à la non-violence (le 2 octobre) reconnue comme une valeur universelle. Le principe toujours d'actualité a montré son efficacité dans le combat pour les droits civiques aux États-Unis et contre l'apartheid en Afrique du Sud.

Pour conclure

Comment Gandhi a-t-il développé et appliqué le principe de non-violence?

Gandhi, issu d'une famille aisée, a fait des études de droit en Grande-Bretagne puis s'est installé comme avocat en Afrique du Sud (colonie britannique) pour défendre la cause de ses compatriotes, victimes de discrimination. Il recherche une voie originale pour lutter contre la puissance britannique et élabore la doctrine de la non-violence.

De retour en Inde en 1914, il lance une campagne de non-coopération qui s'adresse à tous les Indiens. Le but est de perturber l'économie britannique en refusant d'acheter des produits venus de la métropole. Gandhi abandonne son costume occidental pour le vêtement traditionnel tissé en Inde. Devenu chef du parti du Congrès, homme politique de premier plan, il reste cependant un guide spirituel qui aspire « à changer les cœurs ». En 1930, il lance le mouvement de désobéissance civile marqué par la « Marche du sel » en demandant de ne pas suivre la loi britannique jugée injuste. En 1942, il incarne la volonté d'indépendance lors d'une dernière campagne « Quit India » qui réclame le départ des Anglais. Le principe de non-violence, développé par Gandhi et appliqué en Inde pour affaiblir la puissance britannique jusqu'à l'obtention de l'indépendance, est devenu une valeur universelle.

Situation 2 : Le 1er novembre 1954 en Algérie, jour de la Toussaint (p. 40-41)

1. **(Doc 1)** *Dans quelles régions les attaques ont-elles lieu? Relevez les villes les plus touchées.*

Les attaques du 1er novembre ont eu lieu dans l'est de l'Algérie, les régions montagneuses de la Grande Kabylie et le massif des Aurès ainsi que les environs de Skikda. Les villes les plus touchées sont Tizi Ouzou en Kabylie et la capitale, Alger.

2. **(Doc 2)** *Comment le gouvernement français réagit-il? Quelles raisons avance-t-il?*

Le gouvernement français envoie des CRS, 16 compagnies républicaines de sécurité, pour rétablir l'ordre en Algérie. Les raisons mises en avant font remarquer que les trois départements sont une partie de la France, les habitants doivent donc être défendus comme les habitants de la métropole.

3. **(Doc 3)** *Qui sont les auteurs de la proclamation? Quel est le ton employé? À qui est-elle destinée ?*

Les auteurs de la proclamation se présentent comme de jeunes militants de la cause nationale, lassés de l'immobilisme du mouvement qui n'a, jusqu'alors, rien obtenu. Le ton solennel et déterminé explique quel est le but du Front de libération nationale. Le texte s'adresse à la fois à chaque Algérien et à l'ensemble du peuple, mais plus particulièrement aux militants du mouvement national.

4. (Doc 3 et 2) *Soulignez dans chaque texte une ou des phrases qui s'opposent. Pourquoi s'opposent-elles ?*
Le ministre de l'Intérieur dit que « L'Algérie, c'est la France » et qu'il faut « affirmer la force française ». Le FLN veut « la restauration de l'État algérien souverain » et « rendre la liberté à l'Algérie ». Ces phrases s'opposent car elles sont prononcées par la France, puissance coloniale, et par le mouvement national algérien qui réclame la décolonisation.

5. (Doc 4) *Quels sont les thèmes abordés dans le programme du 55e anniversaire du 1er novembre 1954 ?*
Le programme met en avant deux thèmes, l'hommage au président de la République, A. Bouteflika, combattant de la guerre de libération, et l'étude historique du rôle des élites, des femmes et des citoyens. L'anniversaire du 1er novembre 1954 est devenu un sujet d'étude et de mémoire.

6. (Doc 4 et 3) *Quelles transformations se sont produites depuis 1954 ?*
Mouvement à l'origine du déclenchement de la guerre en 1954 et moteur de libération de l'Algérie, le FLN est devenu depuis l'indépendance un parti politique qui présente des députés aux élections. C'est le symbole l'Algérie depuis 1954.

Pour conclure

Expliquez la place tenue par la date du 1er novembre 1954 en Algérie.
Le 1er novembre 1954 est une date clé pour l'Algérie et la France. Ce jour-là, des attentats ont lieu simultanément en différents points éloignés du pays, les zones montagneuses de Kabylie et des Aurès, dans des villes, Tizi Ouzou, Philippeville (Skikda), et dans la capitale Alger, ce qui prouve une minutieuse préparation. Le Front de libération nationale revendique l'organisation des attentats et présente les acteurs. Ce sont de jeunes militants de la cause nationale, issus du Parti populaire algérien, déçus de ne pas obtenir de changement par la voie politique et les élections. Le FLN proclame solennellement son but, l'indépendance et la souveraineté de l'Algérie, et explique aux Algériens les moyens de la lutte afin qu'ils s'engagent. Le gouvernement français ne prend pas conscience que la Toussaint 1954 est le début d'une longue guerre. Le 1er novembre 1954 est le jour de la fête nationale. C'est l'occasion de célébrer l'anniversaire du déclenchement de la guerre et de rappeler les difficultés de la lutte pour l'indépendance. C'est aujourd'hui un sujet d'étude et un enjeu de mémoire pour les jeunes générations.

Cours : Des luttes coloniales aux indépendances (p. 42-43)

Des empires coloniaux contestés

1. (Doc 1) *Comment Gandhi conçoit-il la marche vers l'autonomie ?*
Gandhi demande à chacun de faire des efforts en vue d'obtenir l'autonomie et de se gouverner sans la Grande-Bretagne. Tous les Indiens doivent veiller à la propreté des lieux publics, les riches aristocrates doivent partager leurs richesses.

2. (Doc 2) *Dans quel but cette image est-elle diffusée ? Quels éléments représentent une « manifestation contre la souveraineté française » ?*
C'est une carte proposée aux militants du Parti du peuple algérien pour soutenir son fondateur Messali Hadj qui vient d'être arrêté. Ses partisans le considèrent comme un guide, un chef de guerre qui s'oppose à la France. En réclamant l'autonomie de l'Algérie, alors formée de trois départements français, il met en cause la « souveraineté française ».

3. (Doc 2 et 1) *Les deux partis nationaux ont-ils des différences ? Des points semblables ? Lesquels ?*
Les deux partis ont en commun la lutte pour l'indépendance de leur pays. Mais ils sont très différents. En Inde, le parti du Congrès, fondé en 1875, est reconnu par la loi et participe au gouvernement auprès des Anglais. Le Parti du peuple algérien, créé en 1937, est très rapidement privé de son chef, arrêté par le gouvernement français.

Des formes d'accès à l'indépendance

4. (Doc 3) *Comment le partage des Indes se déroule-t-il ? Qui sont les participants ?*
En 1947, le partage des Indes se fait lors de discussions. Les deux leaders indépendantistes sont présents : Nehru, vice-président du gouvernement indien et chef du parti du Congrès ; Ali Jinnah, chef de la Ligue musulmane et président du Pakistan. Le

vice-roi des Indes, Lord Mountbatten, et son chef d'État-major représentent la Grande-Bretagne qui va accorder l'indépendance.

5. **(Doc 4)** *Décrivez la situation, les acteurs en présence. Que peut-on en déduire?*
Dans une zone montagneuse, un hélicoptère débarque des soldats de l'armée française, bien équipés, dans une région qui paraît inhabitée. On peut penser qu'ils cherchent des combattants algériens cachés dans cette région.

6. **(Doc 3 et 4)** *Comment qualifier les deux démarches vers l'indépendance?*
Les Britanniques discutent avec les nationalistes indiens pour négocier l'indépendance. Les Français font la guerre à ceux qui veulent l'indépendance en Algérie.

Des désordres après l'indépendance

7. **(Doc 5)** *Quelle est l'ampleur des transferts de population? Quelle est la cause des massacres?*
Environ 14 millions de personnes sont déplacées et doivent aller s'installer loin de chez eux. Après l'indépendance, le 15 août 1947, le tracé des frontières entre les deux nouveaux États (Inde et Pakistan) devient officiel. Des millions de personnes traversent la nouvelle frontière dans les deux sens. Les Indiens musulmans sont obligés de quitter l'Inde pour aller dans le nouvel État musulman, le Pakistan, les hindous et les non-musulmans sont contraints de quittent leur région, devenue le nouveau Pakistan, pour s'installer dans l'Union indienne. Cette migration forcée entraîne des violences de part et d'autre : en seulement trois mois, 1 million de réfugiés trouvent la mort sur les routes de l'exode.

8. **(Doc 5 et 3)** *Quels participants à la conférence sont au pouvoir lors des transferts de population?*
Nehru, chef du gouvernement et du parti du Congrès est au pouvoir en Inde, Ali Jinnah, chef de la Ligue musulmane est à la tête du Pakistan. Les dramatiques transferts de population ont donc lieu dans des États indépendants.

Cours : De nouveaux États dans le monde : l'Inde et l'Algérie (p. 44-45)

Les nouveaux États sur la scène internationale

1. **(Doc 1)** *Quelle expression montre la volonté de s'affirmer? Pourquoi parle-t-on de «coup de tonnerre» ?*
« Nous voulons vivre libres sans recevoir d'ordres de personne» montre que les États indépendants veulent s'affirmer. C'est la première fois que les anciens peuples colonisés parlent d'égal à égal aux anciens pays colonisateurs et aux autres pays du monde. C'est un «coup de tonnerre» qui annonce de nouvelles relations dans le monde.

2. **(Doc 2)** *Sur quels continents se trouvent les pays les plus actifs du non-alignement?*
Les pays les plus actifs du non-alignement sont répartis sur trois continents, en Asie, (l'Inde et l'Indonésie), en Afrique (l'Algérie et l'Égypte), en Europe, (la Yougoslavie).

3. **(Doc 2 et 1)** *Relevez les phrases du discours à mettre en relation avec la carte.*
Nehru parle dans son discours d'«une nouvelle étape pour l'Asie et l'Afrique», de «n'être dominé par aucun continent», ce que l'on voit sur la carte. Le non-alignement concerne l'Asie et l'Afrique mais ni l'Amérique du Nord, ni l'URSS, ni l'Europe (sauf la Yougoslavie). Aucun continent n'est dominant.

Les défis du développement économique

4 . **(Doc 3)** *Que représente la Sonatrach dans l'économie algérienne ?*

Erratum : dans la légende du document 3, les couleurs qui entourent les importations et les exportations ont été inversées. Il faut rectifier et lire Exportations en rouge, Importations en noir.

La presque totalité des exportations algériennes (97 %) proviennent de la Sonatrach. La société pétrolière nationale est donc vitale pour l'économie du pays.

5. **(Doc 3)** *Pourquoi parle-t-on de «double dépendance économique» ?*
L'Algérie est dépendante à 97 % des exportations d'hydrocarbures au prix fixé sur le marché mondial. Elle dépend également des importations indispensables à la population, les produits agricoles (27 %), les produits manufacturés (58 %).

Quel système politique?

6. **(Doc 4)** *Quels éléments montrent la diversité de l'Union indienne? Son unité?*
Quinze langues officielles écrites dans plusieurs alphabets ont cours dans l'Union indienne formée de plusieurs États (28) très différents. Mais l'unité se fait autour de la même monnaie, du Parlement, d'un personnage reconnu par tous, Gandhi.

7. **(Doc 4)** *L'expression « l'Inde, plus grande démocratie du monde » vous paraît-elle justifiée ?*

Avec plus de 700 millions d'électeurs, 400 partis politiques, l'Inde est bien, en nombre, la plus grande démocratie du monde.

Essentiel autrement – Essentiel en carte (p. 46-47)

À l'aide de l'organigramme et de la carte, expliquez à l'écrit ou à l'oral, les différentes formes d'accès à l'indépendance.

L'indépendance a été obtenue de deux façons différentes, la négociation ou la violence. La puissance coloniale discute avec les nationalistes comme les Anglais le font en Inde et en Afrique, les Français en Afrique occidentale et équatoriale. À l'inverse, la décolonisation se fait par la guerre, entre les Français et les Indochinois, les Néerlandais et les Indonésiens de 1945 à 1956. Pendant la période suivante, la France lutte militairement contre les nationalistes algériens jusqu'en 1962; le Portugal contre les nationalistes du Mozambique jusqu'en 1970 et de l'Angola en 1975. La décolonisation, par la négociation ou la guerre est source de violences, comme l'emploi de la torture, lors des transferts ou de l'exode des populations.

Capacités : Identifier continuités et ruptures historiques (p. 48)

En Algérie, de l'immobilisme aux années de turbulences

1. *Quelle est la longueur de la flèche chronologique en centimètres ? En années ?*

La flèche chronologique est longue de 20 cm qui représentent une durée de 50 ans.

2. *Que représentent les différentes couleurs ?*

Les périodes de guerre (guerre de libération, guerre civile) sont en rouge. En vert, les présidents de la République et le/les partis au pouvoir.

3. *À quelle date se produit la rupture majeure ? Précisez la situation avant puis après.*

L'indépendance, proclamée le 5 juillet 1962, est la rupture majeure. Auparavant, l'Algérie était une colonie française partagée en trois départements et gouvernée par la métropole. Indépendante, l'Algérie est une république dirigée par un président élu.

4. *Quelles sont les changements qui se produisent en 1988, en 1992, en 1999 ?*

En 1988, ont lieu des émeutes qui obligent le président Chadli à accepter la création de plusieurs partis politiques. En 1992, le Front islamique de salut, un des nouveaux partis, arrive en tête des élections annulées par le gouvernement, mécontent du résultat. En 1999, après sept ans de guerre civile, le président Bouteflika fait voter la loi de réconciliation (loi de la concorde civile).

5. *Quel élément politique est présent pendant toute la période étudiée ?*

Le Front de libération nationale (FLN) est présent tout au long de la période étudiée. D'abord mouvement de libération, il est devenu le parti politique unique puis le parti majoritaire.

6. *Quel est le système politique de l'Algérie de 1962 à 1988 ?*

L'Algérie connaît un régime autoritaire avec un parti unique.

7. *Le titre « ... de l'immobilisme aux années de turbulence » vous paraît-il justifié ? Pourquoi ?*

De l'indépendance aux émeutes de 1988, l'Algérie a connu une période sans opposition ni élections libres, marquée par l'immobilisme politique. Les années suivantes connaissent des émeutes, une longue guerre civile et des changements politiques importants. Ces troubles graves contrastent avec la période précédente.

Arts et Histoire : Rêves d'artistes en Algérie (p. 49)

1. *Quelles sont les formes qui dominent dans le tableau ? Quelle impression s'en dégage ? Quel titre pourrait-on donner ?*

Les lignes courbes, les formes ondulantes des personnages et des objets donnent l'impression d'être dans un monde poétique, coloré, fait de douceur et de rêve.

2. *Caractérisez le personnage central du texte de T. Djaout. Relevez dans le texte les oppositions entre le rêve et la réalité.*

Le Rêveur, personnage central, est un idéaliste qui imagine un monde heureux mais la triste réalité le rattrape et le rend pessimiste. Il rêve de jardins, de fleurs, d'enfants et de musique. La réalité oppose des rues tristes où les femmes sont des ombres sans couleurs.

3. *Y a-t-il un point commun entre le texte et le tableau ?*
Le tableau et la première partie du texte évoquent un monde poétique où s'épanouissent les fleurs, les jardins, la poésie et la douceur de vivre.

4. *Montrez comment le destin, la vie, des deux artistes sont inscrits dans l'histoire de l'Algérie.*
Baya est née dans l'Algérie coloniale, a vécu la guerre de libération et dans l'Algérie indépendante. Tahar Djaout est né en 1954, l'année du déclenchement de la guerre de libération. Il a connu l'immobilisme politique après l'indépendance puis la période de turbulences puisqu'il est assassiné pendant la guerre civile.

Vers le Bac (p. 50-51)

1. Le sujet d'étude (p. 50)

1. *Placez sur la ligne chronologique la période de contestation au sein des empires coloniaux, la guerre d'Algérie, le multipartisme en Algérie.*
Période de contestation : 1920-1945. Guerre d'Algérie : 1954-1962. Multipartisme en Algérie : 1988

Complétez les cases en donnant le nom de l'événement.

1947 : Indépendance de l'Inde

1955 : Conférence de Bandung

1962 : Indépendance de l'Algérie

2. *Quelle est la notion définie dans la phrase suivante ?*
Doctrine qui vise à s'affranchir de la tutelle des deux grandes puissances pendant la guerre froide.
Le non-alignement.

3. *Cochez les phrases adaptées au choix d'un développement autocentré et citez au moins une application.*

☑ Donner la priorité au marché intérieur. Ex. : Proposer à l'achat une majorité de produits fabriqués localement, taxer lourdement les produits importés.

☑ Établir des plans pour coordonner les efforts économiques. Ex. : des plans de cinq ans en Inde, quatre ans en Algérie sont établis avec des objectifs précis à atteindre.

☑ Faire de l'État le premier entrepreneur du pays. Ex. : en Algérie l'État développe l'industrie pétrolière (création de la Sonatrach, société pour la recherche, la production, le transport, la transformation des hydrocarbures).

☑ Assurer les besoins de base de la population. Ex. : l'Inde assure les besoins de nourriture de sa population en lançant la Révolution verte.

4. *Gare d'Amritsar, ville-frontière, le 15 octobre 1947*

1. *À quelle date est prise la photo ? Que montre-t-elle ?*
La photo est prise le 15 octobre 1947, deux mois après l'indépendance de l'Inde et du Pakistan. Des trains bondés sont dans la gare de la ville frontière.

2. *Entre quels États la ville-frontière est-elle située ?*
Amritsar se trouve sur la frontière entre l'Inde et le Pakistan.

3. *Quel est l'événement représenté ?*
On voit sur la photo l'ampleur des transferts de population entre les deux États.

4. *Quelles sont les conséquences ?*
Les Indiens musulmans qui se dirigent vers le Pakistan, les Indiens non musulmans qui doivent aller vivre en Inde font partie d'un gigantesque exode qu'ils n'ont pas choisi. Cet événement déclenche des sentiments violents et des massacres entre les deux communautés.

2. Les situations (p. 51)

Situation 1 : Gandhi et la non-violence

1. *Pourquoi Gandhi est-il au centre de l'image, le drapeau indien derrière lui ?*
Sur cette image naïve, Gandhi occupe le centre du tableau, le drapeau indien est près de lui car il est considéré comme le père de l'indépendance de l'Inde.

2. *Décrivez les scènes 1 et 2. Expliquez quelle décision de Gandhi est évoquée. Quel est le but à atteindre ?*
La scène 1 montre Gandhi, jeune avocat européanisé après ses études en Grande-Bretagne et son installation en Afrique du Sud. Sur la scène 2, on voit Gandhi vêtu d'un pagne en train de filer du coton. Il veut prouver que l'on peut fabriquer soi-même son vêtement. Le but est de n'acheter aucun vêtement importé d'Angleterre. Le boycott de ces produits par les Indiens doit affaiblir l'industrie textile britannique.

3. *Quel est l'intérêt de cette image populaire ?*
L'image de Gandhi montre sa popularité dans la population indienne et les épisodes de sa vie entrés dans la mémoire collective.

Situation 2 : La Toussaint 1954

4. *À quelle date et dans quel contexte est écrit le texte ? Que signifie le « Nous » des paroles ?*
Le texte est écrit en avril 1955, cinq mois après la Toussaint 1954; la guerre de libération a commencé. Le « Nous » représente tous ceux qui luttent pour la liberté, les combattants du FLN, tous les militants nationalistes et tous ceux qui veulent que l'Algérie soit indépendante.

5. *Quelles causes sont mises en avant pour expliquer la guerre ?*
La France n'a pas tenu compte des revendications de la population et les discussions n'ont servi à rien. Seule la guerre peut apporter le changement.

Histoire – Sujet d'étude 4

Le monde depuis le tournant des années 1990

Ce quatrième sujet d'étude « Le monde depuis le tournant des années 1990 » clôt le programme d'histoire de la classe de Terminale de Baccalauréat professionnel. Il a pour but de mettre en évidence l'évolution des rapports de puissance et les changements survenus sur la scène internationale depuis la fin de la guerre froide.

Problématique générale du sujet d'étude

Ce sujet d'étude, qui nous est contemporain, traite d'une période relativement courte, les deux dernières décennies. Le début des années 1990, avec la fin de l'ordre bipolaire, constitue en effet un tournant dans le monde. Les États-Unis, dès lors unique superpuissance, tentent d'établir un nouvel ordre mondial fondé sur le multilatéralisme. Mais la disparition de la guerre froide n'apporte pas pour autant la paix, les conflits ethniques ou religieux se multiplient. Les attentats du 11 septembre 2001 créent une nouvelle rupture dans les relations internationales. Les États-Unis entrent alors en guerre contre le terrorisme international et conduisent une politique unilatérale.

La fin du monde bipolaire, 1989-1991

La fin de l'URSS. En 1985, lors de son arrivée au pouvoir en URSS, M. Gorbatchev trouve un État épuisé, économiquement par la course aux armements, socialement par le poids d'une bureaucratie rigide. Il lance à partir de 1986 de vastes réformes économiques et politiques visant à libéraliser le régime. Mais leur échec (faillite du pays) accroît le mécontentement de la population et les manifestations nationalistes. En 1990, les républiques Baltes annexées en 1940 proclament leur indépendance. En décembre 1991, par la déclaration de Minsk (Biélorussie), les pays fondateurs de l'URSS (1922) constatent la disparition de l'URSS en tant qu'État, ils forment alors la CEI, groupement essentiellement économique. M. Gorbatchev, contraint, démissionne alors.

L'hyperpuissance américaine. Les États-Unis victorieux dans la guerre froide n'ont, dès lors, plus de rivaux. Ils sont l'unique superpuissance dans le monde, une hyperpuissance puisqu'ils détiennent tous les aspects de la puissance : puissance
- géographique par l'étendue du territoire;
- démographique par l'importance de la population;
- industrielle par le dynamisme de leurs entreprises;
- financière par leur richesse et leur monnaie;
- commerciale par les exportations;
- militaire par leur réseau d'alliances défensives et le poids de leur armement;
- stratégique par de nombreuses bases et une flotte de guerre présente sur tous les océans;
- diplomatique par leur poids dans le monde (siège permanent à l'ONU);
- culturelle et linguistique (langue, cinéma, produits…).

Vers un nouvel ordre international, 1990-2000 ?

Le choix du multilatéralisme, 1991. À la suite de l'attaque du Koweït (petit pays du Golfe persique riche en ressources pétrolières) par le puissant voisin irakien, les États-Unis se portent à la tête d'une vaste coalition d'États ayant l'aval de l'ONU et en chassent l'envahisseur, au nom de la liberté et des droits de l'homme.

Les États-Unis, « gendarmes » du monde ? Cependant face aux conflits locaux, nationalistes, ethniques ou religieux qui se multiplient au Moyen-Orient, en Afrique et en Europe même, comme dans l'ex-Yougoslavie (Bosnie), l'hyperpuissance américaine cible ses interventions en fonction de ses intérêts.

Un monde inquiétant et instable

Les attentats à New-York et Washington, le 11 septembre 2001. Ces attentats terroristes ont atteint les États-Unis au cœur de leur puissance. Ils ont traumatisé et bouleversé le peuple américain et le monde; des quatre avions de ligne régulière détournés par des terroristes, trois se sont écrasés sur leurs cibles, provoquant la mort de milliers de victimes innocentes.

La guerre au terrorisme international. Le président des États-Unis rend le réseau Al-Quaida responsable de ces attentats. Peu de temps après, sous l'aval de l'ONU et appuyés par des troupes européennes (françaises, britanniques...), les États-Unis engagent leur armée en Afghanistan, refuge des terroristes qu'ils entendent arrêter. G. W. Bush fait de la guerre contre le terrorisme un combat du bien (représenté par l'Occident et ses valeurs) contre le mal (incarné par les terroristes). Afin d'éradiquer les terroristes, il entend poursuivre les pays qui protègent ces derniers ou qui sont susceptibles de détenir des armes de destruction massive (« États voyous »). Ainsi, en 2003, dans une guerre préventive et de façon unilatérale (sans accord de l'ONU), les États-Unis interviennent en Irak pour chasser le président S. Hussein. Leur victoire n'a pas apporté la paix au pays et l'on sait aujourd'hui que les armes de destruction massive, prétexte à l'intervention, étaient inexistantes. Et des attentats terroristes éclatent en Europe (Londres, Madrid), en Afrique (essentiellement au Maghreb tel celui de Marrakech en 2011), en Asie (au Moyen-Orient, en Inde, au Pakistan, en Afghanistan, en Indonésie).

La prolifération nucléaire. À côté des anciennes puissances nucléaires (États-Unis, Russie, Royaume-Uni, France, Chine), de nouveaux États détiennent la bombe atomique (Israël, Inde, Pakistan, Corée du Nord) ou développent un programme nucléaire militaire (Iran).

La multiplication des foyers de tension. De nombreux conflits locaux, nationalistes, ethniques ou religieux perdurent (Moyen-Orient) et peuvent déboucher sur des guerres civiles, comme en Afrique (Nigéria, Soudan, Côte d'Ivoire).

La montée de nouvelles puissances

Si les États-Unis demeurent toujours et incontestablement la première puissance mondiale, de nouveaux rivaux apparaissent. Ce sont des puissances émergentes, c'est-à-dire des États, hier encore en voie de développement, qui connaissent aujourd'hui une croissance extrêmement forte et dont le niveau de vie se rapproche de celui des pays développés, touchés de plein fouet par la crise économique. La Chine est devenue la deuxième puissance économique mondiale en 2010 et pourrait dépasser les États-Unis d'ici deux ou trois décennies. Le poids de son marché intérieur (1,3 milliard d'habitants), ses immenses réserves en devises, l'importance de son commerce (premier exportateur mondial), sa puissance militaire en font un redoutable rival. L'Inde connaît aussi un important dynamisme économique, elle est suivie par le Brésil et la Russie. Ces quatre États formant le BRIC, acronyme créé par la Banque Goldman Sachs en 2003, ont été rejoints par l'Afrique du Sud et le Mexique, deux nouveaux pays émergents, pour constituer le BRICSAM.

Le sujet d'étude. Nous avons divisé ce sujet d'étude en deux parties suivant la chronologie et la politique conduite par l'hyper-puissance américaine :
- le monde de 1990 à 2000;
- le monde de 2001 à 2010.

Les pages d'ouverture. Deux points clés sont présentés, ils constituent des ruptures dans la période étudiée :
- la fin proche de l'URSS avec les manifestations pour l'indépendance en Lituanie, janvier 1990;
- l'attentat terroriste contre le World Trade Center (centre des affaires) à New York, 11 septembre 2001.

Situation 1. La chute du mur de Berlin constitue un point clé de la période étudiée, une rupture importante dans les rapports internationaux. Elle est le signe de la fin de la division de la ville et de l'Allemagne, symbole du monde bipolaire et de la guerre froide en Europe et dans le monde. La chute du mur permet les retrouvailles des Berlinois et des Allemands séparés pendant une quarantaine d'années par le rideau de fer. L'événement sera suivi de la réunification de l'Allemagne, qui devra cependant affronter des problèmes de disparités de développement entre les deux anciens États.

Situation 2. Le titre de cette seconde situation, une simple date, met en évidence l'importance de l'événement, second point de rupture dans les relations internationales. Les attentats du 11 septembre 2001, perpétrés sur le sol même de la première puissance mondiale, ont créé un profond traumatisme aux États-Unis et dans le monde. Il s'agit désormais de faire la guerre au terrorisme en monopolisant toutes les forces dans un combat de type nouveau, contre un ennemi caché et en lutte contre l'Occident et ses valeurs. Ainsi, abandonnant le multilatéralisme en faisant fi du vote de l'ONU, le président américain G. W. Bush va privilégier l'action unilatérale et conduire une guerre préventive en Irak.

Cours 1. Ce premier cours du sujet d'étude fait état de la situation internationale à la suite de la chute du mur de Berlin et de la fin de la guerre froide. Après l'indépendance des républiques Baltes en 1990 et surtout la création de la CEI par les anciens fondateurs, l'URSS implose et disparaît en tant qu'entité politique. Les États-Unis, unique superpuissance, en position d'hégémonie sur la scène mondiale, sont à la recherche d'un nouvel ordre international, fondé sur l'ONU. Mais l'espoir de paix est vite déçu.

Cours 2. Ce second cours met en évidence le profond traumatisme, le changement radical de la politique des États-Unis à la suite des attentats du 11 septembre 2001 perpétrés sur leur sol. Loin de la gouvernance mondiale, déjà bien effritée, le président américain, G. W. Bush décide de faire la guerre au terrorisme international, au besoin de façon unilatérale comme ce fut le cas en Irak en 2003. Mais ses troupes s'y enlisent, elles ne parviennent pas à pacifier le pays. Par ailleurs, les menaces de la prolifération nucléaire se multiplient dans le monde. Et les États-Unis doivent compter avec la montée des puissances émergentes.

L'essentiel autrement. Cette page a pour objectif de mettre en évidence, sous forme d'un schéma simple, les articulations et les points essentiels du sujet d'étude. Une carte du monde permet de situer les rapports de puissance depuis la fin de la guerre froide :
- les alliances politiques et militaires;
- les menaces terroristes;
- les niveaux de développement.

Capacités. À partir d'une chronologie détaillée, il s'agit pour les élèves de raconter un événement important de la période : la disparition de l'URSS en tant qu'État. Un questionnaire détaillé, et calqué sur les indications générales de méthode données, aide à la rédaction. Le récit en tant que tel doit être structuré suivant les étapes traditionnelles : état initial, déclencheur, épisodes, résolution et état final.

Arts et Histoire. Cette page est consacrée à l'East Side Gallery, une vaste fresque peinte en 1990 sur des fragments du mur de Berlin après sa chute, par une centaine d'artistes venus du monde entier. Ces quelques pans, qui ont échappé à la destruction pour rappeler le déchirement de la ville et de ses habitants après sa construction en 1961, sont un témoignage émouvant de joie, de l'espoir de liberté et de paix. Classés monument historique, ils contribuent au patrimoine mondial de l'humanité.

Vers le Bac. Ces questions simples qui font appel à la mémorisation doivent permettre de vérifier l'acquisition des connaissances (dates, définitions...). Un questionnaire à partir de documents sur chacune des deux situations doit permettre de vérifier les acquis.

Ouverture (p. 52-53)

1. (Doc 1) *Qui sont ces manifestants? Que réclament-ils?*
Ces manifestants sont des habitants de la Lituanie, république Balte annexée par l'URSS en 1940. Ils réclament l'indépendance, la liberté, le départ des troupes soviétiques (Armée rouge).

2. (Doc 2) *Pourquoi peut-on dire que les États-Unis ont été attaqués au cœur de leur puissance?*
On peut dire que les États-Unis ont été attaqués au cœur de leur puissance : le World Trade Center, dont les deux tours jumelles ont été la cible des terroristes, est un important centre des affaires (commercial et financier), un symbole de la richesse et de la réussite du pays.

3. (Doc 1 et 2) *En quoi ces deux photographies sont-elles révélatrices d'un tournant dans l'histoire du monde?*
Ces deux photographies sont en effet révélatrices d'un tournant dans l'histoire du monde. La manifestation de Vilnius (Lituanie) en 1990 témoigne du désir d'indépendance des peuples au sein même du territoire soviétique, prélude à l'éclatement de l'URSS. L'attentat contre le World Trade Center (New York) en 2001 montre que, désormais, les États-Unis ne sont plus invulnérables, qu'ils peuvent être attaqués sur leur propre sol, au cœur de leur puissance.

Situation 1 : La chute du mur de Berlin (p. 54-55)

1. (Doc 1) *Quelle est la situation de l'Allemagne et celle de Berlin de 1949 à 1989? Pourquoi la position géographique de Berlin-Ouest est-elle fragile et inconfortable, surtout après 1961 ?*
Entre 1949 et 1989, l'Allemagne est partagée en deux États appartenant à des blocs opposés :
- à l'Ouest, la RFA intégrée dans le camp américain;
- à l'Est, la RDA liée au camp soviétique.

Berlin incarne cette division, la ville étant coupée en deux parties :
- Berlin-Est, capitale de la RDA, État communiste;
- Berlin-Ouest, intégrée à la RFA, démocratie libérale.

La position géographique de Berlin-Ouest est fragile et inconfortable car cette partie de la ville, appartenant au bloc américain, est détachée de la RFA et enclavée au sein du bloc soviétique. À partir de 1961, Berlin-Ouest est entourée d'un mur réputé infranchissable et se trouve totalement isolée.

2. **(Doc 2)** *Quelle politique l'URSS entend-elle mener à partir de 1987 à l'égard des pays de l'Est ?*
À partir de 1987, l'URSS entend mener une politique de non-ingérence, de non-intervention dans les affaires intérieures des pays de l'Est, qui ont désormais le libre choix de leur politique.

3. **(Doc 3)** *Pourquoi parle-t-on de « chute du mur de Berlin » en 1989 ?*
On parle de « chute du mur de Berlin » en 1989 car le mur, en tant que barrière, n'existe plus. Les Berlinois de l'Est peuvent se rendre librement à Berlin-Ouest à la suite d'une décision du gouvernement de la RDA. Le mur n'a plus de raison d'être. Symbole de la division de la ville, il est assailli par les habitants.

4. **(Doc 3 et 2)** *Quelle est la réaction des policiers de la RDA, gardiens du mur ? Comment l'expliquer ?*
Les policiers de la RDA, gardiens du mur, sont passifs devant la poussée des Berlinois, le gouvernement de la RDA ayant permis la libre circulation des habitants. Depuis la mise en place de réformes en URSS, les troupes soviétiques n'interviendront plus à l'extérieur.

5. **(Doc 4 et 1)** *Que décide le traité 2 + 4 ? Pourquoi l'appelle-t-on ainsi ?*
Le traité 2 + 4 décide la réunification de l'Allemagne qui devient un État souverain ; la RFA et la RDA formeront un seul État, l'Allemagne. Le traité est appelé 2 + 4 parce qu'il est signé non seulement par les deux États allemands (la RFA et la RDA) mais aussi par les quatre puissances d'occupation (les États-Unis, la France, le Royaume-Uni et l'URSS).

6. **(Doc 5 et 6)** *Comment les Allemands accueillent-ils l'unification ? Quels problèmes le nouvel État va-t-il devoir résoudre ?*
Les Allemands accueillent l'unification avec joie et enthousiasme (sourires de la foule hissant des drapeaux).
Le nouvel État devra résoudre les différences de développement (richesse, activités, population, niveau de vie) entre les deux parties du territoire, l'Ouest (ex-RFA) étant plus avancé économiquement et socialement que l'Est (ex-RDA).

Pour conclure

Quelles sont les conséquences de la chute du mur de Berlin pour l'Allemagne ?
Pendant pratiquement quatre décennies, le mur de Berlin coupant la ville en deux parties est le symbole de la guerre froide en Europe, celui de la division de l'Allemagne en deux États situés de part et d'autre du rideau de fer. Érigé en 1961 par les autorités de la RDA pour arrêter la fuite vers la RFA et l'Ouest de ses ressortissants épris de liberté, ce mur réputé infranchissable entoure Berlin-Ouest. Il s'effondre le 9 novembre 1989 sous la poussée des Berlinois de l'Est, face à des gardes-frontières passifs. La chute du mur permet la libre circulation dans la ville, les retrouvailles des habitants, familles et amis ayant jusqu'alors été séparés. Elle est aussi à l'origine de la réunification du pays l'année suivante. En effet, le traité 2 + 4, signé à Moscou le 2 septembre 1990 par les deux États allemands et les quatre anciennes puissances occupantes qui abandonnent leurs droits, proclame la création d'un État allemand pleinement souverain, issu de la fusion de la RFA et de la RDA. Le peuple allemand accueille avec liesse la réunification du pays, célébrée par une fête légale fixée au 3 octobre. Le nouvel État va devoir cependant résoudre les disparités de développement et de richesse entre les parties occidentale et orientale du territoire. Les habitants de la RFA (capitaliste) bénéficiaient d'un niveau de vie plus élevé que ceux de la RDA (communiste), ils étaient largement équipés en biens de consommation ; ceux de la RDA, plus pauvres, n'y ayant qu'un accès limité. L'Allemagne de l'Ouest était aussi beaucoup plus riche que l'Allemagne de l'Est : supériorité du PIB (× 14), du PIB par habitant (× 4), du salaire mensuel (× 3). De plus, la majorité de la population est concentrée à l'Ouest du pays, l'ancienne RFA étant quatre fois plus peuplée que sa voisine de l'Est.

Situation 2 : Le 11 septembre 2001 (p. 56-57)

1. **(Doc 1)** *Qu'entend-on par « 11 septembre 2001 » ?*
Le « 11 septembre 2001 » correspond à la série d'attentats terroristes perpétrés sur la côte Est des États-Unis et visant les symboles de la puissance américaine.

2. **(Doc 1 et 2)** *Par quels mots la presse titre-t-elle ce jour-là ? Pourquoi ? (Observez les lieux et le moment.)*
La presse titre ce jour par des termes traduisant l'horreur de l'événement et une situation de guerre :
– « épouvante, peur, effroyable, le pire » ;
– « nouvelle guerre, frappés au cœur ».
Ces attentats ont en effet traumatisé les États-Unis et le monde par leur nombre (quatre), leur déroulement simultané (quelques minutes d'intervalle), le procédé employé (détournement d'avions de ligne),

les cibles (les symboles de la puissance américaine), le nombre de victimes (des civils innocents).

3. **(Doc 3)** *Qui, selon G. W. Bush, sont les responsables des attentats? Quelle nouvelle politique extérieure entend-il désormais conduire?*
Selon G. W. Bush, les responsables des attentats sont les dirigeants d'Al-Quaida, réseau terroriste. Le président américain entend faire la guerre au terrorisme international. Il s'agit de traquer les membres d'Al-Quaida et les autres terroristes partout dans le monde, de poursuivre les États complices, en mobilisant les ressources du pays.

4. **(Doc 4)** *Quel bilan de l'action est fait par le président? Quels sont dès lors ses objectifs?*
Les États-Unis sont intervenus en Afghanistan à la tête d'une coalition ayant l'aval de l'ONU et sont parvenus à défaire les terroristes (capture de prisonniers, destruction de camps d'entraînement). Dès lors, le président entend : faire juger les terroristes et fermer tous leurs camps d'entraînement; s'opposer aux États protecteurs des terroristes ou détenteurs d'armes de destruction massive.

5. **(Doc 3 et 4)** *Au nom de quelles valeurs, ce combat est-il entrepris? Quel appel est lancé?*
Ce combat est entrepris au nom de la civilisation, de la liberté, de la tolérance, du progrès, du pluralisme. Le monde entier est appelé à combattre le terrorisme et les États (l'axe du mal) qui le soutiennent.

6. **(Doc 5 et 6)** *Que décide l'ONU au sujet d'une intervention en Irak et que révèle cette statue?*
L'ONU s'oppose à une intervention en Irak à la suite du vote négatif du Conseil de sécurité. La présence à Bagdad d'un soldat américain masquant du drapeau étoilé le visage de la statue de S. Hussein en signe de victoire révèle l'intervention militaire des États-Unis, une politique unilatérale.

Pour conclure

Quelles sont les conséquences du 11 septembre sur la politique extérieure américaine et sur le monde?
Les attentats terroristes, perpétrés le 11 septembre 2001 sur le sol américain, ont visé et atteint les États-Unis au cœur de leur puissance, créant un profond traumatisme dans le pays et dans le monde : l'hyperpuissance n'est désormais plus invulnérable. Très vite, le président américain, G. W. Bush déclare la guerre au terrorisme international et, au nom de la défense de la liberté et de la civilisation (occidentale), il invite les démocraties à se joindre aux États-Unis dans ce combat contre la terreur. Il entend monopoliser tous les moyens (diplomatiques, financiers et militaires) dont dispose la superpuissance pour traquer partout dans le monde les membres du réseau Al-Quaida responsables, selon lui, des attentats, et poursuivre les nations qui les protègent. Ainsi, dès octobre 2001, avec l'accord de l'ONU et l'aide militaire du Canada, du Royaume-Uni et de la France, les États-Unis interviennent en Afghanistan, refuge des terroristes, puis s'y enlisent. En 2003, abandonnant le multilatéralisme prôné au début des années 1990 par le président précédent, G. Bush père, ils interviennent dans une guerre préventive et unilatéralement (sans l'aval de l'ONU) en Irak, pour en chasser le dirigeant S. Hussein qu'ils soupçonnent de détenir des armes de destruction massive. Une fois le dictateur éliminé, ils ne parviennent cependant pas à rétablir la paix dans le pays, ni dans le monde. En effet, les attentats terroristes se multiplient, éclatant un peu partout : en Europe (à Madrid et à Londres), en Afrique (au Maghreb, en Mauritanie, au Kenya), en Asie (au Moyen-Orient, en Afghanistan, au Pakistan, en Inde et en Indonésie). La prolifération nucléaire est aussi source de menaces. Et les États-Unis doivent compter avec la montée de nouveaux rivaux, la Chine et l'Inde, qui sont des puissances émergentes nucléaires, dans un monde devenu multipolaire.

Cours : La recherche d'un nouvel ordre international, 1990-2000 (p. 58-59)

L'effondrement du bloc communiste

1. **(Doc 1)** *Que devient l'URSS en 1991? En quoi l'accord de Minsk constitue-t-il une rupture dans l'histoire de ce pays?*
En 1991, l'URSS disparaît en tant qu'État. L'accord de Minsk constitue une rupture dans l'histoire de l'URSS car ce sont les États fondateurs du pays en 1922 qui décident son implosion en 1991.

2. **(Doc 2)** *Quelle est la situation de l'URSS lors de l'arrivée au pouvoir de M. Gorbatchev en 1985? Quel bilan de son action établit-il?*
Lors de l'arrivée au pouvoir de M. Gorbatchev en 1985, l'URSS est en mauvaise posture : économie épuisée par la course aux armements, société étouffée par le poids de la bureaucratie.
M. Gorbatchev a procédé à d'importantes réformes :
– à l'intérieur, libéralisation du régime (liberté politique et spirituelle);

– à l'extérieur, fin de la guerre froide et de la course aux armements ; non ingérence dans les affaires des autres États.

3. **(Doc 1 et 2)** *Donnez les conséquences de sa politique pour l'URSS.*
La politique de réformes et de libéralisation du régime conduite par M. Gorbatchev a entraîné l'éclatement de l'URSS et sa disparition en tant qu'État.

La victoire du modèle américain

4. **(Doc 3)** *Quels sont les éléments de la puissance américaine ? Pourquoi H. Védrine qualifie-t-il les États-Unis d'« hyperpuissance » ?*
La puissance américaine est d'ordre économique, militaire, financier, culturel et linguistique. H. Védrine qualifie les États-Unis d'hyper-puissance car le pays est le seul au monde à détenir tous les éléments de puissance (puissance territoriale, démographique, politique, économique, militaire, financière, culturelle…).

Vers un nouvel ordre mondial ?

5. **(Doc 4)** *Qui sont les occupants de la voiture et quel semble être leur état d'esprit ? Pourquoi ont-ils hissé de tels drapeaux sur leur véhicule ?*
Les occupants de la voiture sont des habitants du Koweït. Ils rient, sont heureux. Ils ont hissé les drapeaux américain et britannique sur leur véhicule en signe de victoire et de remerciement vis-à-vis de leurs libérateurs.

6. **(Doc 4)** *En quoi la libération du Koweït est-elle l'illustration du nouvel ordre international ?*
La libération du Koweït illustre le nouvel ordre international où des États unissent leurs forces pour faire respecter la liberté et les droits de l'homme.

7. **(Doc 5 et 4)** *Que révèle la guerre civile en Bosnie sur le monde de l'après-guerre froide ? Pourquoi parle-t-on de « multilatéralisme » à propos des interventions dans ces conflits ?*
La guerre civile en Bosnie montre que la fin de la guerre froide n'a pas apporté la paix, que les conflits locaux se multiplient dans le monde, certains ayant lieu au cœur de l'Europe. On parle de multilatéralisme à propos des interventions dans ces conflits car elles sont le fait d'une coalition d'États combattant ensemble.

Cours : Un monde complexe et instable, 2001-2010 (p. 60-61)

L'hyperpuissance fragilisée

1. **(Doc 1)** *Comment les États-Unis entendent-ils conduire la guerre contre le terrorisme en 2003 ? Pourquoi parle-t-on d'unilatéralisme ?*
En 2003, les États-Unis entendent conduire la guerre contre le terrorisme en envahissant l'Irak (avec l'aide de leur allié britannique) pour en chasser le président Saddam Hussein qu'ils soupçonnent de détenir des armes de destruction massive. On parle d'unilatéralisme car cette guerre préventive n'a pas eu l'aval de l'ONU où l'opposition a été majoritaire lors du vote.

2. **(Doc 2 et 1)** *Que prouve cette photo ? Pourquoi peut-on dire que l'hyperpuissance s'enlise en Irak et est fragilisée ?*
Cette photo prouve que la guerre menée unilatéralement par les États-Unis en Irak, malgré l'élimination du président S. Hussein, n'a pas apporté la paix. Des habitants du pays s'insurgent contre l'occupant américain en commettant des attentats. On peut dire que les États-Unis s'enlisent en Irak et sont fragilisés car, malgré la disparition du dictateur, leur armée d'occupation ne parvient pas à établir l'ordre et la sécurité dans le pays.

Un monde dangereux aux menaces multiples

3. **(Doc 3)** *Quelles régions du monde ont été visées par des attentats terroristes depuis 2001 ?*
Les régions du monde visées par des attentats terroristes depuis 2001 se situent essentiellement :
– en Asie : Moyen-Orient (Israël, Arabie Saoudite, Yémen, Irak), Afghanistan, Inde, Pakistan, Indonésie ;
– en Afrique : pays du Maghreb (Maroc, Algérie, Tunisie), Égypte, Mauritanie, Kenya ;
– en Europe : Espagne, Royaume-Uni, Russie.

4. **(Doc 3)** *Pourquoi parle-t-on de « prolifération nucléaire » ?*
On parle de prolifération nucléaire car, à côté des cinq puissances nucléaires « traditionnelles », c'est-à-dire anciennes (États-Unis, Royaume-Uni, Russie et Chine), apparaissent des puissances récentes. Ainsi Israël, l'Inde, le Pakistan et la Corée du Nord se sont dotées de la bombe atomique. De plus, l'Iran est soupçonné de développer un programme nucléaire militaire.

L'ascension des pays émergents

5. (Doc 4) *Qui sont les nouvelles puissances économiques ? À quel groupe de pays appartiennent-elles ?*
Les nouvelles puissances économiques sont la Chine et l'Inde. Ce sont des pays émergents. Longtemps en voie de développement, ils connaissent actuellement une croissance forte et une intégration rapide à l'économie mondiale.

6. (Doc 5) *Quel constat peut-on faire à propos des taux de croissance du PIB des différents États ?*
On remarque que ce sont les pays émergents, et particulièrement la Chine et l'Inde, qui enregistrent la plus forte croissance. La Chine a un taux 2,5 fois supérieur au taux moyen mondial. En revanche, les pays développés, membres de la Triade, ont une croissance faible, inférieure à la moyenne mondiale.

7. (Doc 5, 4 et 3) *Pourquoi la Chine apparaît-elle comme la future grande puissance du siècle ?*
La Chine apparaît comme la future grande puissance du siècle car, outre la puissance territoriale et démographique, elle dispose de la puissance militaire (puissance nucléaire officielle), économique, commerciale et financière (croissance forte).

Essentiel autrement – Essentiel en carte (p. 62-63)

À partir du schéma et de la carte, expliquez l'évolution des rapports de puissance dans le monde depuis le début des années 1990. Pourquoi parle-t-on aujourd'hui d'un monde complexe et dangereux ?
Au début des années 1990, avec la fin de la guerre froide et l'implosion de l'URSS, les États-Unis sont en position d'hégémonie sur la scène mondiale. Ils sont l'unique superpuissance, une hyperpuissance car ils détiennent tous les éléments de la puissance, tant sur le plan économique et financier que militaire et diplomatique. Afin d'assurer la paix et la sécurité dans un monde désormais unipolaire, ils entendent organiser un nouvel ordre international, fondé sur le concert des nations dans le cadre de l'ONU, et placé sous leur commandement. Ainsi dès 1991, avec l'aval de l'ONU, ils se trouvent à la tête d'une vaste coalition d'États pour chasser du Koweït l'envahisseur irakien. Avec la montée des nationalismes multipliant les conflits locaux, ethniques ou religieux, ils interviennent en « gendarmes » du monde là où leurs valeurs et leurs intérêts sont menacés.
Cependant après les attentats terroristes perpétrés le 11 septembre 2001 sur le sol même de la première puissance, le monde apparaît dangereux et complexe. Le président américain G. W. Bush déclare une guerre sans merci au terrorisme international : il invite toutes les démocraties à se joindre aux États-Unis pour traquer les terroristes partout dans le monde. Ainsi en octobre 2001, appuyés militairement par le Canada, le Royaume-Uni et la France, les Américains interviennent, sous accord de l'ONU, en Afghanistan qu'ils considèrent comme un refuge des terroristes, puis s'y enlisent. En 2003, passant outre l'opposition de l'ONU, aidés du Royaume-Uni, ils attaquent l'Irak qu'ils soupçonnent de détenir des armes de destruction massive, en chassent le dictateur mais ne parviennent pas à rétablir la paix. Ce combat contre « l'axe du mal » n'empêche pas d'autres attentats terroristes en Europe, en Afrique ou en Asie. Par ailleurs, les foyers de tension se multiplient dans le monde. La prolifération nucléaire est lourde de menaces. Tandis que la crise économique et financière frappe de plein fouet les pays riches et industrialisés, des puissances émergentes, telles la Chine et l'Inde, connaissent une forte croissance économique et deviennent de redoutables concurrents. Aujourd'hui, le monde est multipolaire.

Capacités : Faire le récit d'un événement (p. 64)

Vers la disparition de l'URSS en tant qu'État

1. *Quels sont les États directement concernés par cet événement ? À partir de quand est-il enclenché ?*
Cet événement concerne directement l'URSS et les pays de l'Europe de l'Est. Il est enclenché à partir de 1986 avec l'échec des réformes économiques lancées par M. Gorbatchev, arrivé au pouvoir en URSS l'année précédente.

2. *Qu'appelle-t-on « URSS » ? Dans quelle situation se trouvait ce pays en 1985 ?*
L'URSS est l'Union des républiques socialistes soviétiques, État fédéral fondé en 1922 sur la dictature du Parti communiste. En 1985, ce pays était sinistré économiquement par la course aux armements, étouffé par le poids et la rigidité de la bureaucratie.

3. *Qui est M. Gorbatchev ? Quelle politique entend-il dès lors mener en URSS ? À-t-il atteint ses buts ?*
M. Gorbatchev est le chef du Parti communiste soviétique, la plus haute instance dirigeante de l'URSS. Il entend entreprendre de profondes réformes pour démocratiser et libéraliser le régime : transparence politique (glasnost) et restructuration économique (perestroïka). M. Gorbatchev n'est pas

parvenu à redresser le pays, les réformes économiques ayant échoué.

4. *Quelles sont les conséquences de cette politique en 1989 et 1990 ? Pourquoi la fin de l'URSS se révèle-t-elle inéluctable en décembre 1991 ?*
Cette politique a entraîné :
– en 1989, à l'intérieur, des élections libres au Parlement et, à l'extérieur, la chute du mur de Berlin et la fin de la tutelle soviétique sur les pays de l'Europe de l'Est;
– en 1990, à l'intérieur, l'indépendance des républiques Baltes annexées en 1940 et, à l'extérieur, la réunification de l'Allemagne.
La mort de l'URSS est inéluctable en décembre 1991 car, après la disparition du bloc soviétique et l'élection de B. Eltsine partisan de l'abandon du communisme, le régime, fondé sur la dictature du parti unique, n'a plus de raison d'être.

5. *Faites le récit de la disparition de l'URSS en tant qu'État.*
Lors de son arrivée au pouvoir en URSS en 1985, M. Gorbatchev, chef du Parti communiste, trouve un pays sinistré économiquement, épuisé par la course aux armements et étouffé par le poids d'une administration rigide et l'absence de libertés. Dès 1986, il conduit une politique de vastes réformes radicales destinées à sauver le communisme en transformant le pays en profondeur. Il décide la transparence politique (glasnost) en accordant la liberté d'expression et d'information et la restructuration économique (perestroïka) pour moderniser le pays. Mais ces réformes échouent, le système est en faillite et le mécontentement populaire s'accroît. Dans les pays de l'Europe de l'Est, où des manifestants nationalistes réclament la fin de la tutelle soviétique, Moscou refuse d'intervenir au nom de la politique de non-ingérence à l'extérieur. Ces pays se libèrent alors de son emprise et abandonnent le communisme (ouverture du rideau de fer et chute du mur de Berlin en 1989). En URSS, les premières élections libres ont lieu au Parlement en 1989. L'année suivante, les républiques Baltes (Estonie, Lettonie, Lituanie), annexées par Staline en 1940, accèdent à l'indépendance sans opposition du Kremlin, l'Allemagne est réunifiée. Enfin, en 1991, la dissolution du pacte de Varsovie consacre la fin de la guerre froide et la victoire des États-Unis. Elu en 1990 président de la Russie, la plus importante des républiques fédérales, B. Eltsine est partisan de l'abandon du communisme. En août 1991, avec le soutien du peuple et de l'armée, il met en échec le coup d'État fomenté par des communistes conservateurs, hostiles à la politique conduite depuis 1986. Le 8 décembre 1991, les accords de Minsk, signés par les fondateurs du pays, mettent fin à l'existence de l'URSS en tant qu'État pour créer la CEI, groupement économique assez lâche. Impuissant face à l'éclatement du pays, M. Gorbatchev abandonne ses fonctions le 25 décembre 1991. L'URSS est officiellement dissoute le lendemain

Arts et Histoire : Les vestiges du mur de Berlin, art et patrimoine (p. 65)

1. **(Doc 1 et 2)** *Décrivez le mur et donnez sa fonction.*
Le mur est formé d'un double alignement de hauts blocs de ciment séparés pur un vaste espace vide, sorte de *no man's land.* Il a pour fonction d'empêcher la fuite des habitants de Berlin-Est et de la RDA vers la RFA et la liberté de l'Ouest.

2. **(Doc 1 et 2)** *Quel événement ces peintures relatent-elles ? En quoi est-il historique ?*
Ces peintures relatent la chute du mur de Berlin. L'événement est historique car il permet les retrouvailles allemandes et met fin au bloc de l'Est, à la mainmise soviétique sur cette partie de l'Europe, au monde bipolaire.

3. **(Doc 3)** *Identifiez les deux puissances représentées par les drapeaux. Qu'entend traduire cette peinture ?*
Les deux puissances représentées par les drapeaux sont l'URSS et les États-Unis. Cette peinture entend traduire la réconciliation entre les deux super-Grands, la fin de la guerre froide.

4. **(Doc 1, 2 et 3)** *En quoi une telle fresque est-elle le symbole de la liberté, l'expression de la joie et de la réconciliation ?*
Cette fresque est le symbole de la liberté puisque le mur réputé infranchissable a été ouvert, les ressortissants de la RDA, hier sous tutelle communiste, peuvent passer à l'Ouest pour rejoindre la liberté. La joie est exprimée par l'énorme marée humaine qui franchit le mur. Devant la porte de Brandebourg, où passait hier encore le mur, la juxtaposition des deux superpuissances jadis rivales symbolise la réconciliation, la fin de la guerre froide et l'Allemagne réunifiée.

Vers le Bac (p. 66-67)

1. Le sujet d'étude (p. 66)

1. *Citez et datez les deux événements qui constituent un tournant dans l'histoire du monde.*

Les deux événements : 9 novembre 1989, chute du mur de Berlin; 11 septembre 2001, attentats terroristes aux États-Unis.

2. *Qu'entend-on par « hyperpuissance américaine » ?*
Cette expression « hyperpuissance américaine » désigne le fait que les États-Unis sont les seuls après 1991 à réunir dans leurs mains tous les éléments de la puissance (politique, économique, financière, militaire, culturelle...). Ils sont en position d'hégémonie.

3. *Pourquoi peut-on dire que :*
- *la guerre du Golfe est une action multilatérale ?*
- *la guerre en Irak marque l'unilatéralisme américain ?*

La guerre du Golfe est une action multilatérale car, avec l'aval de l'ONU, une grande coalition d'États a combattu pour libérer le Koweït de l'envahisseur irakien.
La guerre en Irak marque l'unilatéralisme américain : sans accord de l'ONU, les États-Unis sont entrés en guerre pour en chasser le président S. Hussein.

4. *Sur l'axe chronologique en bas de page, situez les événements suivants :*
Guerre du Golfe – Implosion de l'URSS – Guerre à l'Irak – Chute du mur de Berlin – Attentats du 11 septembre – Guerre en Afghanistan.

5. *Inscrivez, dans la dernière colonne du tableau, le nom des hommes d'État des pays concernés par ces événements.*

Événement	État	Dirigeant
Démission	URSS	M. Gorbatchev
Guerre du Golfe	États-Unis Irak	G. Bush (père) S. Hussein
Guerre en Afghanistan	États-Unis	G. W. Bush (fils)
Guerre en Irak	États-Unis Irak	G. W. Bush (fils) S. Hussein

6. *Complétez les colonnes du tableau en citant deux États.*

	États	Continent
Axe du mal	Corée du Nord Iran	Asie Asie
Puissances émergentes	Chine et Inde Brésil et Argentine	Asie Amérique

2. Les situations (p. 67)

Situation 1. La chute du mur de Berlin

1. *Qu'appelle-t-on « mur de Berlin » ? Décrivez-le et donnez sa fonction.*

Le mur de Berlin est une double enceinte construite tout autour de Berlin-Ouest; il isole la ville de sa partie orientale, Berlin-Est, et du reste de la RDA. Deux murs de blocs de béton, hérissés de miradors et séparés par un terrain vague *(no man's land)*, comportant quelques rares points de passage étroitement surveillés, ont pour but d'empêcher la fuite des Allemands de la RDA vers l'Ouest, la RFA plus riche.

2. *Nommez les lieux de Berlin correspondant aux numéros, l'État auquel chaque partie de la ville appartient. Aidez-vous de l'architecture des bâtiments et du sens de ruée de la foule.*

Le numéro 1 correspond au *no man's land,* terrain vague et découvert entre les deux pans du mur séparant les deux parties de la ville, la RDA de la RFA. Le numéro 2 représente Berlin-Ouest, ville d'apparence pimpante, faisant partie de la RFA intégrée au bloc américain. Le numéro 3 se rapporte à Berlin-Est, capitale de la RDA : alignement d'immeubles uniformes et gris, fuite massive des habitants vers l'Ouest, vers la liberté.

- 1989 : Chute du Mur de Berlin
- 1991 : Implosion de l'URSS ; Guerre du Golfe
- 2001 : Attentats du 11 septembre ; Guerre en Afghanistan
- 2003 : Guerre à l'Irak

3. *Pourquoi parle-t-on de « chute du mur de Berlin » le 9 novembre 1989 ? Quelles en sont les conséquences pour les Berlinois ?*
On parle de chute du mur de Berlin le 9 novembre 1989 parce que ce mur, réputé infranchissable, a été ébranlé et ouvert sous la poussée des manifestants, permettant aux habitants de Berlin-Est de passer à l'Ouest avec la passivité des gardes-frontières. Les Berlinois de l'Est ont pu retrouver leur famille restée à l'Ouest. Les Berlinois sont réunis.

Situation 2. Le 11 septembre 2001

1. (Doc 1) *Que s'est-il passé le 11 septembre 2001 à New-York ? Par quel moyen cette action a-t-elle été commise ?*
Le 11 septembre 2001, New York a été la cible d'attentats terroristes contre le centre des affaires, le World Trade Center. Deux avions de ligne ont été détournés pour venir s'écraser sur les deux tours jumelles, provoquant leur incendie et leur effondrement.

2. (Doc 1 et 2) *Pour le président américain, à quoi correspondent ces attentats ? D'après lui, qui est plus généralement visé et concerné par cet événement ? Par quels termes désigne-t-il l'auteur de ces attentats ?*
Pour le président américain, ces attentats sont des actes de guerre commis par des terroristes. Cet événement vise plus généralement la liberté et la démocratie (en fait, le modèle occidental) et concerne tous les pays du monde épris de liberté. L'auteur de ces attentats est désigné par les mots « ennemi », « le Mal ».

3. (Doc 2) *Que décident les États-Unis ? De quel type de combat s'agit-il ?*
Les États-Unis décident de faire la guerre au terrorisme en mobilisant toutes leurs ressources et en ralliant le monde à cette cause. Il s'agit du combat du Bien incarné par les États-Unis contre le Mal représenté par les terroristes.

Géographie – Sujet d'étude 5

La France dans l'union européenne et dans le monde

Ce premier sujet d'étude de géographie se propose d'étudier la place de la France dans l'Union européenne et dans le monde, avec une insistance particulière sur l'Union européenne dans la mesure où le programme de géographie se termine sur un sujet d'étude consacré à l'Union européenne et ses territoires. Ce sujet, déjà abordé dans d'autres programmes, est un sujet classique qui permet de définir les notions de puissance et de territoire. De ce premier sujet d'étude découlent les autres points du programme. En effet, l'insertion de la France dans l'Union européenne et dans le monde conditionne les politiques et les enjeux de l'aménagement du territoire, la transformation de l'espace productif, les mobilités, entre autres choses celles de la population.

Problématique générale du sujet d'étude

Le chapitre permet d'imbriquer différentes échelles. Trois d'entre elles sont explicites, la France, l'Union européenne, le monde. D'autres sont implicites dans la mesure où le programme évoque les « dynamiques territoriales », ce qui implique le régional et le local. Dans cette optique interscalaire, on s'interroge sur les rapports entre puissance et territoire. Les atouts d'un territoire (sa taille, sa position géographique, ses ressources, la diversité des potentialités) permettent-ils d'expliquer sa puissance ou bien celle-ci n'est-elle pas plutôt liée à des facteurs humains tels que la population (son nombre, son taux de renouvellement, son degré de créativité lié à son savoir-faire) et sa capacité à valoriser ses atouts par la mise en place, par exemple, d'infrastructures ? On s'interroge également sur le poids de l'histoire dans la configuration du territoire - le pré-carré, l'empire colonial devenu aujourd'hui « confettis d'empire », dans les institutions (après la Seconde Guerre mondiale, participation plus ou moins active à la création d'organisations internationales telles que l'ONU, l'OTAN, le G8, le G20) - dans le mouvement des idées enfin (liberté, égalité, droits de l'homme).

On cherche ensuite à montrer les différents aspects de la puissance de la France dans les domaines traditionnels précisés dans le programme (économique, géopolitique, culturel) tout en insistant sur son ouverture sur l'Europe et sur le monde. Cette puissance se concrétise dans des réalisations spectaculaires, européennes souvent, telles que Airbus, Ariane, le projet Iter, et dans des lieux emblématiques tels que Paris qui fait l'objet d'une « situation » spécifique. Mais « mesurer » la puissance revient aussi à l'évaluer dans un contexte de mondialisation, à la comparer à celle d'États européens (Allemagne par exemple) ou à celle d'États comme les BRIC (Brésil, Russie, Inde, Chine) et à montrer son évolution par rapport à ce qu'elle était, par exemple, au début du XXe siècle. Force est alors de constater un déclin de sa puissance et de son influence dans le domaine économique mais aussi diplomatique et culturel. La France apparaît ainsi comme une puissance moyenne.

Les pages d'ouverture. Les documents de ces pages montrent quelques aspects de la place de la France dans le monde au travers de ses activités tertiaires. La puissance de la France est ainsi mise en scène. Mais ces documents sont de nature très différente :

– le lieu : la France, Paris et, plus spécifiquement, les Champs-Élysées; l'Afrique subsaharienne (État indéterminé);

– les personnages : des acheteurs fortunés et des vendeurs stylés; des écoliers d'une petite école rurale;

– les activités : activité commerciale de luxe issue d'un artisanat traditionnel marqué par le savoir-faire et le bon goût; activité culturelle liée à la francophonie.

Situation 1. D'emblée se pose la question de l'identification de la situation.

Paris : que faut-il entendre par là ? Le Paris des vingt arrondissements, dit aussi « intramuros », ce qui exclut La Défense, La Plaine-Saint-Denis... et ce qui est, par conséquent, difficilement concevable. L'agglomération parisienne (presque 10 millions d'habitants) ? La région Île-de-France ? Le programme ne le précise pas.

Ville mondiale : une ville mondiale ne se définit pas par l'importance de sa population, mais par les fonctions stratégiques qu'elle exerce à l'échelle mondiale, les flux qu'elle organise, et sa fonction de commandement dans la mondialisation.

Situation 2. L'outre-mer est un des éléments de la puissance de la France. Il contribue à sa diversité, à sa richesse, à son ouverture sur le monde.

Cours 1. Ces deux pages sont destinées à envisager les bases de la puissance française. Ces bases sont à rechercher dans les aménités du territoire et dans l'histoire.

Cours 2. Différents aspects de la puissance de la France en Europe et dans le monde sont envisagés : économie (doc 1, 2 et 3), diplomatie (doc 2 et 4), culture (doc 5). On cherche également à nuancer la puissance de la France.

Arts et Géographie. Le choix des expositions universelles et de la place de la France dans ces expositions répond à trois objectifs :

– Comment une Exposition universelle peut-elle traduire la puissance d'un État ?

– Comment se présente la puissance de la France à cent dix ans de distance ?

– Comment l'ambition architecturale s'inscrit-elle dans les préoccupations de son époque ?

Ouverture (p. 68-69)

1. (Doc 1 et 2) *Précisez quelle est la localisation de chacune de ces photographies.*

La photographie de la page 68 représente une boutique parisienne située sur la prestigieuse avenue des Champs-Élysées. Celle de la page 69 est prise en Afrique subsaharienne. Il s'agit d'une classe élémentaire accueillant des enfants de 8 à 9 ans, en Afrique de l'Ouest (Sénégal, Côte-d'Ivoire, Burkina...) ou en Afrique centrale (Congo, Gabon, Centrafrique).

2. (Doc 1 et 2) *Quels aspects de la puissance de la France illustrent-elles ?*

La première photographie montre que la puissance peut être commerciale et, partant, industrielle (industrie de luxe), touristique. La seconde que la puissance peut être culturelle mais aussi diplomatique (les rapports entretenus avec l'Afrique postcoloniale).

3. (Doc 1 et 2) *Relevez les éléments qui permettent, dans chacun des cas, d'expliquer cette puissance.*

Dans le cas de la maroquinerie Vuitton : produits de luxe, clientèle étrangère aisée (touristes), cadre sophistiqué et de bon goût. Dans le cas de l'école primaire : usage du français maintenu après la décolonisation (du fait du grand nombre de langues ethniques); cadre qui est celui d'une école française (matériel scolaire, tableau); objectifs pédagogiques qui s'apparentent aux objectifs pédagogiques français (participation de l'élève; étude du calcul, du français avec l'apprentissage de la lettre a, de la morale avec la connaissance de l'identité).

Situation 1 : Paris, ville mondiale (p. 70-71)

1. (Doc 1 et 2) *Quelle place Paris occupe-t-il en France ?*

Paris est de loin la première agglomération française. C'est une « ville-capitale » par :

– son importance démographique, 2,2 millions d'habitants pour la ville, 10 millions pour l'agglomération, 12 millions pour l'Île-de-France. Paris devance largement Lyon et Marseille, ce qui contribue à marquer l'originalité du système urbain français;

– ses fonctions politiques : Paris est le siège du gouvernement (Élysée, ministères), de l'Assemblée nationale, du Sénat, du pouvoir judiciaire;

– ses fonctions économiques. Paris est la première concentration industrielle française (20 % à peine de la production industrielle, mais 80 % des grandes entreprises), mais elle s'affirme surtout comme centre financier (90 % des grandes banques), comme centre directionnel (53 % des cadres et le plus vaste ensemble de sièges sociaux de France), comme centre d'activités de haut niveau (66 % des chercheurs), tout en étant aussi un haut lieu touristique;

– ses fonctions politiques puisque Paris est la capitale politique et administrative de la France;

– sa richesse puisque 19 % de la population française produit 28 % du PIB.

2. (Doc 3) *Quelle place économique et culturelle Paris occupe-t-il dans le monde ?*

Paris occupe une place remarquable en Europe, mais moins affirmée au niveau mondial. Avec ses 9,9 millions d'habitants, c'est la première agglomération européenne, mais seulement la 20e mondiale. C'est le 4e pole économique mondial (après New York, Londres, Tokyo), le 2e centre culturel (après New York). Ce n'est pas un centre politique international important, malgré la présence de l'UNESCO, de l'OCDE.

3. (Doc 2 et 3) *Paris est-il une place financière et économique de haut niveau ? Justifiez votre réponse.*
Paris est une place économique et financière de haut niveau. Grâce à sa Bourse, à ses banques, c'est la 3e place financière européenne après Londres et Francfort et la 5e mondiale. C'est un lieu de concentration de sièges sociaux d'entreprises internationales, en particulier dans l'ouest de Paris et à La Défense. Néanmoins, en ce qui concerne l'accueil de sièges sociaux d'entreprises étrangères, elle est dépassée en Europe par des villes comme Londres, Francfort, Berne, Zurich, Milan. Elle n'accueille par exemple que 10 % des établissements américains en Europe. Elle apparaît également très frileuse en ce qui concerne les activités stratégiques.

4. (Doc 2 et 3) *Paris est-il un pôle culturel mondial ? Justifiez votre réponse.*
Au niveau culturel, Paris occupe une place importante. Elle la doit à son patrimoine (monuments anciens mais aussi plus récents comme le centre Georges-Pompidou, la pyramide Pei ou les tours de La Défense), à ses musées comme le musée du Louvre ou le musée d'Orsay. Elle la doit également à sa vie artistique (organisation de grandes expositions comme la rétrospective Monet en 2010 au Grand Palais), littéraire (théâtres), cinématographique. Il ne faut pas oublier non plus que Paris est la capitale de la mode (défilés des grands couturiers) et de la gastronomie (les chefs étoilés).
Elle accueille, de ce fait, un nombre important de touristes, nationaux et internationaux (touristes d'affaires et touristes de loisirs puisque Paris est la 2e ville mondiale organisatrice de congrès après Singapour). Si une partie des touristes traditionnels (britanniques et américains) boude, Paris compte sur les touristes des pays émergents (Europe de l'Est, Brésil, Inde, Chine) pour relancer l'activité.

5. (Doc 3) *Comment évolue le rôle mondial de Paris ?*
Le rôle mondial de Paris semble se dégrader. Il y a un recul de son rôle financier, de son rôle directionnel. On constate une certaine frilosité de son rôle économique et un certain repliement sur le passé. Paris a moins de dynamisme que des villes comme New York ou Londres. Il en est de même pour ce qui concerne le rayonnement culturel. Paris n'a plus la même créativité artistique qu'au début du XXe siècle et les artistes et intellectuels lui préfèrent New York, Londres, voire Berlin. Néanmoins, grâce à son imbrication dans l'Île-de-France, Paris reste la 4e métropole économique mondiale et la 2e métropole culturelle.

6. (Doc 4) *En quoi consiste le projet gouvernemental du Grand Paris ?*
Ce projet du Grand Paris vise à :
– créer des pôles d'excellence dans des secteurs et filières porteurs liés à l'innovation (santé, développement durable, finance) afin de créer des synergies entre les différents acteurs. Ces pôles doivent s'appuyer sur les infrastructures et les données qui existent déjà (ex. : pôle scientifique autour de Saclay où sont déjà installés le CEA, l'école polytechnique... ; pôle aéronautique autour de Roissy);
– assurer des liaisons entre ces pôles grâce à un métro automatique qui constituerait une double boucle;
– relier ces pôles à l'international grâce à une interconnexion LGV entre les LGV Nord et Sud et les aéroports de Roissy et d'Orly. De nouvelles gares LGV s'ajouteraient à celles de Roissy et de Massy (ex. : Orly, Marne-la-Vallée). Ce projet entraînerait la création de nouveaux emplois (700 000 emplois à terme) et pourrait assurer une meilleure croissance économique.
Ce projet contribuerait au glissement du dynamisme de la ville-centre vers sa périphérie, au-delà du cadre traditionnel de Boulogne-Billancourt, La Défense, la Plaine Saint-Denis, accréditant l'idée que Paris ne doit son rôle mondial que grâce à son imbrication dans la région Île-de-France.

7. (Doc 4) *Comment ce projet pourrait-il renforcer le rôle mondial de Paris ?*
Ce projet de Grand Paris permettrait de renforcer le rôle mondial de Paris grâce à la multiplication d'activités stratégiques de haut niveau et grâce à une meilleure intégration aux grandes villes européennes et mondiales.

Pour conclure

Quel rôle mondial Paris joue-t-il? Ce rôle vous semble-t-il réellement menacé? Justifiez votre réponse.
Paris est de loin la métropole la plus importante de France par sa population, ses activités... C'est également une métropole internationale au plan économique du fait de ses activités tertiaires de haut niveau et au plan culturel. Mais la place de Paris dans le monde n'est plus ce qu'elle était. Elle est concurrencée par de très grandes métropoles euro-

péennes et américaines souvent plus dynamiques et créatives qu'elle. Pour garder ou retrouver son rang un projet de Grand Paris est mis en chantier.

Situation 2 : L'outre-mer et la puissance française (p. 72-73)

1. (Doc 1) *Montrez la diversité de l'outre-mer.*

L'outre-mer manque d'unité du point de vue :

– de leur administration : Départements et régions d'outre-mer, collectivités d'outre-mer, pays d'outremer et domaine privé de l'État se distinguent les uns des autres par leur plus ou moins grande autonomie ;

– de leur situation géographique. Ils sont dispersés dans tous les océans : Atlantique, Pacifique, Indien, et leur distance par rapport à la métropole est très variable. Ce sont les îles de Saint-Pierre-et-Miquelon qui sont les plus proches (4 300 km) alors que la Nouvelle-Calédonie est située aux antipodes à 19 000 km de la métropole. Ces territoires sont donc caractérisés par leur isolement. Ils sont situés à des latitudes très différentes, souvent dans la zone intertropicale. À l'exception de la Guyane, ce sont des îles ou des archipels très émiettés (ex. : Polynésie, 118 îles regroupées en 5 archipels) ;

– de leur superficie. Les TAAF sont les plus vastes, mais Clipperton est un atoll de seulement 9 km^2 ;

– de leur population. La Réunion est le territoire le plus peuplé avec 825 000 habitants, alors que les TAAF et Clipperton n'ont pas de population permanente. L'étude de la densité laisserait apparaître également de forts contrastes (Guyane : 1 hab./km^2 ; Saint-Pierre-et-Miquelon : 26 hab./km^2; La Martinique : 327 hab./km^2). En outre, ces territoires se caractérisent par la jeunesse de leur population ; alors que la métropole ne compte que 25 % de jeunes de moins de 19 ans, l'outre-mer en compte toujours plus de 30 % avec un record pour la Guyane avec 45 % ;

– de leurs ressources. Le tableau n'indique que l'importance de la ZEE dont on sait la richesse halieutique et l'intérêt qu'elle suscite en ce qui concerne les nodules polymétalliques. Il existe cependant d'autres ressources non mentionnées dans ce tableau, en particulier des ressources agricoles dites tropicales telles que la canne à sucre, la banane, les agrumes, les ananas, la vanille, mais ces productions connaissent, malgré les subventions qu'elles reçoivent, un déclin remarquable. De plus, il existe des ressources minérales telles le nickel en Nouvelle-Calédonie.

2. (Doc 1, 2 et 3) *Quels sont les atouts de l'outre-mer qui peuvent contribuer à la puissance française ?*

Les atouts de l'outre-mer qui peuvent contribuer à la puissance française sont liés à :

– ses richesses naturelles (nickel, ressources de la ZEE puisque la France, du fait de l'outre-mer, est la 2e nation maritime du monde après les États-Unis) et à la diversité de sa biodiversité qui peut lui conférer un rôle scientifique géré par l'IRD ou Institut de recherche pour la développement (anciennement ORSTOM ou Office de recherche scientifique et technique de l'outre-mer) ;

– sa situation dans tous les océans et à toutes les latitudes (y compris à proximité de l'équateur, position favorable à la mise en orbite de satellites) ;

– sa richesse humaine et culturelle. L'outre-mer a donné des valeurs reconnues dans le domaine des lettres, du sport (foot et athlétisme), ce qui conforte l'idée d'une France plurielle.

3. (Doc 2 et 3) *Dans quels domaines les contributions de l'outre-mer à la puissance française sont-elles les plus évidentes ?*

C'est dans les domaines géostratégiques et culturels que les contributions de l'outre-mer à la puissance française sont les plus évidentes. La dispersion des territoires dans tous les océans permet la présence de forces militaires qui peuvent intervenir rapidement dans les régions concernées. La position de la Guyane à proximité de l'équateur permet, par le biais du CNES, installé à Kourou depuis 1964, la mise sur orbite de la moitié du marché mondial des satellites de télécommunications et d'observation. La multiplicité des populations et des cultures dans ces territoires d'outre-mer contribue à la richesse intellectuelle de la France (ex. : en Nouvelle-Calédonie, à Nouméa, Musée du patrimoine kanak).

4. (Doc 4) *Quels aménagements ont été réalisés ? Dans quels buts ?*

Les aménagements réalisés aux Trois-Îlets à La Martinique sont des classiques d'une mise en valeur touristique. On remarque :

– des hôtels d'architectures différentes, en hauteur au premier plan, plus bas dans le fond ; des villas dispersées dans des jardins ;

– des infrastructures de loisirs : port de plaisance, jetées de protection de la plage avec des aménagements de bars, de restaurants, de solarium…

Il s'agit de développer, en misant sur le soleil, la chaleur, la mer et son eau turquoise, la végétation tropicale, un tourisme de masse. Toutefois, il reste le problème d'acheminement des touristes (desserte aéroportuaire), de la conception vieillotte de l'infrastructure hôtelière et souvent aussi du climat social délétère.

5. **(Doc 5)** *Quelle est la situation sociale de ces territoires d'outre-mer ? Justifiez votre réponse.*
La situation sociale donnée par le PIB/hab. et le taux de chômage permet une comparaison avec la métropole. Pour tous les territoires représentés (les 4 DROM, 2 COM, Polynésie et Saint-Pierre-et-Miquelon et le POM de Nouvelle-Calédonie), la situation est moins bonne que celle de la métropole. On constate toutefois de très fortes inégalités entre ces territoires (par exemple entre Saint-Pierre-et-Miquelon et la Réunion, le taux de chômage varie du simple au quadruple). La situation est particulièrement difficile en Guyane avec un PIB/hab. de 15 700 euros, soit deux fois moins que pour la métropole et un chômage de 26,3 % soit 3 fois plus élevé qu'en métropole. La situation est meilleure en Polynésie et surtout à Saint-Pierre-et-Miquelon (25 000 euros de PIB et 8,8 % de chômage) : ressources de la pêche et des conserveries ? Absence d'immigration de la misère ?

Partout dans l'outre-mer :
– très faible part du secteur industriel (sauf en Nouvelle-Calédonie) ;
– importance de la fonction publique (36 % de l'emploi dans les DOM, mais 47 % à Mayotte contre 22 % en métropole) ;
– importants transferts financiers de l'État et de l'Union européenne ;
– faible taux de couverture des importations par les exportations.
Il apparaît donc que les ressources locales de l'outre-mer ont été insuffisamment valorisées (ex. : aquaculture, plantes à parfum) et que leurs revenus profitent peu aux populations locales. De là, des manifestations sociales récurrentes, en particulier au printemps 2009.

6. **(Doc 3, 4 et 5)** *Montrez que l'outre-mer est dépendant de la métropole.*
L'outre-mer est dépendant de la métropole. Certes, l'outre-mer contribue à la richesse de la France, mais la métropole contribue à l'économie de l'outre-mer :
– elle finance les infrastructures (ex. : Kourou, installations touristiques tels les ports de plaisance, les structures hôtelières) en même temps que les entreprises métropolitaines et que l'Union européenne dans la logique des territoires ultrapériphériques.
– elle assure les liaisons avec la métropole (Air France, Nouvelles Frontières, Air Caraïbes qui s'enrichissent d'ailleurs sur ces marchés) ;
– elle offre des aides diverses (en même temps que l'Union européenne), des prestations sociales, des salaires artificiellement élevés.

Les paradis tropicaux vus par le géographe J. R. Pitte (J. R. Pitte, *La France*, A. Colin, 2005) :
« L'opinion compare volontiers les territoires de la France d'outre-mer à des danseuses qui coûtent cher et à d'inutiles confettis d'un empire qui ne mérite aucune nostalgie. Les habitants de l'outre-mer, quant à eux, sont partagés entre la volonté de rester français (le 14 juillet, et même tout le mois de juillet, est en Polynésie une fête grandiose), l'amertume d'une périphérie qui se pense oubliée, le rêve d'indépendance et la nonchalance qui remet au lendemain les décisions importantes, mais s'oublie parfois en cédant à ses nerfs. Les primes élevées dont bénéficient tous les fonctionnaires travaillant dans les Dom-Tom sont censées compenser le coût élevé de la vie. En réalité, elles permettent dans ces territoires un niveau de vie très supérieur à celui des pays voisins. Cette hypertrophie des services publics apparaît bien dans le paysage un peu stéréotypé de toutes les villes organisées autour d'un port et d'importants bâtiments administratifs (préfecture, haut commissariat, mairie…). »

Pour conclure

L'outre-mer contribue-t-il à la puissance de la France ? Explicitez votre réponse.
L'outre-mer contribue à la puissance de la France par ses civilisations, ses ressources, ses potentialités géostratégiques. Mais ces ressources, outre le fait qu'elles ne sont pas assez exploitées, ne contribuent pas assez à la prospérité des territoires de l'outre-mer. De là, un PIB/hab. faible et un taux de chômage élevé, si bien que la métropole doit aider par des investissements, des prestations sociales diverses ces territoires qui apparaissent, dans leur cadre régional souvent défavorisés, comme des îlots de prospérité.

Cours : L'ouverture des territoires français (p. 74-75)

Un grand État européen, un petit État mondial

1. **(Doc 1)** *Quelle est, par sa superficie et sa population, la place de la France métropolitaine en Europe ? Dans le monde ?*
Par sa superficie (551 000 km^2 pour le territoire métropolitain), la France est un grand État européen

(1er État devant l'Espagne, 505 000 km^2), mais c'est un État de moyenne superficie au niveau mondial (le 47e). Il arrive loin derrière des géants tels que la Russie (17 millions de km^2), le Canada (presque 10 millions), la Chine (9,6 millions), les États-Unis (9,4 millions), le Brésil (8,5 millions). Il faudrait toutefois tenir compte des territoires d'outre-mer qui s'ajoutent aux territoires métropolitains.

Par sa population de 64 millions d'habitants, la France est le 2e État de l'Union européenne derrière l'Allemagne, le 3e européen en tenant compte de la Russie (140 millions), dont le territoire est en partie européen. Mais, du point de vue mondial, la France est, par sa population, un État de moyenne importance (21e rang mondial).

Une intégration à l'Europe et au monde

2. (Doc 1 et 2) *Pourquoi dit-on que le France est un isthme? Un carrefour?*

La France est un isthme entre la Méditerranée et la Manche ou l'Atlantique. Elle est placée au point de passage le plus étroit entre ces mers et océans, l'isthme véritable étant donné par la vallée de la Garonne. Cependant, c'est le passage à travers couloirs et plaines, Marseille-Le Havre ou Marseille-Lille qui a été aménagé. La France est un carrefour ou une plaque tournante entre l'Europe du Nord et l'Europe du Sud et entre l'Europe centrale et des territoires ultramarins (Royaume-Uni et monde américain). La disposition du relief (montagnes au sud et à l'est) laisse ce carrefour se développer facilement.

On pourrait ajouter que la France métropolitaine est un finisterre (terminaison occidentale de l'Europe) et que sa forme massive lui permet de s'inscrire dans un hexagone.

3. (Doc 2) *Quels sont les principaux carrefours français?*

Le principal carrefour français est centré sur Paris. Ce carrefour a été valorisé par la construction de routes et de LGV. Son importance s'explique par la position de Paris sur la Seine, au centre des plaines et plateaux du Bassin parisien, mais aussi par les données de l'histoire (formation du «pré-carré» français à partir de Paris et des possessions royales du Bassin parisien; centralisation monarchique puis républicaine). Il existe d'autres carrefours: Lyon, Lille... On peut aussi considérer que les ports (Marseille, Bordeaux), interfaces entre des milieux et des continents différents, sont des carrefours.

4. (Doc 2 et 3) *Quels moyens de transport permettent d'intégrer la France à l'Europe et au monde?*

La France s'intègre à l'Europe par des autoroutes et des voies ferrées (LGV comme Eurostar, Thalys) mais aussi par des voies aériennes. Elle s'intègre au monde par des lignes aériennes (les aéroports français font 69 % de leur trafic passager à l'international; Paris, avec Roissy et ses 58 millions de passagers en 2010, est le 6e aéroport mondial; s'y ajoute Orly avec 25 millions de passagers). Nice et Lyon sont également des aéroports internationaux. En ce qui concerne les échanges de marchandises, elle s'intègre également grâce aux ports de la Méditerranée, de l'Atlantique, de la Manche.

Les liaisons avec les pays frontaliers sont particulièrement actives au nord et au nord-est. Les échanges peuvent concerner les marchandises, les capitaux (Allemagne, Europe du Nord), les populations (travailleurs français se rendant pour leur travail en Belgique, au Luxembourg, en Allemagne, en Suisse – Bâle ou Genève). Les liaisons sont renforcées grâce à la mise en place de structures de coopérations transfrontalières (ex. : les régions SARLORLUX ou basiliensis).

5. (Doc 2 et 3) *Quels sont les grands ports français? Comment contribuent-ils à intégrer la France au monde?*

Les principaux ports français sont Marseille (1er port avec 83 Mt de trafic), Le Havre (2e avec 80 Mt), Dunkerque (45 Mt), Nantes-Saint Nazaire. Marseille occupe une position exceptionnelle à proximité d'une des principales routes du commerce mondial (route Asie-Amérique par Suez et Gibraltar). Elle est bien connectée au sillon rhodanien. Elle bénéficie des nouveaux terminaux de Fos (FosXXL), mais le climat social délétère du port peut expliquer la stagnation de son trafic et le fait qu'elle est plus un port du sud de la France et de la région lyonnaise qu'un port international. Le Havre, Dunkerque, Nantes et Bordeaux ont un trafic plus orienté vers le nouveau monde. La photographie du document 3 nous présente l'importance des installations portuaires du Havre développées avec l'opération «Port 2000». Au fond et à gauche, on distingue l'estuaire de la Seine, puis un vaste polder en cours d'aménagement pour le trafic des marchandises conteneurisées (on voit les portiques de déchargement), la digue et un réservoir d'hydrocarbures, puis le bassin René-Coty avec un pétrolier à quai. Au-delà, à l'arrière-plan, sur un terre-plein plus ancien, un autre port porte-conteneurs, la centrale thermique et la gare maritime transatlantique. Le Havre est relié à 500 ports dispersés dans le monde. Il reçoit des marchandises conteneurisées d'Asie, mais aussi d'Amérique, qui sont redistribuées en Europe. Il apparaît ainsi comme un hub logistique. Il reçoit également des hydrocarbures du Moyen-Orient et de la mer du Nord qui sont ensuite redistribués.

Une implantation historique dans les affaires du monde

6. **(Doc 4)** *Quels personnages apparaissent sur ce document?*
Il s'agit du président de la République française, Charles de Gaulle, fondateur de la Ve République et son premier président de 1959 à 1969, et de Konrad Adenauer, chancelier de la RFA depuis 1949, poste qu'il occupera jusqu'à sa démission en 1963.

7. **(Doc 4)** *Quelle est l'importance d'une telle rencontre pour la construction européenne?*
K. Adenauer est l'artisan de l'intégration de l'Allemagne dans le bloc de l'Ouest et de la réconciliation franco-allemande. L'Allemagne et la France deviennent ainsi des piliers de la construction européenne. Déjà, en 1951, K. Adenauer avait participé à la signature du traité de Paris, instituant la CECA et, en 1957, à celle du traité de Rome, créant la CEE. La réconciliation franco-allemande a été initiée lors de la visite privée du chancelier le 14 septembre 1958 dans la propriété du général à Colombey-les-Deux-Églises. Elle sera scellée par le traité de l'Élysée du 30 janvier 1963 assurant «la réconciliation du peuple allemand et du peuple français, mettant fin à une rivalité séculaire». Les 4 et 5 juillet 1963, aura lieu la première rencontre institutionnelle entre les deux hommes à Bonn et, les 21 et 22 septembre, lors de l'entrevue de Rambouillet, K. Adenauer tiendra à faire ses adieux au Général avant de quitter la chancellerie. Cette rencontre franco-allemande transforme profondément les relations entre les deux pays et scelle la construction européenne.

Cours : La puissance de la France (p. 76-77)

Une puissance économique

1. **(Doc 1)** *À combien s'élève le PIB français? Quelle place ce PIB donne-t-il à la France en Europe? Dans le monde? Qu'en concluez-vous?*
Ce graphique représente la richesse des États du G20 et du G8. Le G20 comprend les 20 États les plus riches de la planète puisque leur PIB global est équivalent à 87,8 % du PIB mondial. On lit que le PIB du G20 est de 50 882 milliards de dollars. Celui de la France est de 2680 milliards de dollars, soit 5,26 % du PIB des États les plus riches de la planète. La France a le 5e PIB mondial, ce qui en fait la 5e puissance économique mondiale derrière les États-Unis, le Japon, la Chine, l'Allemagne et la 2e puissance économique européenne. La France a donc une place économique importante dans le monde et, plus encore, en Europe.

2. **(Doc 2 et 3)** *Quels sont les différents aspects économiques qui permettent à la France d'avoir une influence mondiale?*
Les documents évoquent la capacité industrielle de la France qui reste importante surtout quand il s'agit de projets nés de coopération européenne (Airbus, Ariane). Les documents évoquent également les délocalisations de l'appareil productif dans le monde (filiales d'entreprises). En outre, ils insistent sur les relations commerciales. Il est vrai que le commerce de la France représente 5 % du commerce mondial. Celui-ci s'effectue surtout avec l'Europe (l'Allemagne est le premier partenaire commercial de la France), mais également avec ses anciennes possessions coloniales et avec des États tels que Singapour, les Émirats, l'Australie dans le cas de la vente d'Airbus. On aurait pu souligner aussi que l'importance de la France dans le monde est due à la reconnaissance de son savoir-faire, de ses technologies.

Une puissance diplomatique

3. **(Doc 2 et 4)** *Quels sont les aspects politiques et diplomatiques du rôle de la France dans le monde?*
La France joue un rôle politique et diplomatique dans le monde; elle est une puissance écoutée sur la scène internationale; elle possède des ambassades et des missions diplomatiques dans 160 pays; elle peut également mener des interventions pacifiques (Haïti) ou militaires (Afghanistan).

4. **(Doc 2)** *Expliquez ce rôle.*
Elle peut assurer ce rôle grâce à :
- son passé de puissance coloniale qui se traduit aujourd'hui encore par la persistance de réseaux importants (la Françafrique);
- la dispersion de ses territoires d'outre-mer à travers le monde;
- ses valeurs morales et intellectuelles issues de la Déclaration des droits de l'homme et du citoyen de 1789;
- son armée de 400000 soldats professionnels, sa force de dissuasion (arme nucléaire);
- sa participation à de grandes institutions internationales (ex. : membre permanent du Conseil de sécurité de l'ONU).

Une puissance culturelle

5. (Doc 2 et 5) *Dans quels domaines culturels la France peut-elle s'affirmer ?*

La France s'affirme dans différents domaines culturels dont les documents 2 et 5 ne font pas l'inventaire complet.

– Le domaine linguistique : il y a 220 millions de locuteurs français dans le monde. Le français est la langue officielle ou de travail de 32 États. C'est la 9e langue la plus parlée dans le monde et il y a 110 millions d'apprenants du français ;

– le domaine littéraire. Nombre d'ouvrages français sont lus à l'étranger, soit dans leur version d'origine, soit en traduction. Le cinéma français a une audience internationale ;

– le domaine artistique comme le montrent le succès de la rétrospective Monet à Paris, au Grand Palais, à la fin de l'été 2010, le succès du Pavillon français à l'Exposition universelle de Shanghai en 2010. La France est le premier pays touristique du monde et son patrimoine artistique est en grande partie à l'origine de ce succès ;

– le domaine de la mode. Les maisons Dior, Saint Laurent, Chanel et les stylistes tendance ont beaucoup de succès dans le monde ;

– le domaine de la gastronomie. Le succès de chefs tels P. Bocuse, A. Ducasse, P. Troisgros, M. Veyrat, M. Guérard, qui ouvrent souvent des restaurants à l'étranger, en particulier à New York et à Tokyo, ne se départit pas. De plus, depuis novembre 2010, le repas gastronomique français appartient au patrimoine immatériel mondial de l'humanité.

6. (Doc 5) *En quoi la langue confère-t-elle à la France une dimension planétaire ?*

Nous avons vu que le français était la langue officielle ou de travail de 32 États répartis sur toute la planète avec une prédilection pour l'Afrique. Il y a cependant relativement peu de locuteurs français en Asie et en Océanie. Le nombre de francophones semble augmenter actuellement. 70 pays appartiennent à l'Organisation mondiale de la francophonie (OIF) qui ne fait pas seulement partager l'amour de la langue mais aussi des valeurs telles que la paix, la démocratie, le droit, la liberté, et qui développe ces idéaux lors de sommets (le dernier a eu lieu à Montreux en 2010).

L'usage du français dans le monde est à mettre en relation avec plusieurs facteurs :

– la présence de Français expatriés sur tous les continents ;

– les habitudes nées de la colonisation française ;

– le maintien d'une multitude de langues locales, dites vernaculaires, et la nécessité par conséquent d'adopter une langue de communication, dite véhiculaire (par exemple l'ancien Congo français peuplé de 3,7 millions d'habitants dispose de 40 langues vernaculaires) ;

– les progrès de l'enseignement (en Afrique, par exemple) qui assure le passage d'une civilisation de l'oralité à une civilisation de l'écrit ;

– les efforts du gouvernement français et des ONG. Il existe 460 lycées français dans le monde et une centaine d'Alliances françaises.

7. (Doc 2 et 5) *La puissance française est-elle aussi importante aujourd'hui que par le passé ? Justifiez votre réponse.*

La puissance française n'est plus aussi importante aujourd'hui que par le passé. L'économie connaît des difficultés (faible croissance, déséquilibres commerciaux, endettement, chômage), et la France n'a plus les mêmes capacités financières et morales pour s'imposer dans le monde.

Le texte du document 2 accumule les mots et expressions montrant une certaine érosion de la puissance française : « encore forte », « prestige passé », « reste grande », « tend aussi à s'affaiblir ».

La puissance française est souvent éclipsée par la puissance américaine (plus de 2 milliards de locuteurs anglophones) et par la curiosité et l'engouement que suscite la Chine (augmentation du nombre d'élèves apprenant la langue : le chinois vient après l'anglais, l'espagnol, l'allemand, l'italien, mais devant le russe).

Essentiel autrement – Essentiel en carte (p. 78-79)

En vous aidant de l'organigramme et de la carte, montrez les aspects de la puissance française et les parties du monde dans lesquelles elle s'exerce le plus.

La puissance de la France est :

– économique. La France dispose du 2e PIB européen et du 5e mondial. Elle a le 7e IDH européen et le 8e mondial. Elle appartient au G20 et au G8. Cette richesse est due à ses ressources (en particulier, les potentialités d'une vaste ZEE), à sa capacité de les mettre en valeur (importante population), à ses échanges (marchandises, services) ;

– diplomatique et militaire. La France appartient aux grandes organisations internationales. Elle est la 4e puissance nucléaire mondiale. Elle a la capacité humaine et logistique d'intervention dans le monde ;

– culturelle. Elle a une position privilégiée dans le domaine des arts, du cinéma, de la littérature, de la mode…
De ce fait, la France est un pays attractif (migrants, touristes) et elle compte dans le monde. Toutefois, elle est avant tout une puissance européenne. Ainsi, si elle entretient des relations commerciales avec l'ensemble de la planète (E.-U., Canada, pays du Maghreb, Chine, Russie, Japon, Corée du Sud), l'essentiel de ses échanges s'effectue au sein de l'Europe. On peut noter cependant le rôle particulier que la France joue en Afrique au plan culturel (francophonie) et militaire (présence permanente de troupes françaises). Enfin, force est de constater que le rôle de la France dans le monde est en recul.

Capacités : Confronter des points de vue (p. 80)

Différentes images de l'outre-mer

1. *Quelle est la nature des documents choisis ?*
Il s'agit de deux documents récents mais de nature très différente. L'un d'entre eux est une photographie tirée d'une publication de la *Documentation française* (n° 355, 2009) et intitulée « L'outre-mer français : où en sommes-nous ? ». L'autre document provient de la même revue, mais il s'agit cette fois d'un texte.

2. *Quelles régions du monde concernent-ils ?*
Ces documents concernent l'outre-mer. La photographie représente la baie de Sainte-Marie en Nouvelle-Calédonie. Cette baie se déploie dans l'île principale de Nouvelle-Calédonie, en face de Nouméa. Le texte est générique; il concerne les départements et régions d'outre-mer.

3. *Ces documents sont-ils comparables ? Pourquoi ?*
Leur nature différencie ces documents qui sont cependant comparables dans la mesure où ils concernent tous deux la France du lointain, à une époque récente, mais dont ils présentent une image opposée.

4. *Décrivez chacun des éléments de la photographie. Quelle image cherche à donner le photographe ?*
La photographie montre les atouts touristiques de la Nouvelle-Calédonie (la mer turquoise, le sable blond, les collines du lointain encore peu urbanisées) et les images du bonheur avec le couple les pieds dans l'eau, le tout sous l'égide du drapeau français, la république incontestée. Le photographe cherche à donner une image de sérénité, d'aisance, de bonheur de vivre et… de stabilité politique.

5. *Déterminez, d'après ce texte, la situation économique et sociale de l'outre-mer. Quelle image son auteur cherche-t-il à faire passer ?*
La situation économique et sociale de l'outre-mer est difficile. Le secteur productif est peu développé et le chômage atteint des niveaux importants malgré la multiplication du nombre de fonctionnaires. Les inégalités sociales sont criantes. Les DOM-ROM doivent importer une grande quantité de ce qu'ils consomment, ce qui a des répercussions sur le coût de la vie. L'économie des DOM-ROM est sous perfusion, dépendante des aides de l'État (indemnités de chômage, salaires artificiellement élevés, aides à l'agriculture, dégrèvements fiscaux). Ces aides sont en progression constante. L'auteur cherche ainsi à montrer le coût que représentent ces territoires pour la métropole.

6. *Comment expliquez-vous ces différences de jugement ? Ces documents présentent-ils des situations similaires ? Justifiez.*
Ces documents ne présentent pas des situations exactement similaires. L'un d'eux concerne un pays d'outre-mer, la Nouvelle-Calédonie, et on sait que le chômage y est moins élevé qu'ailleurs. L'autre concerne les DOM-ROM de Martinique, Guadeloupe, Guyane et La Réunion. La photo cherche à donner une image positive de la Nouvelle-Calédonie pour attirer les investissements ou les touristes. L'autre document est plutôt un bilan économique.

7. *Montrez, grâce aux documents et à vos connaissances, que l'apport de l'outre-mer à la puissance française doit être nuancé.*
L'outre-mer est un atout pour la France si l'on considère ses ressources (celles de la ZEE, le nickel de Nouvelle-Calédonie, la diversité biologique…), sa dispersion dans tous les océans, sa richesse culturelle et ses atouts touristiques. Néanmoins, il est difficile de maintenir la cohésion de tous ces territoires, parfois fort éloignés de la métropole et distants les uns des autres, mais encore bien souvent, surtout dans le cas des DROM, l'économie est dépendante de la métropole. Les inégalités sociales sont criantes. Ces territoires, en position ultrapériphérique, ne peuvent vivre qu'avec les investissements et les aides de la métropole ou de l'UE.

Arts et Géographie : 1900-2010 : d'une Exposition universelle à l'autre (p. 81)

1. **(Doc 1 et 2)** *Situez chacune de ces expositions universelles. Que traduit le changement de lieu ?*

En 1900, l'Exposition universelle se tient à Paris, de part et d'autre de la Seine, au pied de la tour Eiffel, de l'avenue des Champs-Élysées et remonte sur la colline du Trocadéro. En 2010, c'est Shanghai qui accueille l'exposition. Le « centre du monde » est ainsi passé de l'Europe, et particulièrement de la France et de l'Angleterre, à un pays émergent d'Asie. Au XIXe siècle, toutes les expositions universelles ont lieu en Europe. Elles débutent à Londres en 1851. Paris en organise une tous les onze ans (1855, 1867, 1878, 1889, 1900) puis encore deux : en 1925 et en 1937 (Exposition coloniale). La première Exposition universelle en dehors d'Europe a lieu à Shanghai en 1876.

2. **(Doc 1 et 2)** *Montrez que chacune de ces expositions est l'occasion d'afficher la puissance française.*

Ces expositions universelles sont l'occasion d'afficher la puissance française. Elles montrent :

– la capacité d'organisation (dans le cas de l'exposition de 1900);

– la capacité de financement (toujours dans le cas de l'exposition de 1900 puisqu'on a construit non seulement le Grand et le Petit Palais, mais aussi le pont Alexandre III, la gare d'Orsay, le Pavillon des colonies, le Pavillon de la fée Electricité)...

– la capacité d'innovation, dans l'architecture, par ce qui est montré dans les pavillons (en 1900, des réalisations industrielles et artistiques; en 2010, des marqueurs de civilisation tels que des œuvres artistiques de la fin du XIXe siècle, des symboles de liberté individuelle comme des photos d'amoureux qui s'embrassent, des symboles du savoir-faire et du luxe comme la malle Vuitton).

3. **(Doc 1 et 2)** *Comparez le style du palais « Belle Époque » et celui du « Palais sensuel ».*

Le Grand Palais : il a été construit par un collectif d'architectes (Albert Louvet, Albert Thomas, Charles Girault). Il procède d'un style classique (ou style Beaux-Arts, dit encore style éclectique) par sa colonnade inspirée de la colonnade du Louvre de Claude Perrault, par son souci décoratif (les sculptures telle *l'Harmonie triomphant de la discorde,* les frises extérieures placées sous le péristyle réalisées en mosaïque et célébrant l'art à travers les civilisations...). Il relève également d'une architecture moderniste avec l'emploi de l'acier, du fer, du verre comme l'avait fait le Cristal Palace de Londres.

Le palais sensuel de Jacques Ferrier : il a reçu, lors de l'exposition, 10,2 millions de visiteurs et a été le pavillon individuel le plus visité. Il sera conservé. Le pavillon est de style moderniste. Il est composé de plusieurs enveloppes : la structure intérieure de verre et de béton, la résille minérale, le rideau d'arbres extérieur. Ce quadrilatère de trois étages, placé au centre d'un plan d'eau, enserre un jardin à la française à ciel ouvert. Il n'y a pas de détails architecturaux extérieurs (sculptures et peintures) et l'ensemble est marqué par la sobriété et la sophistication.

4. **(Doc 1 et 2)** *En quoi les objectifs de la France en 2010 diffèrent-ils de ceux affichés en 1900 ?*

Les objectifs des architectes sont différents. En 1900, il s'agissait de faire voir l'entrée dans l'ère industrielle en montrant les progrès scientifiques (l'électricité) et techniques (l'acier, le verre). En 2010, l'architecture procède d'une réflexion sur la ville (la mégalopole) et le développement durable. La ville doit apporter le bien-être et le confort à ses habitants. C'est pourquoi J. Ferrier parle de « ville sensuelle » qui doit répondre aux cinq sens de l'homme : l'odorat (le jardin répand un parfum de « ville mouillée »), le goût (sur le toit a été installé le restaurant gastronomique des frères Pourcel), la vue (sur la ville)...

En outre, les constructions doivent être durables, s'inscrivant harmonieusement dans l'environnement, et peu consommatrices d'énergie, d'eau (utilisation des eaux traitées du Huang-pu). J. Ferrier travaille actuellement sur un projet qui attend financements, promoteurs et maître d'œuvre d'une tour Hypergreen ou building écologique : tour multifonction (logements, bureaux, commerces), d'une hauteur raisonnable (250 m), habillée d'une peau de béton, de panneaux solaires, de turbines à vent, produisant l'énergie nécessaire à ses activités, et de serres végétales assurant une partie de l'alimentation des habitants de la tour.

Vers le Bac (p. 82-83)

1. Le sujet d'étude (p. 82)

1. *Indiquez la notion définie par les phrases suivantes.*

Définition	Notion
Capacité économique, politique, culturelle à s'imposer, voire à commander.	Puissance
Lieu de convergence de voies de communications dans lequel se concentrent les activités.	Carrefour

2. *Indiquez la bonne réponse en cochant la case qui convient. Si l'affirmation est exacte, justifiez. Si elle est fausse, rétablissez la bonne réponse.*

	Vrai	Faux
• Par sa superficie, la France est le 4e État européen.	❑	☑ [1]
• L'ouverture maritime de la France se fait par les ports du Havre, Marseille, Montpellier.	❑	☑ [2]
• La France possède un siège au Conseil de sécurité de l'ONU.	☑	❑
• La France occupe la première place mondiale dans le domaine de la créativité artistique.	❑	☑ [3]
• La place de l'économie française dans le monde est moins importante aujourd'hui qu'il y a 30 ans.	☑	❑

1. C'est le 1er État de l'Union européenne et le 2e d'Europe si on tient compte de la Russie qui a une partie de son territoire en Europe (4 millions de km^2).
2. Le Havre, Marseille, mais aussi Dunkerque, Nantes, Bordeaux. Montpellier est située dans la plaine du Languedoc à une dizaine de kilomètres de la mer, sans port significatif.
3. Cela a été vrai jusque dans les années 1950. Mais, depuis cette date, la France est dépassée par les États-Unis avec des centres de créativité tels que New York, San Francisco, voire par le Royaume-Uni (Londres) ou même par l'Allemagne (Berlin).

3. *Colorez en rouge sur ce planisphère les différents espaces du territoire français (métropole et outre-mer).*
Colorier en rouge : L'Hexagone. Dans l'océan Pacifique : Wallis et Futuna; la Nouvelle-Calédonie; la Polynésie française; Clipperton. Dans l'océan Atlantique : Guadeloupe; Martinique; St-Pierre-et-Miquelon; Guyane. Dans l'océan Indien : Mayotte, la Réunion. Dans l'océan glacial Antarctique : Crozet; Amsterdam; Kerguelen; terre Adélie.

4. *Répondez aux questions suivantes concernant la francophonie.*

1. *Définissez le terme de francophonie.*
La francophonie est l'ensemble formé par les populations parlant français. C'est aussi l'action de promotion et de défense de la langue française.

2. *Où est situé ce centre ? Quelle est son activité ?*
Ce centre est situé en Mauritanie (Akjoujt). Il s'agit d'un centre de lecture et d'animation. La Mauritanie est située en Afrique du Nord-Ouest, entre le Sahara occidental, l'Algérie, le Mali, le Sénégal, au contact de l'Afrique blanche et de l'Afrique noire. Akjoujt est une ancienne ville minière (cuivre), située à l'ouest de la Mauritanie, dans la région de l'Inchiri. Elle compte environ 8000 habitants. La Mauritanie, colonisée à partir de 1902, devient une colonie française en 1920. Elle acquiert son indépendance en 1960. Elle fait partie de l'espace francophone, ce qui explique l'existence de cette bibliothèque où l'on voit des dictionnaires Larousse.

3. *Citez cinq autres pays francophones dans le monde.*
Il existe des États francophones :
– en Europe (Roumanie, Bulgarie);
– en Asie (Cambodge, Laos, Vietnam);
– en Amérique (Canada, Haïti);
– en Afrique (Centrafrique, Tchad, Congo, Sénégal, Madagascar).

2. Les situations (p. 83)

Situation 1 : Paris, ville mondiale

1. *Relevez les lieux où s'exercent dans Paris des fonctions internationales. De quels types de fonctions (économique, politique, culturelle, logistique...) s'agit-il ?*
Les fonctions internationales de Paris sont des fonctions :
– économiques : sièges sociaux et bureaux d'entreprises étrangères, institutions financières, lieux d'expositions. Elles sont localisées dans l'ouest de Paris, dans l'axe du 1er arrondissement – Nanterre, de la Bourse à La Défense en passant par les Champs-Élysées et par Neuilly. Il existe d'autres lieux plus ponctuels d'activités économiques internationales comme le Parc des expositions de la Porte de Versailles ou le quartier de la gare du Montparnasse;
– politiques : siège de l'OCDE qui n'a pas été indiqué sur la carte, dans le 16e arrondissement, de l'UNESCO qui peut être considéré comme politique dans la mesure où il organise tout ce qui est culturel

dans le monde. À Paris, les fonctions politiques sont surtout nationales ;

– culturelles : lieux touristiques concentrés surtout dans les huit premiers arrondissements du Paris historique (musées, monuments); lieux universitaires et culturels (bibliothèques, librairies) dans le quartier Latin, autour de la Sorbonne, mais aussi dans le nouveau quartier d'affaires de l'est de Paris (Bibliothèque nationale de France); lieux récréatifs dispersés, souvent d'origine récente, sportifs (stage Roland-Garros, Stade de France), salles de spectacles ou consacrés à la musique (La Villette). Tous ces lieux ont une vocation mondiale dans la mesure où ils attirent des touristes, étudiants, chercheurs, sportifs internationaux ;

– logistiques : essentiellement les gares d'où partent des LGV (ex. : gare du Nord) à destination internationale (R.-U., Allemagne, Benelux).

2. *Que faut-il entendre par « Ville Lumière » ?*

« Ville Lumière » correspond à une ville qui dispose d'un rayonnement international en attirant artistes, chercheurs... C'est aussi une ville d'où émanent des idées nouvelles, « éclairant le monde ». C'est enfin une ville remarquable par sa richesse. Aujourd'hui, le terme de « Ville Lumière » a perdu une partie de son sens. Il s'applique à de nombreuses villes qui mettent en valeur leurs monuments par des éclairages.

3. *Selon Y. Carbonnier, Paris mérite-t-il toujours le nom de « Ville Lumière » ? Pourquoi ?*

Paris a été « Ville Lumière » jusqu'à la Première Guerre mondiale. Elle a alors attiré des chercheurs (Marie Curie), des artistes, parfois venus d'Europe centrale, fuyant les persécutions contre les juifs, dont certains vont constituer l'École de Paris. C'est ainsi qu'arrivent Picasso (1904), Modigliani (1907), Chagall (1909), Soutine (1913), Brancusi... Aujourd'hui, Paris n'attire plus les artistes. Elle a perdu son appellation de « Ville Lumière », d'autant que ce titre est maintenant galvaudé.

Situation 2 : L'outre-mer et la puissance française

1. *Où est située la Nouvelle-Calédonie ?*

La Nouvelle-Calédonie est un archipel du Pacifique Sud, situé un peu au nord du tropique du Capricorne, en Mélanésie. Il comprend Grande-Terre, l'île des Pins, les îles Loyauté... Il est à 1 500 km à l'est de l'Australie, à 2 000 km au nord de la Nouvelle-Zélande et à 18 000 km de la métropole. Il mesure 18 000 km^2. C'est un POM qui jouit d'un statut particulier d'autonomie.

2. *En quoi la Nouvelle-Calédonie contribue-t-elle à la puissance française ?*

La Nouvelle-Calédonie, contrairement aux autres territoires de la France d'outre-mer, détient des ressources industrielles : le nickel, matériau stratégique (avions, fusées, réacteurs nucléaires), soit le tiers des réserves mondiales. En outre, la Nouvelle-Calédonie assure la présence de la France dans le Pacifique Sud. Elle peut ainsi s'imposer géostratégiquement face à l'Australie et à la Nouvelle-Zélande.

3. *La population calédonienne semble-t-elle profiter de ces atouts ? Justifiez votre réponse.*

La population calédonienne ne semble pas bénéficier de ces atouts ; le PIB est inférieur de 16 % à celui de la métropole et le chômage est plus du double. La situation est difficile pour la plupart des Canaques. Le fossé entre Canaques et Caldoches se maintient.

GÉOGRAPHIE – SUJET D'ÉTUDE 6

Acteurs et enjeux de l'aménagement du territoire

Ce chapitre est le deuxième sujet d'étude consacré à la place de la France dans l'Union européenne. L'objectif majeur est de montrer que de nombreux acteurs contribuent aujourd'hui à l'aménagement des territoires français, dont l'Union européenne; l'État, s'il joue toujours un rôle déterminant, n'a plus le rôle exclusif qui lui était réservé avant les lois de décentralisation (1982-1983 et 2003-2004). L'aménagement des territoires obéit, de plus, à de nouveaux enjeux qui s'inscrivent également dans la construction européenne : compétitivité des territoires, équité territoriale, environnement. La diversité des acteurs et des enjeux peut être exprimée à travers deux situations au choix, le Conservatoire du littoral et un aménagement dans une communauté de communes.

Problématique générale du sujet d'étude

Les territoires sont des espaces économiques, sociaux et politiques organisés par les sociétés qui les contrôlent. Ils sont des espaces d'activités, de vie et des sujets de débats. L'aménagement des territoires français est une nécessité pour faire face aux enjeux contemporains; il influe sur la vie économique et sociale des territoires, qui doit permettre à la France de rester compétitive dans l'économie européenne et dans la mondialisation des échanges, il doit également améliorer la vie quotidienne des citoyens pour rendre les territoires attractifs et dynamiques. Le chapitre doit faire comprendre la diversité des acteurs impliqués, tous concernés par les décisions prises, et l'importance des trois enjeux sous-jacents qui sont caractéristiques des attentes des sociétés contemporaines et qui doivent s'équilibrer, autant que possible, dans les projets actuels. Le chapitre s'efforce d'aborder ces objectifs à différentes échelles, avec des exemples précis illustrant des domaines et des enjeux variés d'aménagement.

Les pages d'ouverture effleurent la complexité des aménagements et des territoires en présentant deux exemples différents mais complémentaires en termes d'acteurs et d'enjeux. Le pôle de compétitivité «Industries et agro-ressources» ne doit pas être étudié en tant que structure économique complexe mais en tant que projet d'aménagement répondant aux enjeux d'équité et de compétitivité territoriale (établir un pôle de haute technologie et d'activités tertiaires dans des territoires plutôt ruraux et en dépression économique, la Picardie et la Champagne-Ardenne) sans négliger l'enjeu environnemental. Les acteurs présentés sont les collectivités territoriales soutenues par l'État. La campagne publicitaire pour la communauté urbaine Marseille Provence Métropole développe surtout les enjeux de compétitivité et d'équité territoriale à une échelle nouvelle, celle de l'intercommunalité. Les acteurs apparaissent tout aussi divers, du niveau communal au niveau européen. Les questions invitent les élèves à s'interroger sur la diversité et la modernité des acteurs et des enjeux.

Les pages de situation illustrent les acteurs et les enjeux de l'aménagement, anticipant ainsi sur les pages de cours. La première situation est une étude du Conservatoire du littoral, organisme public chargé de la défense et de la valorisation du patrimoine côtier. Ses missions sont nombreuses et recouvrent particulièrement les enjeux d'équité territoriale et d'environnement de l'aménagement des territoires (protéger et faire connaître le patrimoine faunistique et floristique), sans négliger pour autant la compétitivité dans la recherche de la valorisation économique des littoraux protégés. L'élève découvre rapidement que, pour remplir ces missions coûteuses, l'action coordonnée d'acteurs nombreux, des institutions aux simples citoyens, est nécessaire. La deuxième situation s'attache à un aménagement original, la «Maison du Maroilles», destiné à valoriser le patrimoine culturel et technique, le savoir-faire et les traditions du territoire, tout en le dynamisant. Les trois enjeux de l'aménagement sont particulièrement à l'honneur dans ce projet qui souhaite dynamiser un territoire aux ressources modestes tout en protégeant le patrimoine environnemental et culturel. Le milieu rural et le niveau de la communauté de communes sont ici privilégiés par rapport au cadre national du Conservatoire du littoral. Cette situation permet d'analyser en détail l'organisation et le fonctionnement de l'intercommunalité et de montrer l'importance que cette structure territoriale peut avoir pour dynamiser des espaces qui, individuellement, disposent de peu de moyens. Les acteurs impliqués sont aussi nombreux puisque le projet s'efforce d'obtenir des aides de l'État et de l'Union européenne. Le rôle des acteurs locaux est particulièrement souligné, de même que les retombées du projet sur les conditions de vie et de développement du territoire. Ces deux sujets permettent d'aborder la diversité du rôle des acteurs et de préciser les responsabilités spécifiques de chacun; les notions de solidarité et de partenariat sont particulièrement visibles dans la réalisation des projets.

Les premières pages de cours reprennent en détail les rôles spécifiques de chaque catégorie d'acteurs; elles distinguent les nouvelles responsabilités des structures gouvernementales (État et Union européenne) et des collectivités territoriales à la faveur des lois de décentralisation. Elles insistent sur le rôle des citoyens et des entreprises avant de souligner l'importance actuelle des structures intercommunales, établies à partir de 1992. Ces pages reprennent la problématique de la solidarité entre les acteurs nécessaires à l'aboutissement de projets souvent ambitieux et complexes. La deuxième partie du cours aborde successivement les trois enjeux actuels de l'aménagement évoqués lors des pages de situation et s'efforcent d'en souligner la nécessaire complémentarité. La plupart des projets actuels, s'ils veulent être retenus et recevoir des aides de financement, doivent s'impliquer dans au moins deux des trois enjeux évoqués : la dimension du développement durable et de la protection de la qualité de vie sont maintenant, dans la plupart des cas, au cœur de la réflexion, au même titre que les retombées économiques.

Les pages **Essentiel autrement** et **Essentiel en cartes** résument les idées principales du chapitre et proposent aux élèves une autre manière de mémoriser l'essentiel d'un cours. Un schéma synthétique fusionne les apports des deux parties du cours et réutilise les notions majeures. Une carte de l'aménagement des territoires en France permet de localiser plus facilement les grands ensembles d'aménagements actuels. La légende est organisée selon les différents enjeux étudiés. La superposition des territoires de projet permet de montrer le dynamisme, la complémentarité des enjeux et des acteurs et de souligner le dynamisme global de l'ensemble des territoires.

La page **Capacités** permet, à travers le projet LEADER Avesnois à dimension européenne, de réexploiter les connaissances acquises pour expliquer une plaquette d'information. Le projet LEADER s'attache à la valorisation d'un patrimoine rural et permet de renforcer l'analyse du rôle de l'Union européenne et des acteurs locaux dans les nouveaux projets d'aménagement.

La page **Arts et Géographie** s'attache davantage à l'aménagement urbain. Elle ajoute l'enjeu artistique à ceux déjà présentés et donne une nouvelle perspective sur la possibilité de rendre les territoires de projet attractifs et originaux. Elle insiste davantage sur la notion d'aménagement culturel et pratique.

Les pages **Vers le bac** concluent le sujet d'étude en insistant sur les grands points de vocabulaire et l'exploitation des savoirs acquis dans le cours et les pages de situation, ainsi que sur l'analyse documentaire en liaison avec le sujet d'étude.

Ouverture (p. 84-85)

1. **(Doc 1)** *Décrivez le document. Quels sont les domaines économiques concernés par ce pôle de compétitivité? Quels en sont les objectifs?*

Le document est une affiche qui vante les mérites du pôle de compétitivité « Industries et agro-ressources » créé en 2005. De vastes espaces ruraux vallonnés apparaissent en arrière-plan pour caractériser la dominante rurale de la Picardie et de la Champagne-Ardenne. Une usine élaborée par un savant aménagement de végétation apparaît symboliquement, montage virtuel mais esthétique que souligne le message « la chlorophylle stimule le développement industriel ». Les logos régionaux apparaissent en bas du document. L'affiche souligne la volonté de dynamiser des territoires en reconversion économique en développant des industries de haute technologie soucieuses de développement durable dont les retombées peuvent dynamiser les activités agro-alimentaires locales. Le projet de « pôle de compétitivité », davantage développé dans le sujet d'étude suivant, apporte la perspective de créer des entreprises novatrices et compétitives nécessitant des emplois hautement qualifiés. Des aménagements urbains et des réseaux de communication suivraient sans doute pour désenclaver les espaces valorisés.

2. **(Doc 2)** *Quels atouts de la MPM sont valorisés par l'affiche? De quelle façon?*
L'atout majeur de la MPM est la diversité de ses ressources et de ses activités représentées sur l'affiche : haute technologie (chimie, médecine, activités maritimes, commerce, tourisme...). La MPM met en avant des transports variés et performants qui relient la communauté urbaine ouverte sur le littoral à la mondialisation des échanges. Elle souligne une main-d'œuvre hautement qualifiée et un poids démographique attractifs. L'abondance des photographies insiste sur la diversité et la qualité des atouts de la communauté urbaine : l'objectif est de retenir l'attention de nouveaux partenaires désireux d'investir dans les projets de l'intercommunalité. Il s'agit également de marquer le dynamisme et la détermination de la MPM. Le discours du président de la Communauté urbaine et la mention des acteurs majeurs illustrent la volonté de présenter un projet fiable et sérieux.

3. **(Doc 1 et 2)** *Quels sont les acteurs et les enjeux de ces aménagements territoriaux?*
Le document 1 souligne d'abord le rôle des régions partenaires, Picardie et Champagne-Ardenne. On peut en déduire l'implication des communes, intercommunalités et départements concernés par le développement économique et social. Le pôle de compétitivité, à vocation internationale implique nécessairement, par des aides ou un droit de regard, l'État et l'Union européenne, les entreprises, les universités et les centres de recherche. Le document 2 souligne le rôle de la communauté urbaine, rappelant qu'elle concerne Marseille et 17 communes périphériques. L'enjeu de métropole euroméditerranéenne implique automatiquement l'État et l'Union européenne dans le projet. Les deux documents évoquent l'association des acteurs, destinée à mettre en commun les ressources et les compétences pour donner de l'ampleur à leurs projets. Des enjeux similaires apparaissent : le développement durable (figuré par l'usine «verte» pour l'un, par la préservation du monde marin et du paysage littoral pour l'autre), la compétitivité par les ambitions internationales et de développement d'activités de haute technologie. L'équité territoriale, absente du document 2, est très présente dans le document 1. Le projet cherche à revaloriser des espaces en difficulté et en reconversion économique.

Situation 1 : Le Conservatoire du littoral (p. 86-87)

1. **(Doc 1)** *À quoi sert le Conservatoire? Contre quelles nuisances lutte-t-il?*
Le Conservatoire du littoral sert d'abord à protéger les terrains côtiers fragilisés ou menacés présentant un intérêt écologique. Il s'efforce de protéger les paysages, la faune et la flore des sites et de soutenir la recherche scientifique. Il contribue à préserver les pratiques culturelles traditionnelles attachées au littoral. Le Conservatoire entend également valoriser économiquement ces espaces, dans des perspectives de développement durable, tout en rendant les sites accessibles à tous. Il lutte contre les nuisances d'origine naturelle (érosion marine, catastrophes naturelles) et humaine (pollution, urbanisation galopante, tourisme mal géré, mauvaise gestion épuisant les sites...).

2. **(Doc 2)** *Quels sont les espaces où le Conservatoire intervient le plus? Pourquoi?*
Le Conservatoire intervient plus particulièrement en Méditerranée (35 %), en Corse (15 %), en Outremer (15 %) et en Bretagne. Ces espaces sont particulièrement protégés car ils sont très riches écologiquement. Ils sont très concernés par le tourisme. De plus, ce sont parfois des espaces nécessitant des aides financières pour préserver leur littoral (Corse, Outremer).

3. **(Doc 3 et 5)** *Avec quels autres acteurs de l'aménagement du territoire doit-il travailler? Pourquoi ne peut-il agir seul?*
Le Conservatoire travaille constamment avec l'État dont il dépend, avec l'UE (il s'inscrit dans le programme Natura 2000) et avec les collectivités auxquelles il confie la gestion des terres acquises. Tous les plans d'aménagement sont débattus et discutés avec les élus, les entreprises, les associations et les citoyens, notamment par les conseils de rivage, le conseil d'administration et l'élaboration des projets. Il ne peut financer et surtout entretenir seul des aménagements souvent de grande ampleur; son budget dépend activement des aides de l'État, de l'UE, des collectivités et de l'intercommunalité, ainsi que des entreprises et des citoyens. Il a besoin de leur aide pour concrétiser ses idées et obtenir des appuis. Il rassemble les avis, prend des décisions et les fait valider en commun par tous les acteurs concernés par l'aménagement.

4. **(Doc 1 et 3)** *En quoi agit-il dans la perspective du développement durable?*
Le Conservatoire agit dans le cadre du développement durable car il entend transmettre aux générations futures un patrimoine écologique, faunistique, floristique et culturel intact. Il veut préserver les écosystèmes et les mettre en valeur sans toucher à leur spécificité. La politique écologique de réhabilitation

des espaces dégradés, l'acquisition et la protection de terrain ainsi que la participation à des lois pour l'avenir (cf. Grenelle de l'environnement) sont significatifs de l'adhésion au développement durable.

5. **(Doc 4)** *Pourquoi choisir cette photographie pour cette brochure?*

La photographie représente un littoral dynamique, à l'état naturel, sans urbanisation, sans installations touristiques ou industrielles anarchiques. Elle souligne la beauté du paysage et la richesse du site à préserver. Elle illustre les perspectives écologiques et de développement durable du Conservatoire. La beauté de la photographie donne envie au spectateur de découvrir et de participer à la protection du site.

6. **(Doc 4 et 5)** *Qui aménage ces sites? Comment? En quoi ces exemples illustrent-ils les objectifs du Conservatoire?*

Les aménagements sont réalisés par le Conservatoire, joint à l'État, aux régions et départements, et aux communes et intercommunalités (comme la CCBI). En Guadeloupe, l'accent est porté sur la création de sentiers de découverte qui permettent de favoriser le tourisme sans perturber les écosystèmes en place. À Belle-Île en Mer, il s'agit de faire connaître et de préserver le patrimoine historique et culturel du littoral, de lutter contre l'érosion et d'organiser le tourisme sans perturber l'écosystème. Le Conservatoire cofinance ces projets avec les acteurs locaux et l'État, se répartissant les tâches. Ces exemples illustrent les objectifs de protection des paysages, de réhabilitation des sites dégradés, d'accessibilité au public et de gestion raisonnée et durable du patrimoine littoral, sans négliger la valorisation économique qui devrait permettre d'attirer des touristes et de faciliter ainsi le financement de l'entretien des aménagements.

Pour conclure

Quels rôles le Conservatoire du littoral joue-t-il dans l'aménagement du territoire? Pour quels enjeux? Avec quels moyens?

Une brève introduction peut rappeler que le Conservatoire du littoral est un organisme public, impliqué de diverses manières dans l'aménagement du littoral depuis sa fondation en 1975. Une première partie rappelle les objectifs du Conservatoire : préserver les espaces littoraux, leur patrimoine écologique (flore, faune), les activités traditionnelles et la culture; favoriser des progrès dans la recherche scientifique. Une seconde partie souligne les enjeux de ces actions. Le Conservatoire investit dans le développement durable en sensibilisant les citoyens et acteurs de l'aménagement du territoire. Il s'efforce également de revaloriser les territoires en difficulté dans la perspective de l'équité territoriale. Il peut, par les projets scientifiques et touristiques, participer à la compétitivité des territoires. Enfin, une dernière partie examine les moyens nécessaires à la réalisation de ces projets. Le Conservatoire étudie les situations, acquiert les terres menacées et les rend en gestion aux élus et collectivités. Il propose et cofinance des aménagements (exemple de Belle-île-en-Mer) en commun avec les autres acteurs dont l'effort financier est nécessaire. Le Conservatoire doit tenir compte de l'avis des élus qui vont ensuite gérer les espaces (conseils de rivage, délégation régionale, sièges au conseil d'administration...). L'entretien de ces aménagements et la constante adaptation aux nouveaux problèmes qui surviennent (tourisme excessif, surexploitation des ressources...) passent par un partenariat durable. La conclusion peut souligner que le Conservatoire du littoral est l'illustration d'un élément majeur de l'aménagement du territoire, soucieux de travailler en partenariat avec les autres acteurs concernés et capable de concevoir des projets impliquant les trois enjeux majeurs de la gestion des territoires.

Situation 2 : Aménager les « Terres du pays de Maroilles » (p. 88-89)

1. **(Doc 1)** *Localisez puis définissez la 2C2M. Quels atouts du territoire sont soulignés?*

La 2C2M est la Communauté de communes du pays de Mormal et de Maroilles. Elle est localisée dans le Hainaut (département du Nord), dans l'arrondissement d'Avesnes-sur-Helpe, au cœur du parc naturel régional de l'Avesnois. Elle regroupe dix communes du Nord dans un Établissement public de coopération intercommunale (EPCI) depuis 1993 pour réaliser des projets ambitieux de développement qui ne pourraient être financièrement concrétisés au seul échelon communal. La 2C2M souligne la qualité de vie de son territoire rural et de la proximité du parc naturel régional, la richesse de son patrimoine culturel (traditions rurales et agricoles, savoir-faire fromager) et le dynamisme de sa population active. Elle est proche de grands axes de communication (autoroutes vers Paris, Lille, Bruxelles).

2. **(Doc 1, 2 et 3)** *Montrez comment la 2C2M cherche à rendre son territoire compétitif.*

La 2C2M cherche à rendre son territoire attractif : fiscalité faible pour inciter les entreprises à venir s'installer, publicité et valorisation de la richesse et de la diversité de ses atouts (affiches, plaquette d'information, magazine, site Internet...). Elle espère attirer ainsi des entreprises, des investisseurs et une main-d'œuvre dynamique et qualifiée. Plusieurs territoires de l'intercommunalité sont inscrits dans des projets de grande ampleur : programme européen LEADER + pour les communes du parc naturel de l'Avesnois, pôle d'excellence rurale à Maroilles... La 2C2M investit dans les loisirs (tourisme vert), les emplois agro-industriels et l'éducation pour former une main-d'œuvre de qualité (technologies modernes de l'information et de la communication). Les activités soulignées sont originales : spécialités culinaires, agriculture de qualité, artisanat traditionnel et moderne, aides à la personne...

3. (Doc 1, 2 et 3) *S'inscrit-elle dans une démarche de développement durable ? Justifiez.*

La 2C2M s'inscrit pleinement dans l'enjeu du développement durable. Elle s'efforce de protéger et de faire connaître la richesse de la flore et de la faune du parc naturel régional. Elle bâtit des projets de tourisme vert respectueux de l'environnement. Elle préserve, avec « la Maison du Maroilles », les savoir-faire ancestraux, les modernise et les fait connaître. Elle encourage également la diffusion des produits régionaux fermiers, dont certains portent le label de l'agriculture biologique, et la gastronomie du gibier. Elle entretient un patrimoine bâti traditionnel valorisé dans son cadre naturel sur ses affiches publicitaires (briques, pierres bleues...). Elle contribue à la préservation et l'entretien des paysages naturels. Elle s'investit activement dans le tri sélectif et le recyclage des déchets (le résidu de la fabrication des fromages produit du méthane utilisé pour chauffer l'accueil de l'abbaye).

4. (Doc 3) *Quel intérêt ont les communes à se regrouper dans la 2C2M ?*

Les communes se regroupent dans la 2C2M pour gérer ensemble des espaces qui s'étendent sur plusieurs territoires communaux (ex. : parc naturel régional). Leur regroupement leur permet de mettre en commun leurs moyens et savoir-faire pour faire aboutir des projets qu'une seule commune rurale ne pourrait accomplir. La « Maison du Maroilles », la gestion d'une déchetterie ou l'entretien des paysages et espaces forestiers sont des projets trop vastes pour pouvoir être assumés par une seule commune.

5. (Doc 4) *Quels sont les acteurs du projet ? Quelles activités sont mises en valeur ?*

Les acteurs du projet de la « Maison du Maroilles » sont les deux communautés de communes partenaires, la 2C2M et la Communauté de communes rurale des Deux-Helpes. Ces EPCI rassemblent 22 communes. De nombreux investisseurs, particuliers et entreprises participent aussi au projet. Les activités valorisées par la 2C2M sont les productions agro-alimentaires (fromages, produits laitiers, gibier...), le tourisme vert (randonnées, gîtes...), la protection de l'environnement et des pratiques traditionnelles, les services à la personne (assistance aux retraités).

6. (Doc 2 et 4) *Décrivez les bâtiments aménagés. Le projet répond-il aux objectifs de la 2C2M ?*

Le projet de la Maison du Maroilles aboutit à la création de trois lieux de compréhension et diffusion du patrimoine. Il associe les bâtiments traditionnels (l'abbaye) et les constructions récentes (zone d'activités intercommunale). La zone d'activités accueille l'atelier de fabrication des fromages, activité rentable destinée à la consommation locale et à l'exportation ; la visite s'accompagne du « parcours des sens », un musée dynamique des traditions populaires qui permet de valoriser les savoir-faire locaux. L'abbaye abrite le « carré des saveurs » qui propose aux visiteurs et aux écoles de cuisine de développer l'éducation au goût. Le projet répond pleinement aux objectifs de la 2C2M de développer la compétitivité économique de son territoire, de préserver les savoir-faire et patrimoines culturels ancestraux, et de les faire connaître. Les installations s'inscrivent dans le développement durable (recyclage des résidus de la production fromagère).

Pour conclure

Décrivez la politique d'aménagement du territoire de la 2C2M : quels en sont les enjeux ?

L'introduction peut rappeler que la 2C2M applique une politique moderne d'aménagement du territoire, soucieuse des grands enjeux actuels : développer l'équité territoriale (en revalorisant des espaces économiquement à développer), la compétitivité (en rendant le territoire attractif pour les particuliers comme pour les entreprises, et en créant des activités qui étendent leur influence au-delà du territoire de la 2C2M), le développement durable (préservation des paysages et des pratiques culturelles ancestrales). La première partie définit la 2C2M comme un EPCI qui regroupe dix communes solidaires pour réaliser des projets capables de valoriser le territoire. Les projets sont discutés et s'efforcent de faire bénéficier la majorité des communes concernées (déchetterie, Maison du Maroilles...). La seconde partie traite des méthodes adoptées pour accomplir les objectifs d'équité territoriale et de compétitivité. La 2C2M favorise les partenariats et la complémentarité entre les entreprises agroalimentaires et les activités touristiques et culturelles. Elle encourage et soutient financièrement les initiatives, les projets destinés à faire connaître les actions entreprises. Elle finance une stratégie de communication et de publicité efficace. Une dernière partie souligne que la 2C2M s'inscrit dans une démarche de développement durable : la revalorisation économique des territoires doit être associée à la protection de l'environnement (faune, flore), du patrimoine historique et culturel (savoir-faire, traditions...). Le projet permet de diffuser les savoirs et de les perpétuer d'une génération à l'autre. La 2C2M s'inscrit dans la lignée des grands projets nationaux et européens (traitement des déchets, entretien des paysages et espaces naturels, lutte contre la pollution...). La conclusion rappelle la diversité et l'ambition des objectifs de la 2C2M; elle souligne que les projets actuels d'aménagement du territoire essaient de répondre aux trois enjeux nationaux en les rendant complémentaires.

Cours : Divers acteurs pour aménager les territoires (p. 90-91)

Rôle de l'État et de l'Union européenne

1. **(Doc 1)** *Comment le rôle de l'État évolue-t-il depuis 1982 ? Et celui des collectivités territoriales ?*

L'État a longtemps été centralisé. Avant 1982, il décidait pour l'essentiel des projets d'aménagement sur le territoire national. Depuis les lois de décentralisation (1982-1983 et 2003-2004), l'État s'efforce de rapprocher l'organisation politique des besoins des citoyens, afin d'offrir des services de qualité et de proximité qui puissent répondre à leurs besoins et leurs attentes. Les impulsions viennent souvent du local sous forme de projets et remontent la hiérarchie jusqu'à l'État, si besoin est. L'État coordonne les actions, veille à l'équilibre territorial, soutient et finance les projets qui valorisent les communautés. Il intervient en particulier par les grands services publics; il stimule et propose les grandes lignes de l'aménagement. Les collectivités prennent un poids croissant, étudient les projets, sont à l'écoute des citoyens et font de plus en plus de propositions. Disposant d'un budget, elles peuvent réaliser des aménagements d'intérêt local ou solliciter l'État, détails à l'appui, pour des financements complémentaires.

2. **(Doc 2)** *Comment l'UE s'implique-t-elle dans l'aménagement du territoire ?*

L'Union européenne s'implique pour revitaliser les espaces ruraux et constituer des espaces urbains d'ampleur européenne capables de renforcer ses réseaux et sa puissance internationale. Elle agit par des aides et subventions (Fonds européen pour le développement régional) pour des projets à tous les niveaux administratifs. L'affiche suggère dans le cas de la Bretagne un nombre impressionnant de projets subventionnés, à but éducatif (formation des jeunes), économique (agriculture raisonnée dans le cadre de la politique agricole commune, transports à grande vitesse, tourisme vert, ressources maritimes...). Elle soutient également fréquemment les projets sociaux et culturels.

La décentralisation multiplie les acteurs

3. **(Doc 3)** *Quels aménagements sont mis en avant par la revue? Quels services les communes rendent-elles aux citoyens ?*

La revue met en avant les aménagements de proximité réalisés par la commune de Montrouge pour répondre aux attentes et besoins des citoyens (exprimés notamment lors des conseils municipaux, des tribunes de débat et des conseils de quartier). La couverture de ce numéro illustre ces services en montrant la diversité des installations sportives disponibles : piscine et centre de remise en forme (Aquapol), tennis, stades... Les communes rendent des services de proximité dans les domaines économiques (incitations aux entrepreneurs et investisseurs), sociaux (construction de logements, services aux personnes âgées ou handicapées), culturels (écoles, fêtes communales comme les Soleillades) et environnementaux (espaces verts, amélioration du cadre de vie, plans d'urbanisme, recyclage des déchets, voirie). Elles s'efforcent de rendre leur territoire dynamique et attractif (liaison de Montrouge avec la ligne 4 du métro parisien prévue en 2012, écoles et haltes-garderies pour attirer les jeunes et les familles) et préserve le patrimoine communal.

4. **(Doc 4)** *Quels secteurs sont gérés en priorité par chacune de ces collectivités ?*

Le département s'occupe en priorité des actions sociales, des transports et d'une part de l'enseignement (collèges). La région s'implique davantage dans le développement économique, la formation, la lutte contre le chômage et le développement durable. Elle gère des transports de plus grande envergure (métro) et une partie de l'enseignement (lycées), complémentaire en cela du département (collèges) et de la commune (écoles). La répartition des grands secteurs et responsabilités est faite dans les grandes lignes, mais certains domaines se chevauchent (ex. : transports) et nécessitent une concertation entre les différentes collectivités. La région dispose d'un budget plus vaste que celui du département car elle s'occupe également d'un territoire plus étendu.

L'intercommunalité s'étend depuis 1992

5. (Doc 5) *Décrivez l'affiche : quels sont les avantages de l'intercommunalité ?*

L'affiche souligne les mérites des établissements publics de coopération intercommunale (EPCI), ici du « pays » de Brocéliande (Bretagne). Elle met en avant la concertation entre les citoyens et la prise en compte des attentes, des besoins et des idées de ceux-ci, tous âges et catégories confondus, dans l'aménagement du territoire. Des projets apparaissent au cœur des échanges entre les citoyens représentés : énergies renouvelables (éoliennes), logement, recherche scientifique et haute technologie, agriculture, protection du cadre de vie. Ces projets répondent également aux attentes des communes rurales à dynamiser qui se sont réunies dans un « pays ». L'intercommunalité offre des avantages non négligeables; elle représente un échelon administratif plus étendu et doté de plus de moyens que la commune, mais encore assez proche pour écouter les attentes des citoyens. Les communes mettent en commun leurs ressources pour réaliser des projets solidaires qui seraient hors de portée des communes seules (ex. : Situation 2 - Maison du Maroilles) et qui sont au bénéfice des citoyens des communes impliquées. L'échelon intercommunal donne plus de poids aux petites communes qui peuvent s'exprimer et jouer un rôle actif dans l'aménagement du territoire. L'intercommunalité favorise la compétitivité des territoires et l'équité territoriale.

6. (Doc 3, 4 et 5) *Quels sont les avantages et, selon vous, les inconvénients de la multiplication des acteurs de l'aménagement du territoire ?*

La multiplication des acteurs de l'aménagement du territoire favorise en théorie un débat accru et une meilleure répartition des fonctions entre les différents échelons administratifs publics et les organismes privés. Elle permet d'impliquer dans le débat public tous les citoyens et entreprises concernés par l'aménagement du territoire. Les collectivités disposent de budgets qu'elles peuvent mettre en commun pour accélérer la réalisation de certains projets.

Mais la multiplication des acteurs peut entraîner des lourdeurs administratives liées à la multiplicité des responsables à consulter (la construction d'une route nationale implique ainsi les communes, départements et régions traversées, ainsi que l'État). Les débats publics doivent être organisés soigneusement pour que les citoyens puissent s'exprimer librement et être tous entendus. Le danger est de ne pas donner autant de poids à tous les acteurs et de voir les échelons les plus étendus entraîner les débats, ou de multiplier les conflits d'intérêt. Certains projets et certaines compétences se chevauchent parfois entre les différents acteurs, entraînant parfois des confusions, des rivalités ou des pertes de temps. La concertation entre les acteurs est primordiale et de plus en plus fréquente pour éviter ces difficultés. L'intercommunalité rend de nombreux services, mais la question de leur légitimité se pose : leurs représentants ne sont élus qu'au suffrage universel indirect. Le système est encore perfectible.

Cours : Trois enjeux pour aménager les territoires durables (p. 92-93)

L'équité territoriale

1. (Doc 1) *Définissez l'équité territoriale : quels sont les buts de cet enjeu ?*

L'équité territoriale désigne la volonté de valoriser et d'aménager les territoires dans la perspective d'offrir à tous les citoyens un accès plus équitable aux services publics. Le principe encourage aussi un développement équilibré des territoires, en s'efforçant de réduire et de compenser les inégalités économiques et sociales. Les services de proximité sont ainsi soutenus dans les programmes de revitalisation des espaces ruraux; l'amélioration des réseaux de transport (ex. : viaduc de Millau) contribue à réduire les distances entre les citoyens et les services de base nécessaires à l'attractivité des territoires.

2. (Doc 2) *Quels acteurs et territoires ce projet concerne-t-il? Comment répond-il à l'enjeu de l'équité territoriale ?*

Le projet « Compétitivité régionale Alsace 2007-2013 » concerne ici les zones économiques de la communauté urbaine de Strasbourg. Il s'agit d'un projet d'équité territoriale (revalorisation d'espaces économiques en difficulté) et de compétitivité. Les acteurs impliqués sont nombreux : les citoyens, les entreprises (de l'artisanat à la haute technologie, les bureaux...), la communauté urbaine, le département et la région Alsace et l'Union européenne. Ce projet répond à l'enjeu de l'équité territoriale dans la mesure où il concerne en priorité le développement économique de zones urbaines sensibles. L'image de ces quartiers est revalorisée et dynamisée par les aides au développement (FEDER), par l'implantation d'entreprises plus modernes et plus compétitives. Le projet entend rénover l'habitat urbain de ces quartiers en difficulté et lutter contre le chômage (les photographies de la plaquette montrent des exemples d'agriculture raisonnée, d'artisanat et d'industries de haute technologie). Il encourage également la formation des jeunes.

La compétitivité des territoires

3. (Doc 2) *Comment ce projet répond-il à l'enjeu de compétitivité territoriale ?*
La compétitivité désigne la volonté de préparer les territoires à la compétition économique liée à l'intégration européenne et à la mondialisation. En rénovant l'habitat et l'équipement de ces zones urbaines sensibles, les acteurs espèrent créer des pôles d'excellence en développant des zones d'activités agroalimentaires, industrielles et tertiaires d'ampleur internationale, modernes et dynamiques. Le cadre intercommunal et le soutien de l'UE sont précieux en ce sens, notamment pour créer des partenariats transfrontaliers de part et d'autre du Rhin. Ce projet soutenu par l'Union européenne et la région Alsace s'inscrit dans les politiques nationales de revalorisation urbaine, d'habitat, de transport et de création de zones d'activités.

4. (Doc 3) *Quelles difficultés connaît ce territoire ? Quels aménagements rendent ce quartier compétitif et attractif ?*
Le quartier Nouveau Malakoff est décrit comme un espace initialement en crise, aux immeubles vétustes et aux activités économiques rares. Grâce à une politique active de reconversion issue de la communauté urbaine de Nantes et de l'Union européenne (FEDER, Petite Amazonie inscrite dans le cadre européen Natura 2000), le quartier devient attractif et compétitif. Il se dote de logements neufs et d'immeubles rénovés, agrémentés d'espaces verts. Le cadre de vie attire des populations de tous âges et favorise la mixité sociale (loisirs, bâtiments sportifs et culturels, espaces verts...). Dans la perspective de l'équité territoriale, il se complète d'équipements sociaux (logements spécifiques, maison de l'emploi, structures de formation nombreuses du primaire aux études supérieures) destinés à revaloriser et rééquilibrer le territoire au sein de la communauté urbaine. Tout est prévu pour attirer, former et maintenir une population jeune et dynamique. De plus, le quartier est bien desservi en axes de communication multiples reliés au centre-ville : les services se rapprochent des citoyens. La compétitivité du territoire est soutenue par cette desserte, par les immeubles modernes de bureaux, par l'implantation de nombreuses entreprises de pointe (Institut supérieur d'optique), de bâtiments universitaires et d'un centre commercial d'ampleur régionale. Toutes ces structures donnent au territoire une importance économique qui dépasse les seules limites du quartier pour prendre une dimension intercommunale (piscine), régionale (citystade, centre commercial) à internationale (Institut de recherche en sciences humaines, Institut supérieur d'optique).

Le développement durable

5. (Doc 2, 3 et 4) *Quels aménagements s'inscrivent dans cette perspective ?*
Le projet de la communauté urbaine de Strasbourg (doc. 2) présente des bâtiments à haute qualité environnementale, associés à des espaces verts, et soutient des activités agricoles respectueuses de l'environnement. Le quartier Nouveau Malakoff (doc. 3) est rénové en laissant une large part aux espaces verts (Petite Amazonie, soutenue par l'UE) et à l'épanouissement de la biodiversité. Il prévoit des modes de transport propres dans ses axes de communication (pistes cyclables, transports en commun non polluants, voies piétonnières). Il investit dans des conteneurs à déchets enterrés pour améliorer l'hygiène et le confort de vie des citoyens et participer au traitement et recyclage des déchets. La Rochelle (doc. 4) mise sur des modes de transport durables : le tramway, les voitures électriques... et favorise la diffusion d'espaces verts le long des axes de circulation. La plupart des projets actuels d'aménagement des territoires intègrent le développement durable dans leurs objectifs.

6. (Doc 4) *Quels modes de transport durables sont proposés ? Dans quel but environnemental ?*
La communauté d'agglomération de La Rochelle finance divers projets de transport durables : les voitures électriques (Yélomobile) et d'autres transports en libre service (vélos) peuvent être loués à l'heure. Le tramway doit desservir une grande partie de l'intercommunalité ; zones piétonnes... Le but environnemental est de lutter contre la pollution urbaine en réduisant la circulation des véhicules à énergie fossile et en incitant les gens à utiliser des modes de transport respectueux de l'environnement.

Essentiel autrement – Essentiel en carte (p. 94-95)

Observez l'organigramme et la carte p. 95 et présentez les principaux acteurs et enjeux de l'aménagement du territoire en sélectionnant des exemples précis.

Le travail demandé permet à l'élève de dégager les points essentiels du chapitre et de les associer à des exemples précis sélectionnés sur la carte. Les principaux acteurs se regroupent en deux catégories. Les citoyens, consultés par des enquêtes sur l'aménagement du territoire, des associations et groupes de pression (ex. : Greenpeace France qui défend la réduction des gaz à effet de serre et de la pollution environnementale comme une priorité dans les politiques d'aménagement) et les entreprises (ex. : Renault, Carrefour, Sanofi, Arianespace…) représentent les acteurs non institutionnels. Ils sont difficilement cartographiables. Les acteurs institutionnels sont ensuite nombreux : l'Union européenne (et les aides du FEDER), l'État (qui intervient dans des aménagements d'ampleur nationale, tels que les parcs nationaux), les régions (lycées), les départements (routes départementales), les communes (zones piétonnes, zones d'activités économiques), les EPCI (communauté urbaine de Nantes ou de Nice, communauté de communes 2C2M, communauté d'agglomération de La Rochelle…). Les trois enjeux majeurs de l'aménagement des territoires sont ensuite rappelés et redéfinis : l'équité territoriale (Strasbourg pour l'échelle intercommunale, Nantes pour l'échelle urbaine), la compétitivité (Marseille « euroméditerranéenne » ou Strasbourg pour l'échelle intercommunale, Nantes pour l'échelle urbaine, le pôle de compétitivité « industrie et agro-ressources » de Champagne-Ardennes et Picardie pour l'échelle interrégionale…) et le développement durable (La Rochelle aux échelles urbaine et intercommunale, le pôle de compétitivité « industrie et agroressources » à l'échelle interrégionale, les parcs naturels régionaux et nationaux ou un espace côtier protégé par le Conservatoire du littoral).

Capacités : Étudier une plaquette d'information (p. 96)

Le projet Leader Avesnois (2009-2013) – Plaquette d'information (extraits)

1. *De quelle sorte de document s'agit-il ?*

Il s'agit d'une plaquette d'information relative au projet européen « LEADER » et à son application autour des ressources du parc naturel régional de l'Avesnois (Nord). Le projet, daté de 2009, est toujours en cours.

2. *Qui est à l'origine de cette publication ? À qui est-elle destinée ?*

À l'origine de la publication se trouve le GAL (Groupe d'action locale) du parc naturel régional de l'Avesnois, impliquant des élus locaux issus des collectivités locales qui travaillent à sa valorisation (région, département, intercommunalités) et des acteurs locaux (citoyens, entreprises). La démarche volontaire du projet est ainsi soulignée. La publication s'adresse à tous ceux, collectivités, citoyens, entreprises, qui pourraient avoir un projet susceptible de s'intégrer dans le programme Leader.

3. *À l'aide des informations présentes, expliquez ce qu'est le programme Leader.*

Le programme Leader signifie « Liaison entre les actions de développement de l'économie rurale ». Il s'agit d'un programme européen qui soutient des projets de développement rural initiés par des acteurs locaux pour revitaliser les zones rurales et créer des emplois. Il s'agit de valoriser les ressources des territoires concernés dans l'esprit du développement durable, en soutenant les initiatives des acteurs locaux.

4. *Quelle est la composition générale de la couverture de la plaquette ? La couleur dominante ?*

La plaquette se compose d'une page de garde (à gauche), où le vert évoquant le monde rural est dominant. Le logo du programme Leader est au centre de la plaquette (un arbre en pleine croissance). En haut, se trouve le titre du programme, impliquant le territoire de projet et les dates de celui-ci. En bas, se trouvent les logos des institutions majeures impliquées. À gauche, se trouve une succession de photographies illustrant les atouts du territoire (artisanat, agriculture, patrimoine touristique et naturel…). La plaquette est ainsi structurée : une page décrivant le projet, ses objectifs, ses acteurs et ses moyens, puis deux pages non présentées ici figurant les coordonnées du GAL et la carte du territoire de projet.

5. *Quelles informations du texte (à droite) peuvent être reliées aux photographies (à gauche) ?*

Les photos montrent des activités artisanales, agroalimentaires (Maroilles et jus de pomme), agricoles, un paysage rural et une fête de village. Les activités artisanales, agricoles et agro-alimentaires correspondent à l'objectif de soutenir l'émergence de stratégies locales à l'échelle des EPCI, d'accompagner la création et le développement de micro-entreprises et de soutenir la profession agricole dans la voie de la diversification et de la valorisation des ressources locales. Le paysage rural et la fête de village correspondent aux objectifs de promotion du tourisme durable et d'appropriation du territoire par la population via l'action culturelle.

6. *Que représentent les symboles au bas de la couverture ?*

Ces symboles sont les logos des principales institutions qui soutiennent le programme : le parc naturel régional de l'Avesnois, le Fonds européen agricole pour le développement rural (FEADER), l'Union européenne, le programme Leader, la région du Nord-Pas-de-Calais, le département du Nord et l'État.

7. *Quels sont les acteurs et enjeux du projet présenté par la plaquette ? Comment s'inscrivent-ils dans l'aménagement du territoire ?*

Le projet LEADER Avesnois se constitue à l'initiative d'acteurs locaux, le GAL impliquant des élus, des entreprises et des citoyens. Il est soutenu par l'UE, l'État, le département et la région, les intercommunalités locales ainsi que par le parc naturel régional de l'Avesnois. Il implique donc de nombreux acteurs divers de l'aménagement du territoire. Il répond aux enjeux majeurs de l'aménagement : l'équité territoriale dans la volonté de valoriser et de dynamiser des espaces de revitalisation rurale ; la compétitivité dans l'ambition de développer des activités et diversifiées et porteuses à rayonnement transfrontalier (développement d'entreprises agricoles, agro-alimentaire, artisanales…) ; le développement durable dans l'aménagement de l'espace (préservation des espaces naturels du parc régional, sauvegarder les paysages et le patrimoine culturel traditionnel).

Arts et Géographie : L'art et la ville : aménager, développer, embellir (p. 97)

1. (doc 1) *Montrez que la place Masséna est à la fois une œuvre contemporaine et un aménagement urbain.*

La place Masséna est une œuvre contemporaine grâce aux statues lumineuses qui expriment la communication entre les sociétés humaines. Elle est aussi un aménagement urbain car elle est à la fois un site de commerces, de promenade et de transports (tramway). Jaume Plensa essaie d'exprimer l'importance de la communication entre les sociétés, au-delà de leurs différences. Le tramway, moyen de transport, favorise également la communication entre les hommes. La place Masséna devient un espace de communication et de réflexion sur les libertés (circulation, échange d'idées), ainsi que sur l'art contemporain. Elle fait partie d'un musée à ciel ouvert déployé sur le trajet du tramway en quatorze sites artistiques.

2. (Doc 2) *Comment ce centre contribue-t-il à développer et à diffuser l'art contemporain ?*

Le centre Pompidou-Metz est une création contemporaine par son architecture originale qui évoque un chapeau chinois. Il peut attirer par son architecture, par les oeuvres présentées et par le lien avec le centre Pompidou à Paris. Elle abrite un patrimoine contemporain unique, constitué d'œuvres déposées par le centre parisien et d'œuvres prêtées par de nombreuses institutions. Elle est à la fois un nouveau lieu d'enrichissement culturel et également de création artistique. Elle entend réaliser des expositions temporaires internationales, valoriser et faire connaître de nouvelles œuvres, de nouveaux artistes des XXe-XXIe siècles, venus de toute l'Europe et s'inscrire ainsi dans le dialogue interculturel européen.

3. (Doc 1 et 2) *Qui finance de tels projets urbains ? À quels enjeux d'aménagement correspondent-ils ?*

De tels projets urbains sont trop importants pour être financés par la seule commune de résidence. Dans les deux cas, les communautés d'agglomération prennent en charge une grande part des projets. L'État, la région et le département agissent également car tous en attendent des retombées économiques et culturelles. L'Union européenne investit particulièrement dans le second projet qui entend devenir un centre culturel contemporain à l'échelle européenne, notamment par son réseau de communications.

Plusieurs enjeux de l'aménagement du territoire se retrouvent dans ces deux projets. L'équité territoriale est fortement présente dans le projet messin. La région est en reconversion économique, la perspective d'attirer des touristes et des activités culturelles, de faire connaître le potentiel de la région, est un de ses objectifs premiers. La compétitivité est présente dans les deux cas : les deux communautés d'agglomération entendent s'imposer comme des villes culturelles majeures à rayonnement européen. Elles attendent de ces aménagements des retombées économiques issues du tourisme et du mécénat. Le développement durable est respecté dans la construction des sites (alimentation électrique des statues niçoises et tramway « écologique », construction d'un quartier HQE à Metz autour du centre Pompidou).

Vers le bac (p. 98-99)

1. Le sujet d'étude (p. 98)

1. *Parmi ces cinq mots et sigles clés, inscrivez dans la colonne de gauche celui qui correspond à chacune des définitions. Un mot ne correspond qu'à une seule définition.*

Mot clé	Définition
(Conservatoire du littoral)	Organisme public chargé de la protection et de la mise en valeur des littoraux.
Décentralisation	Transfert par l'État d'une partie de ses compétences et de son budget aux collectivités territoriales.
« Pays »	Territoire de projet unissant de vastes collectivités pour dynamiser les espaces ruraux.
(Déconcentration)	Transfert d'une partie des institutions de l'État hors de la capitale.
(DIACT)	Délégation interministérielle à l'aménagement et à la compétitivité des territoires.
Équité territoriale	Politique destinée à assurer la cohésion territoriale et sociale des territoires.
(Fonds de cohésion, FEDER)	Soutien financier européen aux aménagements du territoire français, dans un but de développement économique durable.
Compétitivité	Politique destinée à préparer les territoires à la concurrence économique liée à l'intégration européenne et à la mondialisation.
EPCI	Structure intercommunale volontaire destinée à disposer de ressources accrues afin de réaliser en commun des projets ambitieux d'aménagement du territoire qu'une commune n'arriverait pas à financer seule.
(Développement durable)	Politique de préservation de l'environnement et de gestion raisonnée des ressources, destinée à transmettre aux générations futures les moyens de répondre à leurs besoins.

2. *Reliez les aménagements proposés aux enjeux concernés.*

Construction d'un lycée professionnel

Rénover un quartier urbain défavorisé

Bâtir une autoroute reliant Lyon à Bordeaux

Ouvrir de nouvelles lignes de tramway à Paris

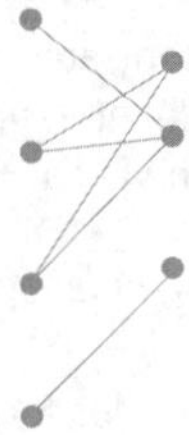

Compétitivité

Equité territoriale

Développement durable

Quels acteurs peuvent être impliqués dans chacun de ces projets ?

La construction d'un lycée professionnel implique prioritairement la région (mais aussi l'État). Rénover un quartier urbain défavorisé implique la commune concernée, un éventuel EPCI, parfois l'État ou l'UE. Bâtir l'autoroute Lyon-Bordeaux implique l'État, les communes, départements et régions traversées et des entreprises privées de construction. Les lignes de tramway sont financées par les communes ou intercommunalité concernées, et parfois avec des subventions départementales ou régionales.

4. *Cochez les réponses qui conviennent. Donnez un exemple si c'est « vrai », rédigez la bonne réponse si c'est « faux ».*

	Vrai	Faux
a. *L'État ne joue plus aucun rôle dans l'aménagement du territoire depuis 1982.*	❑	☑
b. *Les citoyens n'interviennent jamais dans l'aménagement du territoire.*	❑	☑
c. *Une communauté d'agglomération compte entre 50 000 et 500 000 habitants.*	☑	❑
d. *Reconvertir les espaces industriels en crise illustre une politique d'équité territoriale*	☑	❑
e. *Les aménagements urbains de développement durable peuvent aboutir à des économies d'énergie et permettent de limiter les déplacements polluants.*	☑	❑
f. *Les partenariats urbains sont nécessaires à la compétitivité des territoires.*	❑	☑

a. L'État coordonne, finance, initie, valide ou non les projets d'aménagement, grâce à la DIACT.
b. Les citoyens sont consultés fréquemment (conseils de quartier, sondages initiés par les collectivités). Ils soutiennent ou s'opposent aux aménagements par le biais de consultations et du vote aux élections.
c. La communauté d'agglomération de La Rochelle compte près de 150000 habitants, celle de Cergy-Pontoise près de 200 000 habitants...
d. Le programme Alsace 2007-2013 inclut la création d'emplois et d'entreprises dans la région de Strasbourg. Le territoire, revalorisé, correspond ainsi aux objectifs de l'équité territoriale. Un autre exemple de reconversion industrielle, non traité dans le chapitre, serait la transformation du terril de Noeux-les-Mines en piste de ski artificielle et base nautique de loisirs (Loisinord); les activités tertiaires l'emportent sur le secondaire, les emplois se créent à nouveau, l'espace est rénové et revalorisé tandis que les friches insalubres s'effacent.
e. La communauté d'agglomération de La Rochelle finance le yélomobile (un service de voitures électriques) et d'un tramway, transports non polluants. Un autre exemple, non traité dans le chapitre, pourrait être le tramway de Clermont-Ferrand; l'énergie qu'il utilise est issue d'un parc de panneaux photovoltaïques (énergie solaire). La pollution de ce transport en commun est très réduite et permet de limiter les déplacements des véhicules à énergie fossile.
f. Les partenariats urbains facilitent de plus en plus la compétitivité des territoires, car ils permettent de réunir les moyens financiers nécessaires à la réalisation de certains projets (ex. : couloir de la Chimie, technopôles et pôles de compétitivité). Cependant, la compétitivité des territoires peut se réaliser aussi dans d'autres cadres que les partenariats urbains, comme l'illustrent les pôles d'excellence ruraux (ex. : l'aménagement du parc naturel de l'Avesnois) ou le développement d'universités ou de centres de recherche internes à une structure communale unique (ex. : le quartier Nouveau Malakoff de Nantes est doté d'un pôle international de recherche en sciences humaines et d'un institut supérieur d'optique).

2. Les situations (p. 99)

Situation 1. Le Conservatoire du littoral – Salines de Villeneuve

1. *Quels aménagements et atouts camarguais à valoriser apparaissent sur ces photographies?*

Ces photographies montrent des espaces préservés à l'état naturel. La photographie 1, qui montre le parc naturel de Camargue, montre l'épanouissement de la faune (chevaux de Camargue) et de la flore. La page de garde de la revue *Rivages* offre un paysage de littoral préservé : une barrière est dressée sur la dune, pour la consolider et pour préserver les accès à un littoral menacé. La biodiversité est ici particulièrement riche et doit être préservée du tourisme anarchique, de la pollution et de l'expansion urbaine non maîtrisée.

2. *En quoi illustrent-ils les missions du Conservatoire?*

Le Conservatoire du littoral est chargé de protéger les territoires fragilisés ou menacés présentant un intérêt écologique. Il préserve les paysages, la faune et la flore et soutient la recherche scientifique, ainsi que les pratiques culturelles traditionnelles attachées au littoral. La diffusion de ces photographies et des articles du journal contribuent à concrétiser cette mission. Il rend les sites accessibles à tous et s'efforce de les valoriser économiquement sans dénaturer l'environnement (les barrières de la photographie montrent l'existence de sentiers de découverte balisés qui favorisent un tourisme réglementé et la sensibilisation du public au respect de l'environnement). Les constructions sont interdites; les aménagements ne sont autorisés que dans la mesure où ils préservent l'intégrité de l'écosystème. Ces mesures doivent préserver le littoral et la richesse de son environnement.

Situation 2. Les aménagements de la 2C2M

3. *Comment le projet « Terres du pays de Maroilles » est-il défini dans le document?*

Le projet «Terres du pays de Maroilles» a pour objectif de stimuler l'économie des communes rurales de la 2C2M et de la CCR2H, en créant un pôle touristique autour de la culture culinaire et traditionnelle du terroir. Il implique la création, autour de l'industrie de fabrication, de sites pédagogiques destinés à perpétuer le savoir-faire agricole, le patrimoine historique et culturel local et à éduquer aux goûts et saveurs du terroir.

4. *Quels acteurs le financent?*

Il est financé par les deux communautés de communes, par des subventions de l'UE, de l'État, de la région et du département. Il est également financé par des investisseurs privés. Il s'agit d'un projet d'envergure qui ambitionne le titre de pôle d'excellence rurale.

5. *À quels enjeux d'aménagement du territoire répond un tel projet?*

Ce projet répond aux trois enjeux nationaux d'aménagement du territoire : l'équité territoriale (le projet envisage de créer des emplois en revalorisant un espace rural en cours de désertification et en difficulté économique. Il souhaite rééquilibrer économiquement et démographiquement le territoire afin qu'il valorise l'espace départemental et régional) la compétitivité (le projet crée une activité économique unique, agroalimentaire et touristique, à rayonnement régional, national et européen) et le développement durable (le projet s'efforce d'appliquer les techniques de l'agriculture raisonnée, soucieuse de l'environnement; il protège un savoir-faire ancestral et fait connaître le patrimoine culturel et artisanal local).

GÉOGRAPHIE – SUJET D'ÉTUDE 7
Les transformations de l'espace productif et décisionnel

Dans les chapitres précédents, nous avons constaté que la France s'inscrivait dans l'Union européenne et dans le monde et que l'organisation du système productif était du ressort de l'Europe, de l'État mais aussi d'acteurs tels que les collectivités territoriales et les communautés de communes. Ce sujet d'étude envisage l'échelle hexagonale en s'attachant à l'espace du système productif et décisionnel, c'est-à-dire à ce qui concerne l'agriculture, l'industrie et les services. Cet espace a connu de profondes transformations depuis une cinquantaine d'années, encore que le programme n'indique pas de cadre chronologique, ce qui appelle à parler de dynamiques territoriales et organisationnelles.

Ce sujet d'étude pose un certain nombre de questions et tente d'y apporter des réponses :
Comment se présentait l'espace productif et décisionnel vers 1950-1960 ? Quelles sont les raisons des transformations récentes de cet espace ? Mondialisation ? Inscription plus affirmée dans l'Europe ? Aménagements plus performants et en particulier meilleures infrastructures ?
Comment se présente aujourd'hui l'espace productif et décisionnel français ? Comment certains espaces sont-ils devenus très dynamiques en particulier les métropoles et leurs périphéries, les littoraux, certaines régions méridionales ? Comment d'autres espaces se sont-ils peu à peu étiolés et sont-ils devenus des espaces de déprise ?
Ce sujet d'étude s'appuie sur deux situations. La métropole marseillaise, d'une part. Certes, cette métropole n'est pas le plus remarquable des centres de commandement ni même la plus industrieuse des villes, mais son étude permet de constater son orientation vers des services de haut niveau (nouvelles technologies, tourisme) et sa volonté d'ouverture sur le monde, en particulier méditerranéen. Le Nord – Pas-de-Calais, d'autre part, a été choisi comme région de l'établissement. Choix arbitraire, certes, parmi les vingt-deux régions françaises, mais qui permet de constater les difficultés d'une région après que ses activités phares aient périclité et ses efforts, tout en s'ouvrant sur l'Europe, pour inventer de nouvelles activités.

Ouverture (p. 100-101)

1. (Doc 1 et 2) *Où sont situés les villages d'Huez et de l'Alpe-d'Huez ?*

Huez et l'Alpe-d'Huez sont situés dans le Massif alpin, dans le département de l'Isère, à 80 km environ de Grenoble, dans le massif des Grandes Rousses, à proximité de l'Oisans, au-dessus de la vallée de la Romanche. Il s'agit de deux villages d'altitude voisins, Huez étant situé à 1 500 m d'altitude, et l'Alpe-d'Huez, autrefois simple hameau temporaire, à 1 850 m.

2. (Doc 1 et 2) *Comment évolue leur population entre les années 1940 et aujourd'hui ?*

Vers 1940, Huez, installé sur un replat glaciaire, était un village de 300 âmes et il n'y avait pas d'habitants permanents à l'Alpe-d'Huez qui n'était fréquentée que l'été par des agriculteurs et des bergers. Aujourd'hui, le village d'Alpe-d'Huez a perdu une partie de sa population et ne compte plus que 270 habitants. Mais l'Alpe-d'Huez est devenue un très gros village avec 1 340 habitants permanents et une ville de 32000 habitants en saison (l'hiver). La station se développe en éventail avec ses immeubles collectifs plus ou moins importants et ses petites résidences.

3. (Doc 1 et 2) *Quelle était l'activité principale dans les années 1940 ? Et aujourd'hui ?*

Dans les années 1940, l'activité principale était l'agriculture (culture et élevage de bovins et d'ovins). Sur des parcelles exiguës, on cultivait des céréales (blé et seigle) dont on voit les gerbes et les andains, des plantes fourragères et des plantes potagères. On pratiquait l'estivage avec la montée des troupeaux en altitude fin juin jusqu'à fin septembre. Ces activités agricoles étaient sous la dépendance de l'altitude (pente, froid et neige l'hiver, courte période végétative). Aujourd'hui, ces activités agricoles, non compétitives, ont disparu, même si des troupeaux montent encore de la Crau ou des vallées pour entretenir les alpages, les villages se sont orientés vers le tourisme d'hiver (ski) et d'été (randonnée, parapente, vélo sur route et VTT, alpinisme, voire ski d'été).

4. **(Doc 1 et 2)** *Quelles sont les conséquences de ces changements d'activité sur la population ?*

La population a évolué en nombre, en activité, en comportement. En effet, la population a augmenté et, en saison, le village devient ville. Les activités de la population, devenue permanente, se sont transformées; les agriculteurs ont disparu et ont été remplacés par des professions du tertiaire (commerçants, employés des remontées mécaniques, hôteliers, restaurateurs...). La population est devenue hétérogène, mêlant habitants permanents, travailleurs de la vallée (les moniteurs, les perchistes...) et touristes français et étrangers. La population s'est, par conséquent, ouverte sur l'extérieur tandis que la communauté villageoise soudée et solidaire disparaissait. On montre ainsi le redéploiement du système productif.

Situation 1 : Une métropole : Marseille (p. 102-103)

1. **(Doc 1)** *Quelles sont les difficultés de Marseille dans les années 1990 ?*

Après une période faste allant de la fin du XIXe siècle au début du XXe siècle, liée à l'arrivée du chemin de fer, au percement du canal de Suez et à la colonisation, Marseille connaît depuis les années 1980 de multiples difficultés. Son port, même s'il reste le premier port de France (86 millions de tonnes en 2010, cinquième port européen en tenant compte de l'activité de Fos), a vu son trafic marquer le pas du fait de la crise avec l'Afrique du Nord, liée à l'indépendance des pays du Maghreb mais aussi à la concurrence d'autres ports de la Méditerranée comme Gènes ou Barcelone au climat social moins tendu, ou comme Tarente, Gioia Tauro ou Tanger, mieux situés sur la route Suez-Gibraltar. Son activité industrielle décline avec la disparition d'une partie des activités liées à l'empire colonial (minoteries, huileries, savonneries) et des chantiers navals (La Ciotat), mais aussi avec la construction du complexe portuaire en eau profonde de l'étang de Berre – Fos-sur-Mer (pétrochimie, sidérurgie) qui déleste la ville d'un certain nombre d'activités industrielles. Le tissu urbain de Marseille se dégrade. L'arrière-port se taudifie avec l'arrivée de migrants qui ont du mal à s'enraciner et avec la montée du chômage. Au total, la ville souffre d'une trop grande orientation passée vers le trafic colonial, de son influence limitée sur le littoral méditerranéen et sur les régions françaises méridionales explicable en partie par la concurrence de villes telles que Nice, Toulon, Montpellier.

2. **(Doc 1 et 2)** *Où sont situés les quartiers qui doivent être transformés ? Comment expliquez-vous cette localisation ?*

Le projet Euroméditerranée a été lancé en 1995. Les quartiers qui doivent être transformés sont situés dans l'arrière-port, jusqu'au-delà du boulevard de Paris. Ils s'étendent sur presque 500 hectares, atteignant la porte d'Aix, la gare Saint-Charles et le quartier de la Belle de Mai. Il s'agit d'une des plus vastes opérations urbaines d'Europe. Ces quartiers correspondent à des quartiers délabrés, taudifiés, peuplés souvent de migrants ou de populations déclassées du fait de la crise portuaire et industrielle (petites industries, agro-alimentaire, tôlerie, constructions mécaniques) que connaît la ville.

3. **(Doc 2 et 3)** *Comment le projet Euroméditerranée peut-il assurer le développement économique de Marseille ?*

Le projet Euroméditerranée cherche à assurer un nouveau développement économique pour Marseille en préparant une reconversion du secteur secondaire vers le secteur tertiaire (bureaux comme la tour CMA-CGM, tourisme...). Il cherche à faire du port un port plus fonctionnel, spécialisé dans l'accueil de bateaux de croisière. Il joue, de ce fait, la carte de la mondialisation (ouvrir la ville sur la Méditerranée) et celle du développement durable (« penser la ville durable de demain »).

4. **(Doc 2 et 3)** *Comment peut-il assurer le développement social ?*

Le développement social doit être assuré par la résorption du chômage donc par la multiplication des emplois, dans l'immédiat, avec le secteur de la construction (BTP) et, à plus long terme, avec les services (commerces). Il doit être assuré également par une valorisation de ses habitants c'est-à-dire par la multiplication des cadres qui travaillent dans les fonctions centrales d'entreprises, le commerce international, les activités financières, les TIC (multimédias, télécommunications, audiovisuel), faisant de Marseille une métropole à dimension européenne. Ce développement social doit contribuer à améliorer l'image de la ville.

5. **(Doc 2 et 5)** *Comment peut-il assurer le développement culturel?*
Le développement culturel doit être assuré par la multiplication de salles de concert et de spectacles, de théâtres dans d'anciens bâtiments industriels réhabilités (salle du silo d'Arenc, ancien silo à blé, qui se veut, avec ses 2000 places, un nouvel Olympia; salles de la Belle de Mai...). En outre, le centre régional de la Méditerranée doit accueillir des congrès et des expositions; le MUCEM doit être un grand musée des civilisations européennes (Marseille fut une ville grecque avant d'être romaine et les fouilles archéologiques sont encore actives dans le quartier du vieux port). Enfin, en devenant capitale européenne de la culture en 2013, Marseille espère attirer des événements dans le futur (festivals, par exemple).

6. **(Doc 4)** *Vers quelles activités industrielles de haut niveau s'oriente Marseille?*
Marseille ne souhaite pas rompre avec le secteur industriel mais elle souhaite s'orienter vers des activités industrielles de haut niveau, à «dimension immatérielle», telles que la génomique, les biotechnologies, l'environnement et l'optronique, ce qui marque un changement radical par rapport au passé.

7. **(Doc 4)** *Quels éléments peuvent expliquer l'implantation de ces nouvelles industries?*
L'implantation de ces nouvelles activités peut s'expliquer par la présence sur place de «matière grise» (écoles d'ingénieurs), de laboratoires, de technopôles (Château Gombert), par la volonté d'organismes comme Marseille-Innovation ou Grand Luminy. Elle s'explique aussi par les atouts qu'offre une métropole d'un million d'habitants (écoles, salles de spectacle, services de haut niveau...) et par ceux qu'offre l'environnement (côte méditerranéenne : le soleil, la mer, la beauté du littoral et la diversité de l'arrière-pays).

Pour conclure

Comment se transforme l'espace marseillais? Dans quel but?
L'espace marseillais (1,1 million d'habitants pour l'agglomération) cherche à effacer sa mauvaise image de marque née de la crise qu'il a connu à la fin du xxe siècle : déclin des activités traditionnelles (portuaires et industrielles), chômage, multiplication des activités informelles, dégradation du tissu urbain. Des projets ont été montés pour transformer l'espace marseillais :
– par la réhabilitation du bâti urbain ou par construction de nouveaux bâtiments;
– par l'aménagement de places (porte d'Aix, la porte d'entrée de la ville; parvis de la cathédrale Major; de la gare Saint-Charles) et de nouvelles artères destinées à aérer la ville (ex. : nouveau boulevard urbain);
– par la conversion d'activités : orientation des activités portuaires vers un tourisme de croisière, des activités industrielles vers des secteurs à haute valeur ajoutée, promotion des services à dimension nationale ou internationale.

Situation 2 : Une région : Le Nord – Pas-de-Calais (p. 104-105)

1. **(Doc 1)** *De quels atouts la région Nord-Pas-de-Calais dispose-t-elle?*
La région Nord – Pas-de-Calais dispose d'atouts liés à sa population : fortes densités avec parfois plus de 300 hab./km^2, dues à une tradition de forte natalité et à une importante immigration européenne (Polonais) ou extra-européenne (Maghrébins) et une forte urbanisation, en particulier avec la communauté urbaine de Lille-Roubaix-Tourcoing, les villes du littoral (Boulogne, Calais, Dunkerque) et celles du bassin houiller de Béthune à Maubeuge en passant par Lens, Douai et Valenciennes. En outre, cette population dispose d'une forte tradition manufacturière à défaut d'une tradition de savoir-faire. Les atouts sont liés également à la situation géographique de la région : au bord d'une des mers les plus fréquentées du globe (le rail de la Manche), à un carrefour de voies de communications défini par un axe nord-sud (Paris, Anvers, Rotterdam) et un axe est-ouest (Allemagne, Bruxelles, Royaume-Uni). Ce carrefour est valorisé par la mise en place de voies de transports rapides (Thalys, Eurostar) et celle de plateformes multimodales. Lille se trouve ainsi à une heure de Paris, une heure de Londres et une demi-heure de Bruxelles.

2. **(Doc 1 et 2)** *Pourquoi la région doit-elle rechercher de nouvelles activités?*
Depuis les années 1960, la région connaît une crise économique et sociale. Les industries de son passé,

textile (les draps des Flandres), charbon (le dernier puits a fermé dans les années 1990), sidérurgie (il n'y a plus aujourd'hui de sidérurgie intérieure), chimie, ont périclité ou se sont écroulées. Mais ces activités ont laissé des traces, et la région du Nord – Pas-de-Calais a une réputation de grisaille, de tristesse, de « pays noir ».

3. (Doc 2) *Quelle industrie a dynamisé le Nord – Pas-de-Calais ? Le renouveau industriel est-il complet ? Justifiez votre réponse.*

L'industrie automobile a été choisie comme remède à la crise. Implantée d'abord à l'ouest et au centre -ouest du bassin houiller, dans les régions de Béthune, Douai, Bruay, l'industrie automobile s'est installée ensuite près de Valenciennes, donc à l'est du bassin, avec l'arrivée en 2000 du japonais Toyota à Onnaing. La construction automobile attire et stimule des activités annexes telles que équipements, plasturgie, pneumatique. Au total, le Nord – Pas-de-Calais est la deuxième ou troisième région française au niveau des emplois (30000 environ) dans l'industrie automobile. Mais l'implantation de cette industrie n'est pas suffisante pour assurer le renouveau industriel de la région. De plus, elle ne concerne pas, ou très peu, l'est de la région (Maubeuge) qui s'enfonce dans la déprise. En outre, elle se heurte à des difficultés de recrutement de cadres ou de personnel qualifié. Elle subit les fluctuations de la demande et de la conjoncture internationale (ex. : Le devenir de Toyota – Valenciennes après les drames connus récemment par le Japon ?). Enfin, cette orientation vers l'automobile s'effectue au détriment d'autres spécialisations telles que les hautes technologies ou la chimie fine.

4. (Doc 3) *Comment l'implantation du musée du Louvre à Lens peut-elle contribuer à améliorer l'image de la région ?*

Un musée du Louvre annexe doit être inauguré en 2012 à Lens après que la région ait déjà accueilli en 1983 un musée d'art moderne, d'art contemporain et d'art brut à Villeneuve-d'Asq, devenu depuis le LAM ou musée d'Art moderne de Lille, puis le musée d'Art et d'Industrie André-Diligent, en 2001 à Roubaix, dans une ancienne piscine art nouveau, construite entre 1927 et 1932. La région veut ainsi montrer qu'elle n'est plus un pays noir mais une région à vocation culturelle. Un riche passé du Moyen-Age (les villes construites autour de leur château ou de leur beffroi), une culture industrielle (les corons, les terrils) et une appétence pour l'art moderne et contemporain doivent attirer des touristes nationaux et internationaux (anglo-saxons en particulier) et assurer des activités tertiaires de haut niveau. D'autres villes ont déjà tenté l'expérience de reconversion industrielle par des activités culturelles. C'est l'effet Bilbao avec la construction de son musée Guggenheim.

5. (Doc 1 et 4) *Sur quels atouts Lille s'appuie-t-elle pour devenir le cœur de la région ?*

Pour devenir le cœur de la région, Lille s'appuie sur des atouts tels que :
– l'importance de sa population (Lille : 226000 habitants ; Lille métropole : 1,1 million) ;
– sa position de carrefour de voies de communications majeures ;
– sa proximité avec la frontière belge (l'agglomération étant d'ailleurs à cheval sur la frontière) et sa proximité du Royaume-Uni et de Paris.

6. (Doc 3 et 4) *Comment le Nord cherche-t-il à devenir une région tertiaire ?*

Pour devenir une région tertiaire, le Nord – Pas-de-Calais développe plusieurs axes qui se retrouvent en particulier à Lille :
– les activités marchandes. Lille est ainsi la capitale européenne de vente à distance (Quelle, Damart, La Redoute, la Blanche-Porte...) ;
– les activités stratégiques. À Euralille, autour des deux gares TGV, Lille-Europe et Lille-Flandres, se développe un centre d'affaires (administration d'entreprises). Ces activités sont confortées par l'établissement de l'eurotéléport de Roubaix ;
– les activités touristiques autour de villes d'art, de sites industriels, de musées. C'est ainsi que Lille est classée ville d'art et d'histoire et qu'elle a été, en 2004, capitale européenne de la culture.

7. (Doc 1 et 5) *Quels sont les points communs entre les territoires de l'Eurométropole ? Les différences ?*

Eurométropole est une agglomération transfrontalière franco-belge de 2 millions d'habitants qui comprend la conurbation de Lille-Roubaix-Tourcoing, l'agglomération flamande de Courtrai et wallonne de Tournai. Eurométropole développe des programmes de coopération dans plusieurs domaines (voir question suivante). Les territoires d'Eurométropole présentent des points communs : leur forte densité (au moins 240 hab./km^2), leur forte urbanisation, leur dynamisme démographique donné par le pourcentage de moins de vingt ans, la faible place de l'industrie (10 % et moins de la population active alors que la moyenne française est de 13 %), et la place importante occupée par les services. Eurométropole est donc une région urbaine fortement tertiarisée.

Des différences apparaissent cependant entre ces territoires, faisant ressortir la place prépondérante de la métropole lilloise, avec sa population dépassant le million d'habitants, son très grand nombre d'actifs, ses fortes densités liées à l'absence d'agriculture (alors que 15 % de la population active est employée dans ce secteur dans l'espace de Courtrai et de Tournai).

8. **(Doc 5)** *Quels effets l'Eurométropole peut-elle avoir sur les régions frontalières?*
L'Eurométropole développe des programmes de coopération transfrontalière dans le domaine des transports (transports en commun unifiés dans les trois villes), de l'emploi (actuellement, 20000 habitants de l'agglomération de Lille – Roubaix – Tourcoing travaillent de l'autre côté de la frontière et 6000 Belges en France), de l'aménagement du territoire, de la culture. Mais les efforts mis au service de la coopération transfrontalière dans la région lilloise contribuent à accentuer les déséquilibres régionaux, le bassin minier étant négligé de même que la partie sud de la région, la Calaisis, la vallée de la Sambre. Actuellement, des politiques de coopération transfrontalière sont mises en place dans les régions de Dunkerque, de Maubeuge et au nord de Valenciennes.

Pour conclure

Comment le Nord cherche-t-il à se reconvertir? Cette reconversion vous semble-t-elle réussie?
La région Nord – Pas-de-Calais cherche à se reconvertir en développant des activités tertiaires et de nouvelles activités industrielles (automobile). Elle valorise les atouts que lui confère sa situation géographique de carrefour et ses traditions commerciales pour développer des activités telles que la logistique, l'administration d'entreprises, la vente par correspondance. Elle cherche également à promouvoir ses atouts artistiques pour attirer des touristes français et étrangers. Les efforts de coopération transfrontalière confortent sa volonté de s'ouvrir à l'international. Le Nord se veut une région dynamique, mais ses efforts ne profitent pas à l'ensemble de la région et des espaces de déprise se multiplient.

Cours : Vers de nouvelles logiques de localisation (p. 106-107)

La remise en cause des lieux de production et de décision traditionnels

1. **(Doc 1)** *Pourquoi les entreprises françaises délocalisent-elles?*
Les délocalisations, ou transferts de production, ou externalisation, correspondent au déplacement des activités d'une entreprise d'un pays vers un autre. Ces délocalisations sont liées à la mondialisation, aux facilités de déplacement, à la globalisation des marchés financiers. Une entreprise peut délocaliser ses activités ou une partie d'entre elles pour :
– être à proximité des sources d'énergie ou de matières premières;
– profiter des meilleurs avantages comparatifs en main-d'œuvre (salaires, charges, formation);
– échapper à des législations contraignantes (ex. : normes antipollution);
– se localiser au cœur de marchés porteurs, soit fortement peuplés comme la Chine, soit à fort pouvoir d'achat;
– se recentrer sur d'autres activités nécessitant plus de savoir-faire et assurant des fabrications à haute valeur ajoutée.
On assiste ainsi à une division internationale du travail distinguant pays concepteurs, pays ateliers...

2. **(Doc 1)** *Quelles sont les conséquences sur la production industrielle?*
On assiste ainsi à :
– une concurrence de la part des pays émergents pour les productions de base à fort coefficient de main-d'œuvre (textile, sidérurgie, constructions navales) pour les entreprises qui n'ont pas délocalisé;
– un recul de la production industrielle que l'on peut évaluer grâce à la part de l'industrie dans l'emploi et dans le PIB;
– une spécialisation dans des industries d'un type nouveau, demandant plus de savoir-faire et associées à une multiplication des services.

3. **(Doc 1 et 2)** *Pourquoi les nouvelles entreprises s'implantent-elles dans les technopôles?*
Les technopôles regroupent centres de recherche, services aux entreprises, entreprises de taille diverse, mais le plus souvent modeste. Ainsi, le technopôle du Futuroscope combine 224 entreprises et 13 laboratoires de recherche. Les technopôles attirent les nouvelles entreprises spécialisées dans les activités de pointe et, en particulier, dans les nouvelles technologies (NTIC) car celles-ci peuvent trouver sur place des services performants (financement, assurance, conseil juridique et fiscal), des établissements d'enseignement supérieur (dans le cas du Futuroscope, Université, ENSMA, Institut national de la prospective), des laboratoires spécialisés, des centres de congrès et des hôtels pour accueillir chercheurs, managers et industriels qui peuvent y accéder facilement dans la mesure où les technopôles

sont implantées à proximité des moyens de transports rapides (dans le cas du Futuroscope, TGV et autoroute A10). Enfin, ces technopôles sont installés dans les grandes ou moyennes villes (technopoles), ce qui est un atout pour les cadres.

4. **(Doc 3)** *Quels points communs présentent les pôles de compétitivité dans leurs spécialités et leur localisation ?*
Les pôles de compétitivité ont été mis en place entre 2002 et 2005 dans le but de créer des synergies locales pour faciliter l'essor de nouvelles industries. Ces pôles de compétitivité ont un rapport avec des industries de création récente : biotechnologie, information, communication, aéronautique, espace, écologie, services, mais aussi transports et agroalimentaire. Ces pôles de compétitivité sont situés à proximité de la capitale, mais ils sont liés aussi à toutes les grandes villes (Lyon, Grenoble, Montpellier, Marseille, Nice, Lille). Un certain nombre de ces pôles sont situés dans un croissant périphérique (Saint-Brieuc, Brest, Montpellier, Marseille, Nice) ou à proximité des frontières (Strasbourg, Lille). On voit ainsi l'importance des interfaces.

De nouvelles logiques de délocalisation

5. **(Doc 4)** *Comment pouvez-vous expliquer l'extension spatiale de Dijon ?*
Talant, petite ville de 12 000 habitants, est située au nord-ouest de Dijon, ville moyenne de 150 000 habitants. Elle fait partie d'une agglomération de 240 000 âmes. L'urbanisation de Talant est récente, comme le montre le mitage de l'espace rural qui se laisse envahir de façon anarchique par des cités de tours et de barres et des lotissements. L'urbanisation de cette banlieue peut s'expliquer par l'essor économique de Dijon (développement de l'industrie comme l'électricité, l'électronique, la mécanique, l'agro-alimentaire, la pharmacie mais aussi et surtout des activités tertiaires liées à l'université, au tourisme) et à l'agrément du cadre de vie (on voit au premier plan le lac qui avait été creusé à l'époque du chanoine Kir).

> Dijon est classée à plusieurs reprises par le magazine *L'Entreprise* comme la cité la plus attractive de France dans la gamme des 200 000-500 000 habitants.

6. **(Doc 5)** *Quels atouts cette publicité met-elle en avant pour attirer de nouveaux partenaires ?*
Biovalley-Alsace est un pôle de compétitivité consacré aux sciences de la vie. C'est un « cluster » qui concentre une grappe d'acteurs qui doivent faire de l'Alsace un territoire d'excellence scientifique mondiale en découvrant et en développant de nouveaux médicaments et en mettant au point de nouvelles technologies médicochirurgicales. Pour attirer de nouveaux partenaires, cette publicité met en avant :
– la situation géographique de Biovalley-Alsace, à Illkirch, dans la communauté urbaine de Strasbourg au cœur de l'Europe, dans un environnement trinational (France, Allemagne, Suisse) donc sur un interface actif ;
– la richesse en matière grise (« ouverture » des salariés, 15 000 scientifiques, 100 000 étudiants...) ;
– la richesse en infrastructures (30 plateformes technologiques) ;
– la probabilité de synergies entre universités, entreprises...

7. **(Doc 2, 4 et 5)** *Quels atouts semblent favoriser actuellement l'implantation de nouvelles activités ?*
Les nouvelles activités industrielles et tertiaires s'implantent dans les métropoles, à proximité des moyens de transports rapides, des technopôles, sur les interfaces mais aussi là où le cadre de vie est agréable.

Cours : Le redéploiement de l'espace productif (p. 108-109)

Les espaces agricoles sont menacés

1. **(Doc 1)** *Comment la superficie utilisée par l'agriculture évolue-t-elle ? Et les autres espaces ?*
La surface agricole utilisée (SAU) était en 1950 de 34 400 000 hectares. Elle est en 2009 de 29 469 000 hectares, ce qui correspond à une sérieuse rétraction. La SAU comprend les terres labourables cultivées, les territoires agricoles non cultivés et les jachères, les surfaces toujours en herbe, les vignes et les vergers. À cette SAU s'ajoutent les forêts et les territoires non agricoles, c'est-à-dire les zones bâties ou occupées par les différentes infrastructures. La superficie occupée par les forêts a bien augmenté, et le territoire non agricole a, à peu près, doublé. Chaque année 60 000 hectares d'espaces agricoles disparaissent dont 20 000 en Île-de-France.

2. **(Doc 1)** *Comment expliquez-vous ces évolutions ?*
La superficie utilisée par l'agriculture diminue du fait de l'étalement urbain (rurbanisation, voir Talant) et de l'extension des voies de communications. Les paysages s'artificialisent donc. Si la production agricole globale continue de croître, c'est dû à l'augmentation des rendements (seules les meilleures

terres sont cultivées; utilisation massive d'engrais, d'eau, d'insecticides...).

La France reste, de fait, le premier producteur agro-alimentaire de l'Union européenne et le deuxième mondial (céréales : premier producteur européen et cinquième mondial; betteraves sucrières : premier rang européen et mondial; vin : deuxième rang européen et mondial; lait : deuxième rang européen et cinquième mondial).

3. **(Doc 2)** *Citez cinq régions agricoles dynamiques et cinq régions de déprise.*

Les régions agricoles dynamiques sont les régions de grande culture intensive aux méthodes productivistes (céréales en assolement avec betterave, colza), comme la Picardie, la Beauce, la Brie. Ce sont aussi les régions de cultures spécialisées : vigne en Champagne, Bourgogne, Bordelais; fruits et légumes dans le Val-de-Loire, la vallée du Rhône, le Roussillon; fleurs sur la Côte d'Azur. Les régions de déprise correspondent aux zones de polyculture qui n'ont pas su trouver de spécialisation (Bassin aquitain, Charente, région du Nord – Pas-de-Calais, Lorraine) ou bien aux régions de montagne. Faire revivre ces campagnes profondes semble souvent bien difficile.

Les espaces industriels se rééquilibrent

4. **(Doc 3)** *Quelle a été l'activité des usines de la vallée de la Romanche? Que deviennent ces usines aujourd'hui? Expliquez pourquoi.*

La vallée de la Romanche, dans le département de l'Isère (voir pages 100 et 101), s'allonge entre le massif des Grandes-Rousses et celui de l'Oisans. Ce torrent issu des glaciers de la Meije occupe une vallée glaciaire aux fortes pentes, profondément encaissée, avant de se jeter dans le Drac entre Vizille et Grenoble. La présence des usines de la basse vallée de la Romanche, Livet, Rioupéroux, les Clavaux, Séchilienne, peut s'expliquer par la succession de centrales hydroélectriques construites sur le torrent. Forges, fourneaux, électrométallurgie, électrochimie ont assuré la fortune de la vallée entre 1900 et les années 1970. Aujourd'hui, ces usines ont presque toutes fermé du fait de leur localisation mal adaptée aux lieux d'approvisionnement ou de consommation. La vallée est devenue une succession de friches industrielles, mais les barrages hydroélectriques subsistent.

EDF envisage pour 2015 de détruire les centrales les plus obsolètes et de les remplacer par une nouvelle centrale souterraine.

5. **(Doc 3 et 4)** *Montrez comment l'usine de Méaulte s'oppose à celle de Livet et Gavet (implantation, aspect, fabrication).*

On peut opposer ces deux usines avec le tableau suivant :

	Livet et Gavet	Méaulte
Date d'implantation	Fin du XIXe siècle	2010
Lieu d'implantation	• Alpes : vallée de la Romanche • Sur l'énergie électrique • Là où il y a une forte population locale non spécialisée	• Sur le plateau picard • À proximité du LGV et d'une autoroute • À proximité d'un bassin de main-d'œuvre jeune
Aspect de l'usine	• L'usine occupe tout le fond de la vallée • Très vastes ateliers • Fumées, pollution	• L'usine s'étale largement à la surface du plateau cultivé • Usine propre
Production	Métallurgie lourde (électrométallurgie)	• Métallurgie différenciée • Métallurgie de pointe • Aéronautique (EADS)

Les espaces tertiaires explosent

6. **(Doc 5)** *Pourquoi peut-on dire que le centre-ville est le lieu d'élection des services?*

Tous les services se côtoient dans le centre-ville : services administratifs, services aux personnes, aux entreprises, services courants (petits commerces) et services spécialisés (conseils aux entreprises). Le centre-ville est la partie la plus ancienne de la ville et c'est là que se sont développés les premiers contacts. En outre, le centre-ville est bien desservi en transports en commun, ce qui facilite l'accès des banlieusards et les déplacements en général.

7. **(Doc 5)** *Quelles différences pouvez-vous établir entre les services du cœur de la ville et ceux de l'espace périurbain?*

On peut opposer les services du centre de la ville et ceux de la banlieue, en particulier ceux de l'espace périurbain. Les services de ce dernier sont peu diversifiés. Il s'agit seulement de services apparus récemment, liés à la logistique et qui nécessitent un espace important (aéroports). Ces services sont, de plus, susceptibles de créer des nuisances. Le cœur de la ville rejette ainsi à l'extérieur ce qui l'encombre tout en lui étant indispensable.

Essentiel autrement – Essentiel en carte (p. 110-111)

En vous aidant de l'organigramme, de la carte et du cours, exposez quelles sont les transformations du système productif. Déterminez quelles dynamiques territoriales sont liées à ces transformations.

Il s'agit d'étudier les transformations du système productif et ses dynamiques spatiales depuis une cinquantaine d'années. Jusque dans les années 1960, le système productif était marqué par le poids de la tradition, particulièrement net en ce qui concerne l'agriculture qui restait parfois encore autarcique. Cependant, les activités économiques obéissaient à des critères de localisation tels que l'abondance de la main-d'œuvre, la présence d'énergie, de matières premières ou de bonnes terres, la proximité de moyens de transports. Le système productif a depuis évolué, influencé par de nouvelles contraintes : la mondialisation (de là, la concurrence de nouveaux territoires et l'importance des interfaces pour les localisations); les progrès technologiques (tels que les moyens de transports, l'essor des nouveaux produits); les nouvelles conditions de travail (possibilité de télétravail); les progrès de la tertiarisation (la part du tertiaire dans la production est, par exemple, de plus en plus prégnante). Ces nouvelles conditions sont à l'origine de nouvelles productions et de nouvelles localisations.

Jusque dans les années 1960, l'espace agricole était réparti sur l'ensemble du territoire et extrêmement diversifié, même si la polyculture était prépondérante. Aujourd'hui, l'espace agricole s'est rétréci du fait de l'emprise urbaine et de celle de nouvelles infrastructures. Il s'est banalisé et spécialisé avec la recherche de la productivité. Seules les meilleures terres sont cultivées dans une optique de commercialisation (grandes cultures du Bassin parisien et, ailleurs, cultures spécialisées comme la vigne, les cultures fruitières et maraîchères). Certaines régions, comme la diagonale du vide, connaissent une profonde déprise. D'une façon générale, les activités agricoles régressent dans l'emploi et dans le PIB.

L'espace industriel des années 1960, implanté surtout à l'est d'une ligne Le Havre – Montpellier, permet de distinguer industrie lourde (sidérurgie, chimie lourde) comme dans le Nord ou en Lorraine et de multiples industries de transformation (textile, automobile...). Depuis, les industries lourdes ont périclité ou ont été délocalisées, et les industries de transformation se sont multipliées et diversifiées (produits technologiques par exemple), ce qui n'empêche pas une diminution du secteur industriel dans l'emploi et le PIB. De ce fait, le système productif industriel s'est redéployé sur le territoire. Les vieilles régions industrielles liées à la sidérurgie se sont reconverties vers de nouvelles industries telles que l'automobile ou le tertiaire ou sont restées en déprise. Aujourd'hui, les espaces industriels phares sont localisés dans les grandes métropoles (Paris, Lyon) où l'on peut trouver des services pointus et une main-d'œuvre spécialisée ou de haut niveau; à proximité des moyens de transports rapides (aéroports, gares TGV) et sur les interfaces (littoraux ou frontières). Le croissant périphérique de la Manche aux Alpes en passant par l'Atlantique et la Méditerranée est, de ce fait, particulièrement actif.

Capacités : Comparer deux cartes (p. 112)

1. L'espace industriel en 1950 – 2. L'espace industriel actuel

1. *Quel est le thème de ces cartes?*
Ces deux cartes concernent la production industrielle, sa diversité et sa localisation.

2. *Pour quelles dates sont-elles établies? Justifiez le choix de ces dates.*
La première carte montre la situation en 1950, donc au lendemain de la Seconde Guerre mondiale. Cette situation est héritée de la 1re et de la 2e révolution industrielle. La seconde carte représente la situation actuelle, résultant de la 3e révolution industrielle ou révolution technologique. On peut ainsi constater l'évolution de la situation industrielle.

3. *Quels types d'informations donnent ces cartes?*
On peut remarquer les différences de représentation cartographique entre ces deux cartes. La carte de 1950 est faite à partir de pictogrammes représentant les différents types d'industries et leur localisation, alors que la carte concernant la situation actuelle représente par des plages de couleurs, les régions industrielles sans voir exactement leur spécialisation (par exemple, la spécificité aéronautique de Toulouse n'est pas mentionnée). En revanche, certains facteurs de localisation sont indiqués (frontières, technopôles, investissements étrangers).

4. *Quelles étaient les principales industries dans les années 1950?*
Dans les années 1950, on pouvait distinguer l'industrie lourde liée au charbon, à l'électricité et au fer

(sidérurgie, électrométallurgie), au sel (chimie) et les industries de transformation comme le textile ou les biens de consommation (agro-alimentaire, électroménager, automobile).

5. *Quelles étaient les grandes régions industrielles ? Précisez et expliquez leur localisation. Que sont devenues ces régions ? Où sont situées les nouvelles régions industrielles ? Quelles en sont les principales industries ?*
Les régions industrielles étaient principalement localisées à l'est de la ligne Le Havre-Marseille (ou Montpellier), soit la région du Nord, la Lorraine, la région de Lyon-Saint-Etienne, les vallées alpines, les Vosges et, bien sûr les grandes villes. À l'exception des métropoles, ces régions sont aujourd'hui en reconversion car leurs industries ont périclité. De la même façon, les petites industries de la diagonale aride connaissent des difficultés et ces régions deviennent des espaces de déprise. Aujourd'hui, les régions industrielles les plus dynamiques sont le croissant périphérique qui va de la Bretagne au nord des Alpes, où l'industrie est impulsée par de nombreux technopôles, mais aussi l'Île-de-France, les régions limitrophes de la Belgique, du Luxembourg, de l'Allemagne, de la Suisse. Les industries sont des industries de haute technologie mais aussi de biens de consommation.

6. *Comment a évolué l'industrie française dans ses fabrications et ses localisations entre 1950 et 2010 ?*
L'industrie, dans les soixante dernières années, a connu de profondes transformations au niveau de ses fabrications. L'industrie lourde a presque complètement disparu pour céder la place à des industries technologiques (aéronautique, informatique) et à des industries liées à l'agroalimentaire (la France est le premier pays agricole de l'Union européenne). Les transformations affectent également l'espace industriel. Il n'existe plus de grandes régions industrielles comme l'étaient le Nord ou la Lorraine. L'industrie est aujourd'hui plus diffuse. Elle est liée aux métropoles mais aussi aux interfaces donc à la mondialisation.

7. *Quel aspect de l'industrialisation française n'est pas pris en compte dans ces cartes ?*
Si ces cartes prennent en compte les types d'industries et les espaces industriels, en revanche, elles ne s'intéressent pas à la structure industrielle, c'est-à-dire à la taille des entreprises (grands groupes transnationaux, PME, TPE), ni à l'importance quantitative de la main-d'œuvre employée.

Arts et Géographie : Nantes : de l'usine LU au Lieu Unique (p. 113)

1. (Doc 1 et 2) *Où est situé le bâtiment LU ? Quand a-t-il été construit ? Quelle a été son utilisation jusque vers 1986 ?*
À travers ces documents, on peut voir comment un bâtiment est passé d'un usage industriel à un usage tertiaire et comment il est significatif de l'évolution des activités d'une ville. On peut également s'approprier ce qu'est l'Art nouveau. Le bâtiment LU est situé à Nantes, au bord de la Loire, en face du château des Ducs de Bretagne. Le premier bâtiment a été construit en 1886, en même temps qu'a été fabriqué le premier Petit Beurre. Les tours (il y en avait deux) datent de 1909 et rappellent celle surmontée d'un phare tournant qu'avait fait ériger Louis Lefèvre-Utile à Paris en 1900 pour l'Exposition universelle. Jusqu'en 1986, les bâtiments abritaient la biscuiterie Lefèvre-Utile installée à Nantes en 1846. À cette date, l'usine a quitté les lieux pour s'installer dans des bâtiments ultramodernes construits dans la région nantaise à La Haye-Fouassière.

2. (Doc 2) *Pourquoi a-t-on décidé de le conserver ?*
On a décidé de conserver ce qui restait de ce bâtiment car il fait partie du patrimoine industriel et architectural de la ville auquel les Nantais sont attachés. L'usine LU est ainsi un symbole de la ville de Nantes.

3. (Doc 1, 2 et 3) *Quelles transformations architecturales a-t-il connues depuis sa création au début du XXe siècle ?*
L'usine LU a connu de nombreux avatars avant son déménagement pour la banlieue de Nantes et les bâtiments actuels, hormis la tour, n'ont plus rien à voir avec les bâtiments d'origine.

L'usine a été ravagée par le feu en 1888. Elle a été reconstruite et, en 1899, un véritable ensemble architectural industriel est érigé auquel l'architecte Bluysen ajoute, en 1909, deux tours qui marquent l'entrée de l'usine. Les directeurs de l'entreprise veulent ainsi allier l'idée de travail (en 1913, l'usine emploie 1 200 salariés et fabrique 6 000 tonnes de biscuits par an) à celle du beau (souci des arts décoratifs) et du majestueux, tout en soignant la publicité de l'entreprise.

L'usine est démolie par les bombardements de 1943 puis reconstruite en 1950. Le bâtiment allie alors le béton, le métal et les colonnes de fonte. C'est dans ce bâtiment qu'est installé aujourd'hui le Lieu Unique (LU comme Lefèvre-Utile). Les tours sont décapitées en 1974 en même temps qu'une partie des bâtiments est démolie. Mais en 1999, avant la coupe du monde de football et sous la pression des Nantais, on décide de reconstruire une des deux tours (un hôtel est érigé à la place de la seconde). La nouvelle tour, plus massive que la précédente, est inaugurée en 1999 pour la coupe du monde.

4. **(Doc 1, 2 et 3)** *Montrez que cette construction illustre le passage d'une économie industrielle à une économie tertiarisée.*
Le bâtiment a d'abord été une usine liée à l'agroalimentaire. C'est aujourd'hui un lieu culturel multifonctions (spectacles, restaurants, expositions, hammam).

Vers le Bac (p. 114-115)

1. Le sujet d'étude (p. 114)

1. *Retrouvez le mot clé correspondant aux définitions suivantes.*

Définitions	Mots clés
Espace disposant d'un fort potentiel de recherche et d'activité de pointe.	Technopôle
Transfert d'activités industrielles ou tertiaires vers des pays ou des régions offrant de meilleurs avantages comparatifs.	Délocalisation
Association d'entreprises, de centres de recherche qui adoptent une stratégie commune de développement autour de projets innovants.	Pôle de compétitivité
Espace caractérisé par une diminution de sa population et de ses activités.	Espace de déprise

2. *Reliez par des flèches les conditions économiques actuelles et les effets qu'elles produisent. (À chaque condition économique actuelle peuvent correspondre plusieurs effets.)*

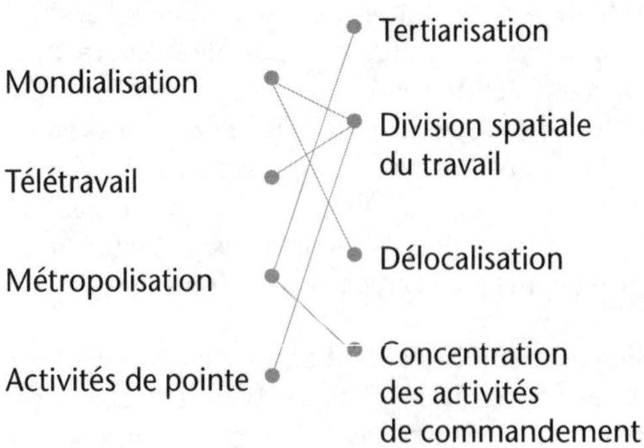

3. *Remplissez le tableau suivant pour donner des exemples de territoires différents.*

Régions	Fortes	À problèmes
Agricole	• Beauce, Brie, Picardie • Vignoble bordelais	• Montagnes : Alpes, Pyrénées • Diagonale du vide : Lorraine
Industrielle	• Région parisienne, lyonnaise • Pôle toulousain	• Nord • Lorraine
Tertiaire	• Grandes villes : Paris, Lyon, Lille • Technopôles : Grenoble, Toulouse	• Petites villes • Rural profond

4. *Étudiez la photographie du centre commercial de Nancy-Houdemont :*

1. *De quelle activité relève l'espace représenté ?*
Il s'agit d'une zone d'activités commerciales. Au premier plan, on aperçoit un supermarché ; à l'arrière-plan, un grand magasin Decathlon ; vraisemblablement, en bas et à gauche, un hôtel de type Formule 1 ; à droite, il doit s'agir d'un entrepôt. Nous avons donc un centre d'activités tertiaires dont l'emprise au sol est importante (bâtiments et parkings).

2. *Où est localisé cet espace ? Expliquez cette localisation.*
Cet espace est situé dans la banlieue de Nancy (Houdemont). Nancy est située dans le fond de la photo avec son cœur de ville, ses grands ensembles et ses lotissements. On voit comment l'espace productif et décisionnel citadin gagne sur l'espace rural. En outre, ce centre commercial est longé par des routes, autoroute (c'est l'A330) et route nationale (c'est la RN57). Ces voies de transports sont indispensables pour assurer l'approvisionnement du centre et faire venir la clientèle.

2. Les situations (p. 115)

Situation 1. Une métropole

1. *Quel espace Marseille aménage-t-elle ?*
Il s'agit de l'aménagement des quartiers du port de Marseille. La photo donne à voir les appontements portuaires et la cathédrale de la Major. Cet aménagement fait partie du projet Euroméditerranée.

2. *Relevez quels sont les principaux aménagements réalisés ou en cours.*

Le texte et la photo évoquent différents aménagements :
- la modernisation du port et la réhabilitation des docks;
- l'embellissement de la ville : mise en valeur de la cathédrale de la Major et aménagement d'une esplanade;
- l'amélioration de la circulation (passerelle autoroutière);
- la construction de nouveaux bâtiments dont la tour CMA-CGM et d'espaces de bureaux;
- les transformations de friches industrielles et de quartiers en déshérence.

3. *Quels sont les buts de ces aménagements locaux? nationaux? internationaux?*
Les buts de ces aménagements sont en partie locaux dans la mesure où il s'agit d'améliorer la circulation dans la ville, de développer l'emploi et d'orienter ses activités vers le tertiaire. Ils sont également nationaux : conforter la position de la 2e ville de France et renforcer son image de grande métropole dynamique. Ils sont enfin internationaux dans la mesure où Marseille veut renforcer son aire urbaine (d'Avignon à Toulon en passant par Arles) pour pouvoir rivaliser avec des villes de la Méditerranée comme Gènes et Barcelone. C'est dans cette optique qu'elle a recours aux talents d'architectes prestigieux comme Zaha Hadid (Renzo Piano a travaillé à Gènes, Jean Nouvel, Franck Gehry, Ricardo Bofill et Zaha Hadid à Barcelone).

Situation 2.
Une région (La région de l'établissement)

1. *Précisez quelle est la localisation de cette usine Toyota.*
Cette usine est implantée à Onnaing depuis 2001. Il s'agit du Valenciennois, dans le département du Nord.

2. *Quels signes montrent sur la photographie qu'il s'agit d'une implantation récente?*
Cette zone d'activité est située à la périphérie de la ville, ce qui montre l'extension récente de la ville sur ses marges au détriment de l'espace rural. On a un mitage des terres de culture. Le découpage géométrique est également caractéristique d'une implantation récente, de même que la forme géométrique des bâtiments et l'importance de l'espace occupé, en particulier par les parkings du personnel et les aires de stockage.

3. *Pourquoi s'est-elle installée là?*
Cette installation procède d'une volonté nationale : il fallait revitaliser le Nord qui était frappé par la crise du charbon et de la sidérurgie. À ce titre, cette implantation a dû bénéficier d'aides diverses (France, Union européenne, collectivités locales). Elle procède également d'une volonté de Toyota qui trouve à Valenciennes de l'espace, un bassin de main-d'œuvre à forte culture industrielle, une bonne infrastructure de voies de communications tout en étant situé au cœur d'un marché porteur.

4. *Quelle est précisément l'activité de cette usine? Montrez qu'il s'agit d'un exemple de division spatiale du travail.*
Il s'agit d'une usine d'assemblage, ce qui semble indiquer que les différentes pièces sont fabriquées ailleurs (tôles, moteurs), de même que les équipements (pneumatiques, freins). La direction de l'entreprise n'est pas sur place (Toyota France est dans la région parisienne). Il s'agit donc bien d'un exemple de division spatiale du travail.

GÉOGRAPHIE – SUJET D'ÉTUDE 8

Les mobilités de la population

Le sujet 8 s'insère dans la compréhension des dynamiques territoriales en France. Après les enjeux de l'aménagement du territoire, les transformations de l'espace productif, on étudie les mobilités de la population, les déplacements à diverses échelles et dans différents espaces. L'élève peut trouver dans ce chapitre des échos de son vécu, la mobilité pour aller au lycée, en vacances, le projet d'installation dans une région plus attractive pour continuer des études, etc. On essaie de placer ces mobilités dans une perspective plus vaste, comme le demande le programme officiel.

Problématique générale du sujet d'étude

Le terme de mobilité est utilisé en géographie pour le changement de lieu des personnes, à différentes échelles dans le temps et dans l'espace. Les mobilités étudiées, les déplacements quotidiens, touristiques, le changement pour une autre résidence, la migration dans une autre région ou pays sans intention de retour à court terme, s'inscrivent dans une vision plus large qui inclut la répartition de la population et les transformations des territoires. La répartition de la population résulte des grands mouvements économiques et sociaux des XIXe et XXe siècles, l'exode rural, l'industrialisation, l'urbanisation et, plus récemment, la périurbanisation et la désindustrialisation. Elle est aussi liée à la géographie de la France.

L'étude des mobilités concerne l'attractivité des territoires, leur capacité à faire bouger et à retenir les activités nouvelles, les entreprises, de nouveaux habitants, des touristes. Une série de facteurs concourent à rendre les territoires attractifs. Les habitants regardent la qualité de vie, l'environnement naturel et urbain, l'accès aux services collectifs et individuels, les emplois. Les entreprises prennent en compte l'accessibilité (grands axes routiers, aéroports, voies ferrées), les ressources humaines et la qualité de la formation, l'environnement économique et financier. Dans tous les cas, on note l'importance donnée à l'image des territoires, les facteurs de dynamisme économique et social, la perception de la qualité des espaces naturels, le caractère maritime et littoral.

Les pages d'ouverture proposent deux images de mobilité. Un camion transporte un mobil-home dans un paysage de campagne. La résidence mobile de loisirs (mobil- home) est définie « comme un véhicule habitable de loisirs, transportable, destinée à une occupation saisonnière, qui conserve en permanence ses moyens de mobilité (roues et timons) afin de pouvoir quitter son emplacement, à tout moment et sans délai, par simple traction ». Importé d'Angleterre dans les années 1970, on recense plus de 250 000 unités sur le territoire national. La légèreté de l'habitation évoque la liberté de mouvement, la recherche de l'endroit idéal proche de la nature.

Sur l'autre photographie, on voit une gare souterraine, les gens montent et descendent sur des escaliers roulants, les lignes obliques se croisent, et montrent la mobilité quotidienne de la population d'une grande ville.

Les situations et le cours 1 sont centrés sur la mobilité de la population.

La situation 1 : « La France en été » étudie les modifications entraînées dans le pays en période estivale, environ deux à trois mois dans l'année. Ce temps touristique court impose une forte empreinte sur l'ensemble du territoire, tout particulièrement au bord de la mer, la destination privilégiée des Français. La répartition de la population change de façon importante comme le montre les cartes réalisées en anamorphose. La déformation de surface des départements est proportionnelle au nombre moyen de touristes présents au mois d'août et au mois de février dans les départements.

La situation 2 : « France et outre-mer, des migrations croisées » diffère du précédent puisqu'il a comme champ d'étude les régions ultrapériphériques du lointain outre-mer et une mobilité de longue durée, au moins un an pour les études, souvent pour toute une carrière. Seuls les séjours touristiques sont de courte durée. Les motivations des migrations croisées, les difficultés d'assurer la continuité territoriale sont mises en évidence. Le passeport mobilité destiné aux jeunes ultramarins peut être mis en relation avec le Visa Voyage Travail qui incite les jeunes à la mobilité internationale.

Le cours 2 traite de l'attractivité des territoires à différentes échelles. À l'échelle de la ville, se développent deux mouvements, l'extension et la périurbanisation qui repoussent les limites de la ville et la « reconquête » du centre-ville par la gentrification. À l'échelle de la France, la carte représente les régions en fonction de leurs divers attraits.

L' Essentiel autrement résume les points forts du sujet d'étude dans un organigramme conçu comme une aide à la mémorisation.

La page Capacités propose de réaliser un schéma à partir d'une image satellite pour étudier la périurbanisation d'une ville. Le choix s'est porté sur une ville de taille moyenne, Laval, qui peut tenir sur une demi-page ! Au centre d'une région agricole, la ville de 50 000 habitants cache derrière une tranquillité apparente un grand dynamisme économique. Elle abrite le siège du groupe Lactalis, 3e groupe laitier mondial, 2e groupe alimentaire français derrière Danone, elle est devenue la capitale européenne de la « réalité virtuelle », simulation par ordinateur qui utilise le graphisme pour créer un monde qui semble réaliste et implique des interactions à travers de multiples canaux sensoriels : vision ; toucher, odorat, goût. Chaque année, au mois d'avril, des professionnels, des scientifiques et des étudiants viennent présenter, tester et concrétiser leurs projets. Un master en réalité virtuelle existe dans le cursus universitaire et dans des écoles d'ingénieurs. On demande aux élèves s'ils peuvent situer les différents quartiers, visualiser l'extension de la ville et réaliser un croquis.

Arts et Géographie présente des images de mobilité. Le dessin du Solar Bullet nous propulse dans le futur... assez proche, en 2018 selon la société américaine, Solar Bullet LLC. Elle travaille sur un dispositif d'alimentation des trains à grande vitesse en énergie électrique d'origine solaire. Cette technologie, qui met en œuvre une fabrication issue de l'aérospatiale, se présente sous la forme de panneaux solaires posés au-dessus des voies ferrées, produisant l'énergie instantanée nécessaire aux trains. L'avantage par rapport à tous les autres projets de véhicules solaires (voitures, avions, bateaux), dont le captage et le stockage d'énergie sont embarqués, est que ce dispositif est une installation fixe. Selon Solar Bullet LLC, le prix par kilomètre de ligne se situe entre 12,5 et 25 millions de dollars (soit 8,5 à 17 millions €). Destiné en priorité aux régions où la densité d'énergie solaire reçue au sol est la plus forte, comme le sud-ouest des États-Unis, ce dispositif vise l'axe Phoenix-Tucson, soit 185 km à parcourir en 30 minutes par des trains à plus de 350 km/h, avec des prolongements envisageables vers Las Vegas et Los Angeles.

L'autre photographie est loin de cette approche technique. Le mobile d'Alexandre Calder est une sculpture suspendue qui se balance et bouge à l'air. Réalisée pour la première fois en 1931, cette forme est considérée comme une importante avancée artistique qui contraste avec les formes sculpturales statiques.

Vers le Bac permet de contrôler les connaissances acquises sur le thème des mobilités de la population à l'aide d'exercices variés sur un croquis, un texte ou un graphique.

Ouverture (p. 116-117)

1. (Doc 1) *Décrivez la photo et expliquez ce qu'elle suggère.*

Un camion-remorque chargé d'un mobil-home roule au milieu des champs sur une petite route. La photo montre une double mobilité, le camion, moyen de transport nécessaire aux livraisons d'un lieu à l'autre, le mobil-home (ou résidence mobile) qui peut être déplacé quand on le souhaite. Elle suggère la liberté de mouvement et le désir de ne pas se fixer définitivement.

2. (Doc 2) *Relevez les informations et les détails qui montrent la population en déplacement.*

La scène photographiée dans la gare Saint-Lazare donne une idée de mouvement. Des gens marchent vers les escaliers roulants qui les mènent à la plateforme où se trouve la rame de métro. D'autres font le trajet inverse et descendent vers une autre destination. Ces éléments montrent la population en déplacement.

3. (Doc 1 et 2) *Quels sont les buts des mobilités évoquées ?*

Les deux documents évoquent des mobilités différentes, le mobil-home pour les loisirs, la gare pour la mobilité quotidienne (travail, courses).

Situation 1 : La France en été (p. 118-119)

1. **(Doc 1)** *Dans quelle proportion le nombre d'habitants des départements cités sur la carte évolue-t-il ? Où se répartit la population en été ?*

Au mois d'août, la population du département des Landes est doublée. Elle augmente de 70 % dans le Var, 40 % dans le Finistère. En revanche, elle diminue d'un tiers dans le Val-d'Oise. La répartition de la population change en été avec l'installation massive de touristes dans toutes les régions littorales, en particulier atlantiques et méridionales, ainsi que dans les zones de montagnes. Inversement, la région parisienne et le centre du pays connaissent une diminution.

2. **(Doc 2)** *Quelles conditions de circulation sont annoncées pour le 11 juillet ? Pourquoi ?*

Le 11 juillet, le trafic sur toutes les routes s'annonce très dense et la circulation très difficile. Une situation exceptionnellement difficile est prévue sur l'axe sud qui mène vers les Alpes et le littoral méditerranéen. Le même jour, la circulation en sens inverse ne connaît que des difficultés habituelles, plus marquées dans la vallée du Rhône. Ces prévisions s'expliquent par le départ massif en vacances au moment du pont du 14 juillet qui tombe un mardi cette année-là.

3. **(Doc 2 et 1)** *Quels axes sont concernés ?*

Les axes les plus chargés sont les autoroutes et routes de la vallée du Rhône et du Sud-Est qui conduisent aux régions choisies massivement par les touristes comme on le voit sur la carte de la France en été.

4. **(Doc 3)** *L'activité économique connaît-elle des changements en été ? Justifiez la réponse.*

L'été apporte des changements dans les activités. On note une moindre activité dans les usines qui ferment souvent durant le mois d'août pour les vacances des salariés et la révision des machines. Au contraire, les services liés au tourisme connaissent un pic d'activité pendant cette période. En effet, les Français, qui ont en moyenne 37 jours de congé par an, aiment prendre leurs vacances en été, pour vivre différemment, profiter du soleil, pratiquer des sports, les loisirs culturels, aller au restaurant, etc.

5. **(Doc 3 et 1)** *Peut-on dire que la France est au « ralenti » en été ?*

La France vit à des rythmes différents, « au ralenti » dans les régions aux activités industrielles pour la pause estivale, à vitesse accélérée dans les régions touristiques où les activités tournent à plein régime.

6. **(Doc 4)** *Décrivez la photo. En quoi est-elle caractéristique de la France en été ?*

La foule s'étend à l'infini sur la plage afin de profiter d'une belle journée d'été favorable aux bains de soleil et aux bains de mer. La densité d'estivants à La Baule montre qu'ils ont massivement choisi un séjour sur la côte atlantique, zone touristique de première importance. Il se dégage une atmosphère de vacances, caractéristique de la France en été.

7. **(Doc 4, 2 et 1)** *Le littoral en été est soumis à de fortes pressions. Lesquelles ?*

La population est multipliée par 10 à La Baule, la ville de 16 000 habitants devient, le temps de l'été, une grande ville de 150 000 habitants. Les besoins en eau, énergie, transports, la gestion des déchets, la sécurité doivent être adaptés et considérablement augmentés pour un temps limité. La construction d'immeubles avec des appartements occupés une partie de l'année seulement a « bétonné » le front de mer, et la valeur des terrains constructibles en bordure de mer, désormais peu nombreux, sont devenus très chers. Cela fragilise le littoral, zone à protéger sur le plan écologique.

Pour conclure

Pourquoi et comment le pays est-il modifié pendant la saison estivale ?

La saison estivale, synonyme de vacances, entraîne des changements pendant les deux à trois mois d'été. Les déplacements massifs vers les destinations privilégiées du Sud et de l'Ouest changent la répartition de la population. Dans les villes balnéaires où la population est parfois 10 fois plus nombreuse (comme à La Baule), l'animation est intense, les immeubles tous occupés. Les besoins en eau, énergie, transports, sont décuplés et doivent être adaptés pendant cette période limitée. Le littoral, zone fragile à protéger sur le plan écologique, est alors soumis à de fortes pressions. Les activités sont modifiées. Pour répondre à la demande, les services liés au tourisme tels que l'encadrement d'activités sportives, la location de matériel, la restauration rapide, l'organisation de concerts, de festivals, etc. connaissent un pic d'activité. Dans le même temps, les usines ferment pour un mois afin d'assurer le repos des salariés et la révision des machines. Les Français bénéficient de 37 jours de congé et choisissent majoritairement la période d'été, mais les séjours sont plus courts qu'autrefois. La rupture des habitudes quotidiennes des habitants modifie le visage du pays.

Situation 2 : France et outre-mer, des migrations croisées (p. 120-121)

1. **(Doc 1)** *Les migrations entre la France et les DOM sont-elles équilibrées ? Quelles personnes sont concernées par ces déplacements ? Pour quelle durée ?*

Les déplacements des DOM-TOM vers la métropole sont plus nombreux que les déplacements de France vers l'outre-mer, ce qui crée un déséquilibre. Seule La Réunion a autant d'arrivées que de départs. Les jeunes « domiens » sont les plus nombreux à venir en France où ils s'installent pour une longue durée s'ils trouvent un emploi. Les ultramarins installés en France, des retraités, font le chemin inverse vers les DOM à la fin de la vie active, ainsi que des métropolitains nommés outre-mer.

2. **(Doc 2)** *Comment s'effectuent les migrations entre une métropole et l'outre-mer ?*

Les départements et territoires d'outre-mer sont des îles (sauf la Guyane) situées à des milliers de kilomètres de la métropole. Le transport aérien est le moyen le plus rapide et le plus pratique pour rejoindre les lointains territoires français.

3. **(Doc 2 et 1)** *Pourquoi la continuité territoriale est-elle importante ? Quelle difficulté sa mise en œuvre rencontre-telle ?*

Les départements d'outre-mer et les territoires font partie intégrante de la République. On doit pouvoir les rejoindre facilement comme n'importe quel autre département de métropole. Le transport aérien le mieux adapté aux longues distances est indispensable pour entretenir la continuité territoriale. Cependant, l'avion coûte cher, surtout à la période des congés, et les tarifs jugés trop élevés sont ressentis comme une injustice. On se heurte à la difficile mise en place d'une politique tarifaire plus équitable.

4. **(Doc 3)** *Évaluez la différence des revenus entre les DOM et la métropole, puis l'Île-de- France. Quelle conséquence se dessine ?*

Le revenu moyen dans les DOM est de 800 €, le double (1 600 € environ) en métropole, moins en province (1 400 €) et plus en Île-de-France (1 800 €). Les jeunes « domiens » ont envie de venir dans la région parisienne pour avoir un meilleur niveau de vie, ce qui entraîne un mouvement migratoire.

5. **(Doc 4 et 2)** *Dans quel but le passeport mobilité a-t-il été mis en place ?*

Les jeunes gens des DOM-TOM doivent souvent se rendre en métropole pour suivre des études ou des formations professionnelles, accéder aux filières qu'ils ont choisies mais qui n'existent pas sur place. Le passeport-mobilité finance le prix d'un billet aller-retour pour les étudiants (16 000 en 2009)

6. **(Doc 5 et 1)**. *Que recherchent les touristes ? Le nombre de touristes vers l'outre-mer varie selon les destinations, pourquoi ?*

Les touristes recherchent la mer chaude, les fleurs exotiques, la vie proche de la nature, le dépaysement et l'ambiance des îles tropicales. Le nombre de touristes est différent selon les destinations d'outre-mer. Les Antilles (Martinique et Guadeloupe), situées de l'autre côté de l'Atlantique, sont les plus visitées en raison de leur relative proximité avec la métropole (6 000 km). La Polynésie et la Nouvelle-Calédonie reçoivent dix fois moins de touristes, 40 000 par an. Elles sont à l'autre bout du monde par rapport à la France, trois fois plus loin (18 000 km) que les Antilles. Les coûts et le temps de transport sont des éléments déterminants pour le tourisme vers l'outre-mer.

Pour conclure

Comment se développent les migrations entre la métropole et les départements et territoires d'outre-mer ?

De nombreuses migrations existent entre la France et l'outre-mer. Les déplacements se font de la métropole aux périphéries les plus lointaines (les Antilles, la Réunion, Mayotte, la Guyane, la Polynésie, la Nouvelle-Calédonie) qui forment l'ensemble des territoires français. Les liaisons aériennes assurent la continuité territoriale. Le nombre d'ultramarins venant en métropole est plus important que ceux qui la quittent pour l'outre-mer, le déséquilibre des migrations se fait au profit de la métropole (sauf dans le cas de la Réunion). Les flux migratoires se croisent. Dans un sens, des jeunes, des actifs quittent les DOM pour faire des études et/ou travailler en métropole. Dans l'autre sens, des natifs d'outre-mer qui ont passé leur vie active en France, regagnent le pays pour la retraite, des touristes vont découvrir le charme des îles, des métropolitains sont nommés ou vont s'installer dans les DOM-TOM. La durée des migrations varie selon les motifs. Les étudiants bénéficient du passeport mobilité le temps de leurs études (un an ou deux) alors que les touristes font un séjour limité à la durée de leurs vacances (une quinzaine de jours). Les actifs s'installent pour une longue durée, parfois pour toute leur carrière.

Cours : La population et la mobilité (p. 122-123)

63,1 millions d'habitants en France

1. **(Doc 1)** *Comment la population sur le territoire est-elle répartie. Peut-on parler de déséquilibre ?*
La population se concentre massivement autour du pôle parisien et dans les grandes agglomérations, Marseille, Toulouse, Lyon, Lille, etc. Elle se déploie dans le sud-est le long de la vallée du Rhône et du littoral méditerranéen. À l'opposé, les zones les moins peuplées se trouvent dans le nord-est et le centre, dans la « diagonale du vide ». La carte en anamorphose accentue le poids des régions les plus peuplées, amoindrit les moins peuplées et montre que le territoire est déséquilibré.

2. **(Doc 2)** *Dans quelle partie du pays des habitants vont-ils s'installer ? Quelle partie du pays ont-ils quitté ?*
Les habitants s'installent dans les départements du Sud et de l'Ouest (en orange sur la carte) en dessous d'une ligne qui va de la Bretagne à la Savoie. Ils quittent les départements (en violet sur la carte) situés au nord d'une ligne allant de la Normandie aux régions de l'Est. On remarque que les départements très urbanisés de la région parisienne perdent des habitants.

3. **(Doc 2 et 1)** *En comparant les cartes, quelle évolution se dessine ?*
Les migrations interdépartementales vers le Sud et l'Ouest dessinent une nouvelle configuration de la population et un rééquilibrage entre le pôle parisien et le reste du territoire.

Une population mobile, à différentes échelles

4. **(Doc 3)** *À quels problèmes est-on confronté lors des déplacements quotidiens ?*
Les déplacements quotidiens pour se rendre au travail sont longs, en moyenne une demi-heure, mais entre une et deux heures pour 30 % des actifs. Ils entraînent du stress, de la fatigue en raison de la foule qui emprunte les trains, les bus et des embouteillages pour ceux qui sont en voiture. Ils diminuent le temps dévolu à la famille lorsqu'on arrive tard chez soi.

5. **(Doc 4)** *Comment la mobilité des jeunes est-elle encouragée ?*
Les jeunes de 18 à 30 ans ont la possibilité de s'expatrier pour vivre un an dans un pays lointain. Avec le Visa Voyage Travail, ils peuvent travailler et faire du tourisme dans les pays d'Asie, (la Corée du Sud, le Japon, Singapour) d'Océanie (l'Australie, la Nouvelle-Zélande) qui ont signé un accord avec la France. Cette initiative est encouragée par l'État.

6. **(Doc 4 et 3)** *Ces deux mobilités se déroulent à différentes échelles. Lesquelles ?*
La mobilité quotidienne entre le travail et le domicile se déroule sur une distance de 15 km environ alors que la mobilité internationale concerne le monde, des pays comme l'Australie, situés à 18 000 km de la France.

Toujours plus de mobilité ?

7. **(Doc 5 et 3)** *Quels sont les buts de la semaine de la mobilité et de la sécurité routière ?*
Le but est de réfléchir à l'utilisation des moyens de transport : comment les rendre efficaces, non polluants et respectueux de l'environnement, comment changer ses habitudes et bouger autrement.

Cours : L'attractivité des territoires (p. 124-125)

Les territoires attractifs

1. **(Doc 1)** *Relevez les arguments qui montrent l'attractivité de Vannes. Sur quel aspect insiste-t-on ?*
Parmi les attraits de Vannes, la beauté des paysages, l'histoire de la ville, les activités tournées vers l'avenir sont mises en évidence. On insiste surtout sur le cadre de vie, le centre médiéval, le port qui en font un « lieu magique ».

L'inégale attractivité

2. **(Doc 2)** *Quelles parties de la France sont les plus attractives ? Pourquoi ?*
Les zones les plus attractives se situent dans le sud de la France. Ce sont les régions côtières méditerranéennes et atlantiques qui offrent les attraits du littoral, ainsi que les territoires ruraux dynamisés par l'augmentation de la population et les métropoles régionales aux activités multiples. D'autres parties du territoire sont également attractives, autour du pôle parisien, des capitales régionales et des grandes villes, le long des vallées de la Seine et du Rhône.

3. **(Doc 2)** *Lesquelles sont actuellement faiblement attractives ? Pourquoi ?*
Les parties les moins attractives forment un vaste arc de cercle autour de la région parisienne. Ce sont d'anciens territoires industriels (Nord, Ardennes) ou ruraux (Auvergne, Centre) à redynamiser.

4. **(Doc 2 et 1)** *Dans quelle catégorie se situe Vannes ?*
Vannes au bord de la mer dans le golfe du Morbihan, bénéficie de l'attraction des zones littorales. Elle se situe aussi dans l'orbite d'une métropole régionale (Rennes).

La ville pour 75 % des Français

5. **(Doc 3)** *Comment se manifeste la « gentrification » à Montreuil ? Qui sont les acteurs de cette transformation ?*
À Montreuil, la ville « gentrifiée » a vu la diminution de la population ouvrière qui a laissé la place à de nouveaux habitants exerçant des professions intellectuelles (cinéma, nouvelles technologies, enseignement). Ces derniers ont transformé des usines inoccupées en appartements, rénové des logements anciens et transformé le centre-ville.

6. **(Doc 4)** *Quelles activités servent de moteur à l'expansion de la ville ?*
L'installation de nouvelles entreprises, d'usines, de bureaux entraînent la naissance de zones commerciales à la périphérie de la ville. Les quartiers de nouveaux lotissements pavillonnaires sont construits dans la banlieue éloignée. Ces implantations servent de moteur à l'expansion de la ville et repoussent de plus en plus loin les limites urbaines.

7. **(Doc 4 et 2)** *Sur quel espace s'étend la ville ?*
Les nouveaux quartiers s'étendent sur les espaces ruraux, le long des axes de communication.

Essentiel autrement – Essentiel en carte (p. 126-127)

À l'aide de l'organigramme et de la carte, expliquez comment l'attractivité des territoires modifie la répartition de la population.
Les territoires attractifs offrent des avantages qui poussent des habitants à changer de résidence. L'attirance confirmée des métropoles correspond aux zones de fortes densités relevées sur la carte. On note la présence de 300 à 12000 hab./km^2 dans la région parisienne, les métropoles régionales, Lyon, Rennes, Bordeaux, Marseille et les grandes villes (Nice, Bayonne, Le Mans…). Les zones côtières du Sud et de l'Ouest sont également fortement peuplées. La désaffection du Nord et du Centre correspond aux zones de faible densité (de 10 à 79 hab./km^2). La répartition de la population en France n'est pas figée, elle évolue grâce à la mobilité toujours plus importante des habitants et tend à un rééquilibrage en faveur du Sud et de l'Ouest.

Capacités : Réaliser un schéma à partir d'une image (p. 128)

La périurbanisation à Laval (Mayenne) à partir d'une photo satellite

1. *Décrivez et qualifiez le type de paysage.*
La ville de Laval, traversée par la Mayenne, s'étend au milieu des champs au nord, de prairies de petite taille entourées de haies au sud. C'est un paysage agricole de bocage.

2. *Où se situent les quartiers résidentiels par rapport au centre-ville ? Les zones industrielles ?*
Les quartiers résidentiels se trouvent à la périphérie de la ville dans la partie ouest et sud, à environ 5 km du centre-ville. La plus vaste des zones industrielles s'étend au nord-est, une autre à l'est, une autre zone plus petite à l'ouest. Elles sont proches de la ville (environ 3 km).

3. *Quelle était l'activité antérieure ?*
Les zones industrielles se sont installées sur des terres agricoles et les quartiers autour de villages ou de hameaux du bocage.

4. *Complétez le croquis et construisez une légende.*
1. La ville limitée par un boulevard circulaire
2. Les nouveaux quartiers résidentiels
3. Les zones industrielles
4. L'espace agricole

5. *L'étalement urbain est-il important ? Quelles conséquences entraîne-t-il ?*
L'étalement urbain se fait dans un rayon de 4/5 km autour de la ville, ce qui n'est pas très important. Cependant, les déplacements du domicile au lieu de travail ou au centre-ville nécessitent un moyen de transport. La distance est trop courte pour organiser un réseau de bus, il faut donc se déplacer en voiture, à vélo.

6. *À l'aide de vos connaissances, expliquez la périurbanisation de Laval.*
Le développement des activités de Laval a amené la construction de zones industrielles aux portes de la ville. Des habitants à la recherche de plus d'espace qu'en centre-ville se sont installés dans les nouveaux lotissements résidentiels construits dans des hameaux à l'extérieur de la ville. L'expansion des constructions repousse les limites de la ville sur l'espace agricole existant. La périurbanisation

entraîne une augmentation des trajets pendulaires, aux heures de la journée active, et transforme le paysage.

Arts et Géographie : Images de mobilité (p. 129)

1. **(Doc 1)** *Où est prévue la réalisation du Solar Bullet ? Pourquoi ?*
Les ingénieurs prévoient de construire le Solar Bullet (train rapide solaire) dans l'État d'Arizona, au sud des États-Unis dans la zone désertique. Le train, alimenté en énergie solaire, doit être installé dans une région très ensoleillée toute l'année.

2. **(Doc 1)** *Quel est le but du projet ?*
Le but est d'utiliser une énergie propre, sans gaz à effet de serre, gratuite... quand le coût des installations sera amorti.

3. **(Doc 2)** *A. Calder écrit « Pourquoi l'art devrait-il être statique ? ». Quelle réponse a-t-iL donné ?*
Les œuvres d'art, les sculptures, les tableaux, les bâtiments ne bougent pas. A. Calder imagine des sculptures en mouvement, qui vivent au gré de l'air.

4. **(Doc 2 et 1)** *Quels éléments sont communs aux deux images ?*
Le futur train à grande vitesse et le mobile de A. Calder utilisent tous les deux des forces naturelles, le soleil pour l'un, les mouvements de l'air pour l'autre.

Vers le Bac (p. 130-131)

1. Le sujet d'étude (p. 130)

1. Quelles sont les notions définies par les phrases suivantes ?
– Différence entre le nombre d'entrées et de sorties dans un espace donné : *solde migratoire.*
– Attraction vers des espaces côtiers : *littoralisation.*
– Transformation d'un quartier urbain ancien par de nouveaux résidents qui le rénovent et haussent le niveau de vie : *gentrification.*

2. *Comment la mobilité et les migrations résidentielles entre départements s'organisent-elles ? Quelle est la région la plus peuplée ? Les zones au solde migratoire négatif ? Au solde positif ?*
La région parisienne, qui regroupe 18 % de la population, est la plus peuplée. Les zones au solde migratoire négatif se situent majoritairement au nord d'une ligne qui va de la Normandie à la Savoie. La région parisienne fait partie de cette zone. Au sud d'une ligne allant de la Bretagne aux Alpes, se trouvent les zones au solde positif où les entrées sont plus nombreuses que les départs.

1. *Complétez la légende du croquis.*

Violet :	Départements au solde migratoire négatif (plus 3 %).
Mauve :	Départements au solde migratoire négatif (de 0 à 3 %).
Jaune :	Stabilité entre les départs et les arrivées.
Orange :	Solde migratoire positif.
Point rouge :	Métropoles.

2. *Pourquoi parle-t-on de rééquilibrage vers l'ouest et le sud ?*
De plus en plus d'habitants quittent la partie nord du pays et la région parisienne pour aller s'installer dans le sud et dans l'ouest, ce qui va rééquilibrer la population par une répartition plus harmonieusement sur le territoire.

3. *Comment se manifeste l'attractivité du département de la Haute-Garonne ? De la ville de Toulouse ?*
La Haute-Garonne a une population qui augmente grâce au boom démographique avec deux fois plus de naissances que de décès, un taux de migration record qui fait gagner des habitants chaque année. La ville, la banlieue et l'aire périurbaine de Toulouse, la métropole régionale, connaissent une croissance continue de plus de 6 000 habitants par an. La population est plus jeune qu'ailleurs (37,8 ans au lieu de 43,5 ans), bien formée (plus de cadres, plus d'étudiants). Ces facteurs de dynamisme montrent la forte attractivité du département.

2. Les situations (p. 131)

Situation 1 : La France en été

1. *Où sont situées les régions soulignées dans l'article ?*
Les régions sont situées sur le littoral, la Côte d'Azur, l'Aquitaine, la Corse et, plus généralement, dans le Sud (Provence – Alpes – Côte d'Azur). La Bretagne et la Normandie se trouvent à l'ouest, au bord de la mer ou d'un fleuve (la Seine à Rouen).

2. *Quelles activités sont développées plus particulièrement en été ?*
En été, les hôtels, les restaurants, les gîtes ruraux, les campings connaissent une forte activité directement liée à la période des vacances. Les manifes-

tations culturelles, festivals, expositions, organisées pendant cette période bénéficient d'un nombre accru de visiteurs.

3. *Peut-on dire que la France en été présente un autre visage que pendant le reste de l'année? Justifiez votre réponse.*
Pendant l'été, la France offre un visage différent. C'est pour beaucoup la période de vacances, et les déplacements massifs vers les destinations privilégiées du sud et de l'ouest changent la répartition de la population. Les villes balnéaires, où les habitants sont parfois dix fois plus nombreux (comme à La Baule), sont animées, les immeubles tous occupés et l'activité économique habituelle modifiée. Les services liés au tourisme, l'encadrement d'animations sportives, la location de matériel, la restauration rapide, connaissent un pic d'activité alors que les usines ferment pour un mois. La rupture des habitudes quotidiennes des habitants change le visage du pays.

Situation 2 : Les migrations entre la France et l'outre-mer

1. *Pour quelles raisons les sportifs doivent-ils migrer vers la métropole?*
Les infrastructures nécessaires à l'entraînement de haut niveau n'existent pas outre-mer. Les sportifs concernés, footballeurs, sprinteuses, épéistes, doivent donc venir en métropole pour parfaire leur formation et participer à des championnats professionnels.

2. *D'après le graphique, comment se répartit l'origine géographique des sportifs qui arrivent en métropole? Quelle explication peut-on donner?*
Plus de la moitié des sportifs (55 %) viennent des Antilles, les autres viennent à 15 % de la Réunion et de Mayotte, de Guyane et de la zone Pacifique (Polynésie et Nouvelle-Calédonie). La relative proximité des Antilles, à 6000 km de la métropole, facilite la venue des sportifs. La célébrité des champions originaires de ces DOM encouragent d'autres vocations dans leur île.

3. *Citez d'autres sortes de migrations entre la France et l'outre-mer.*
Les migrations entre la France et l'outre-mer peuvent être résidentielles. Elles concernent les habitants d'outre-mer qui viennent en métropole pour trouver un emploi, en particulier en Île-de-France où le niveau de vie est plus élevé. D'autres viennent pour faire leurs études, une formation professionnelle. Dans l'autre sens, les ultramarins installés en métropole retournent au pays au moment de la retraite. De nombreux métropolitains s'installent dans les DOM, attirés par la vie dans les îles, en particulier à la Réunion. Les métropolitains se déplacent pour des séjours touristiques, de croisière dans les mers chaudes.

Géographie – Sujet d'étude 9

L'Union européenne et ses territoires

Ce chapitre est le dernier sujet d'étude du programme consacré à la place de la France dans l'Union européenne. L'objectif majeur est de montrer que l'Union européenne est à la fois une construction géoéconomique (issue du traité de Rome, 1957) et également une construction géopolitique. Au fil de sa construction, de nombreux acquis communautaires (monnaie, sentiment européen, citoyenneté, défense des droits de l'homme...) se sont affirmés. L'Union européenne est un espace à géométrie variable : zone euro, espace Schengen, frontières mouvantes au fil des élargissements... Depuis plus d'un demi-siècle, l'Union européenne est une construction dynamique toujours en évolution, par le biais de débats actifs et nombreux. Les débats autour de l'élargissement et de l'évolution des frontières de l'Union européenne ainsi qu'Ariane, un grand projet européen, illustrent la complexité politique et économique de cette organisation supranationale.

Problématique générale du sujet d'étude

De la communauté économique européenne (traité de Rome, 1957) à l'Union européenne (traité de Maastricht, 1992), la construction européenne a abouti à la formation d'un espace géoéconomique et géopolitique original, en constante évolution, sujet de débats et d'interrogations. La France a contribué fortement à cette construction (*cf.* sujet 2 – Histoire) et joue toujours un rôle actif dans les discussions, les élargissements et l'institution des acquis communautaires. Le chapitre complète le sujet consacré à l'idée d'Europe au XXe siècle, mais s'en démarque pour présenter une puissance dont la complexité et la richesse résident en grande partie dans la diversité des territoires qui la composent. Les territoires sont des espaces économiques, sociaux et politiques, organisés par les sociétés qui les contrôlent. Les objectifs de la construction géopolitique et géoéconomique qu'est l'Union européenne sont de favoriser la diffusion de valeurs démocratiques et d'assurer le bien-être de sa population, tout en équilibrant ses territoires. L'Union européenne s'efforce, par des politiques communes fédératrices, de rendre ces territoires solidaires et complémentaires au-delà de leurs différences, pour renforcer sa puissance à l'échelle mondiale. Les débats majeurs actuels portent sur le renforcement du poids politique de l'Union européenne, sur la question de l'élargissement et sur l'évolution des politiques économiques communes. Le chapitre s'efforce d'aborder ces points à différentes échelles, avec des exemples précis permettant fréquemment de situer les territoires français au sein de l'espace européen.

Les pages d'ouverture illustrent les notions de construction géopolitique en pleine évolution et de construction géoéconomique, évoquant déjà quelques débats et la notion de territoire. La caricature de P. Kroll évoque avec humour la difficulté de gérer politiquement un ensemble si complexe et effleure les longs débats relatifs aux institutions, à l'élargissement et à la nature même de l'UE. Le bloc de timbres évoque des réalisations économiques, politiques et culturelles rendues possibles par le travail en partenariat des territoires européens; il aborde la notion d'acquis communautaire et présente quelques réussites de l'UE.

La situation 1 s'interroge sur la nature et les mutations des frontières de l'Union européenne. Le sujet permet d'aborder la dimension géopolitique et géoéconomique complexe de l'UE et de donner un exemple concret en liaison avec le débat sur l'élargissement des frontières. Il établit la distinction entre les frontières intérieures et extérieures, et leur traitement différent par le traité de Schengen.

La situation 2 porte plus spécifiquement sur la construction géoéconomique à travers un exemple de réussite dans le domaine de la haute technologie, rendu possible par la mise en commun des talents de nombreux territoires européens. Ariane est à la fois un succès commercial mondial de l'UE et la manifestation du déséquilibre latent entre les territoires des États membres de l'Ouest et ceux de l'Est, moins impliqués.

Le cours 1 aborde la construction géoéconomique de l'Union européenne, initiée avant la construction géopolitique, par la CEE (1957). Elles abordent, à travers le rappel des traités fondateurs (Rome, Maastricht, Schengen), l'élaboration progressive d'un marché commun et la nécessité conséquente d'essayer d'équilibrer les territoires qui en font partie et d'en réduire les disparités économiques. Des politiques communes fédératrices, réalisées ou en débat, illustrent les efforts déployés depuis un demi-siècle pour que les territoires européens tiennent une place prépondérante dans la mondialisation des échanges.

Le cours 2 aborde ensuite la construction géopolitique et les débats qui en découlent. Les acquis communautaires sont présentés (valeurs communes, sentiment européen, citoyenneté...), ainsi que l'aire d'influence politique actuelle des territoires de l'UE. L'étude enchaîne sur les débats qui entourent l'avenir de l'UE en tant que puissance politique mondiale : l'élargissement, la réforme des institutions, la politique extérieure et de défense commune. La gestion complexe des territoires est au cœur de chacun de ces débats.

L'Essentiel autrement et **l'Essentiel en carte** soulignent les idées principales du sujet d'étude et facilitent le travail de mémorisation des élèves. Un schéma synthétique, séparant une colonne consacrée à la construction géoéconomique et une autre à la construction géopolitique, fusionne les apports des deux parties du cours et réutilise les notions majeures. Un ensemble de cartes de l'Union européenne permet de mieux se représenter l'espace à géométrie variable de l'UE. Comme sur la page précédente, la première colonne présente en trois cartes la construction géoéconomique de façon spatiale (inégalités entre les territoires, zone euro, espace Schengen), la seconde colonne évoque la construction géopolitique en trois cartes (construction progressive historique, élargissements possibles, zone d'influence multiple). Les trois premières cartes décomposent les éléments majeurs de la carte synthétique de l'économie européenne pour lui être complémentaire (p. 138, doc 2) et le second ensemble remplit le même rôle face à la carte de synthèse sur la construction géopolitique (p. 140, doc 1).

La page **Capacités** permet, à travers une caricature relative à l'adhésion potentielle de l'Ukraine, de réexploiter les connaissances acquises autour du débat sur l'élargissement et ses conséquences. La question de l'évolution des frontières de l'UE et de sa zone d'influence vis-à-vis des puissances voisines est au cœur du document.

La page **Arts et Géographie** s'interroge sur la traduction artistique et culturelle de la construction européenne : comment l'art contribue-t-il à renforcer la solidarité entre les territoires qui constituent l'UE? Le sentiment européen passe-t-il par une culture commune ou par la valorisation de la diversité culturelle des territoires?

Les pages **Vers le Bac** conclut le sujet d'étude en insistant sur les grands points de vocabulaire et l'exploitation des savoirs acquis dans le cours et les pages de situation, ainsi que sur l'analyse documentaire en liaison avec le sujet d'étude. Ces pages proposent notamment de traduire en cartes des éléments majeurs à mémoriser, de commenter une caricature et une affiche en liaison avec les situations étudiées.

Ouverture (p. 132-133)

1. **(Doc 1)** *Décrivez les deux dessins présentés et aidez-vous de la frise : à quelles étapes de la construction européenne correspondent-ils?*
Le premier dessin correspond à l'Europe des Six fondée par le traité de Rome en 1957; l'Europe parle d'une seule voix, la CEE (Communauté économique européenne) marque le début de la construction européenne. Le second dessin est postérieur au traité de Maastricht (1992) qui fait évoluer la construction économique vers une construction politique avec la création de l'Union européenne. L'auteur représente l'UE à 27 en 2007, à sa dernière extension au moment de la réalisation du dessin. Les opinions sont devenues, en cinquante ans, différentes selon les moyens, les objectifs et la culture de chacun. Le dessinateur Pierre Kroll a choisi de représenter les territoires par leurs représentants dans l'UE, donnant ainsi la priorité à la donnée humaine sur la donnée purement spatiale.

2. **(Doc 1)** *Quel est le sens de la caricature? À quels débats actuels fait-elle allusion?*
La caricature invite à la réflexion autour de la construction politique européenne. En 1957, l'entente règne entre les six États fondateurs. Leurs objectifs sont communs; ce sont des puissances économiques en reconstruction après la Seconde

Guerre mondiale. En 2007, la CEE est devenue l'UE. Les territoires constituant l'UE sont plus nombreux, plus différents. Leurs moyens et leurs priorités ne sont plus totalement identiques, même si les objectifs de progrès communs, symbolisés par la table ronde où aucune priorité n'est donnée à un État, restent présents. Ce sont la diversité et la complémentarité qui soudent maintenant les États membres. La caricature est une allusion aux débats institutionnels (la réforme des institutions devient nécessaire pour gérer des territoires si nombreux et diversifiés) et à la question de l'élargissement (l'UE doit-elle continuer à s'élargir ou d'abord consolider ses acquis ?).

3. **(Doc 2)** *Expliquez la nature des projets présentés sur le document.*
La planche de timbres fait référence à la monnaie commune (l'euro, créé en 1992 et mis en circulation en 2002) et à la zone euro (espace de libre-échange). Elle souligne ensuite la solidarité politique et économique des États au sein d'un État supranational (les États nationaux apprennent à ne plus fonctionner seuls, notamment par une présidence de l'UE tous les six mois). Elle valorise la recherche et l'innovation de l'UE, qui investit dans la haute technologie (création du satellite Galileo, fruit de la mise en commun de savoir-faire européen). L'Europe de la mobilité et de l'enseignement esquissent un rapprochement culturel des territoires et des citoyens avec le projet Erasmus.

4. **(Doc 1 et 2)** *Quelles relations l'Union européenne essaie-t-elle de créer entre ses territoires ?*
L'UE essaie de faire de ses territoires un espace économique solidaire et complémentaire, un espace géopolitique capable de décider en commun, dans l'intérêt général, un espace culturel cohérent donnant le sentiment d'une véritable identité européenne. L'UE s'efforce de valoriser la diversité de ses territoires comme un atout, une richesse. L'importance des débats rappelle la base démocratique de l'UE.

Situation 1 : Les frontières de l'Union européenne (p. 134-135)

1. **(Doc 1)** *Comment évoluent les frontières de l'UE depuis 1957 ? Correspondent-elles à celles du continent européen ? Justifiez.*
La CEE (1957), ancêtre de l'UE (1992), s'étend d'abord aux frontières des six États fondateurs (France, RFA, Italie, Belgique, Luxembourg, Pays-Bas). Elles s'agrandissent de manière concentrique autour de ce groupe fondateur depuis 1973 (Royaume-Uni, Irlande, Danemark), avec une extension vers la Méditerranée dans les années 1980 (Grèce, Espagne, Portugal) et vers l'Est et le Nord en 1995 (Autriche, Finlande, Suède). L'extension se poursuit depuis 2004 vers l'Est (pays Baltes, Pologne, République tchèque, Slovaquie, Hongrie, Slovénie, sud de Chypre, Malte ; Roumanie et Bulgarie en 2007). Les frontières de l'Union européenne (27 États) ne correspondent pas à celles du continent européen, qui compte 51 États, mais elles pourraient le devenir à terme si le projet des pères fondateurs de 1957 aboutissait. L'idée initiale était, en effet, de former des « États-Unis d'Europe » qui couvriraient l'ensemble du continent. Certains États restent cependant hors de l'Union européenne, soit parce qu'ils ne remplissent pas toutes les conditions nécessaires à l'adhésion (ex. : la Croatie n'a pas encore le PIB nécessaire) ou parce qu'ils ne veulent pas adhérer (ex. : Suisse, Norvège).

2. **(Doc 2)** *En quoi la position internationale de l'UE changerait-elle si la Turquie y adhérait ?*
Si la Turquie devenait membre de l'UE, la position internationale de celle-ci changerait radicalement, car les frontières de l'UE se termineraient alors dans le Moyen-Orient (Syrie, Iran, Irak). L'UE deviendrait alors une puissance eurasiatique intégrée dans les conflits politiques, culturels et religieux de cette région du monde.

3. **(Doc 1 et 2)** *La Turquie peut-elle intégrer l'UE à l'heure actuelle ? Aidez-vous des critères de Copenhague et de la situation des frontières entre la Turquie et l'UE.*
Si l'on se réfère aux critères de Copenhague (1993), la Turquie ne peut pas intégrer l'UE à l'heure actuelle. Elle n'est pas pleinement un État européen puisque seule une petite partie de son territoire est localisée en Europe. La Turquie a fait de grands progrès dans le domaine démocratique mais l'UE n'a pas établi que le niveau soit suffisant dans ce domaine, en particulier en raison du traitement peu respectueux des droits de l'homme que certaines minorités nationales connaissent dans leur État (Kurdes ; refus de reconnaître le génocide arménien de 1915). Enfin, la Turquie est en conflit avec Chypre, membre de l'UE depuis 2004, dont elle a envahi le nord de l'île en 1976. Cependant, le PIB de la Turquie pourrait suffire. Intégrer la Turquie est toujours un sujet de débat ; elle représente un intérêt économique non négligeable (300 millions de consommateurs, un littoral touristique ouvert sur l'Europe, des échanges commerciaux massifs) ; de nombreuses communautés turques sont présentes dans les États membres ;

mais l'intégration de la Turquie impliquerait également une réforme institutionnelle pour laisser leur chance de s'exprimer aux petits États moins peuplés (la Turquie représente 300 millions d'habitants, l'UE en compte environ 500). L'intégration d'un premier État musulman dans l'UE aboutirait également à une réorientation culturelle de l'espace européen. L'UE a pour l'heure repoussé l'intégration éventuelle de la Turquie à la restauration de l'équilibre politique au Moyen-Orient. Elle ne souhaite pas une implication directe dans les conflits frontaliers actuels.

4. (Doc 3) *Quelles sont les conséquences du traité de Schengen pour les frontières?*
Le traité de Schengen abolit progressivement les frontières intérieures des États membres pour étendre au maximum les capacités du marché commun. L'absence de frontières intérieures implique une coopération judiciaire et policière accrue (pour surveiller les entrées légales ou illégales dans les territoires de l'UE et lutter contre la criminalité), ainsi qu'un renforcement de la surveillance des frontières extérieures. L'abandon des frontières intérieures s'est accompagné de la formation de nombreuses régions et partenariats transfrontaliers.

5. (Doc 3) *La frontière de Schengen se confond-elle avec les frontières de l'UE?*
La frontière de Schengen ne correspond pas à celle de l'UE car certains États membres refusent de renoncer à leurs frontières intérieures pour des raisons politiques et des choix économiques (ex. : Irlande, Royaume-Uni), alors que d'autres États, non membres, intègrent l'espace de Schengen pour profiter des avantages de la circulation libre des capitaux et marchandises (Suisse, Norvège, Islande...).

6. (Doc 3 et 4) *Comment l'UE gère-t-elle ses frontières extérieures? Pourquoi?*
L'UE renforce la surveillance des frontières extérieures pour veiller à l'application des politiques des États membres et de l'UE vis-à-vis des flux migratoires (les migrants hautement qualifiés sont les bienvenus, l'UE limite par des quotas l'entrée des migrants non qualifiés sur son sol). La caricature présente l'UE comme une forteresse qui refuserait l'accès à son espace à une immigration issue de pays en crise ou particulièrement touchés par la pauvreté. Bien que l'UE établisse les droits de l'homme et l'accueil des réfugiés politiques comme des valeurs majeures, elle doit gérer l'entrée de populations sur son sol en fonction de ses capacités économiques d'accueil (Plantu a republié cette caricature à l'occasion de l'arrivée massive de Tunisiens sur la côte italienne, dans le contexte des événements de mars 2011 en Tunisie). L'UE lutte particulièrement contre l'immigration clandestine, contre la criminalité et le trafic de marchandises illicites, ce qui nécessite une surveillance accrue de ses frontières extérieures et une solidarité de la part des services publics des États membres.

Pour conclure

Quels enjeux politiques et économiques représentent les frontières pour l'UE?

L'introduction peut définir la notion de frontière comme une réalité mouvante, en expansion. Les frontières peuvent être comprises dans ce sujet d'étude comme économiques et politiques. Une première partie évoque les vagues successives d'extension des frontières politiques de l'UE, au gré des adhésions. Elle doit montrer comment l'UE, initialement cantonnée à l'Europe de l'Ouest et à la mégalopole européenne, s'est étendue au Nord, aux rivages méditerranéens et, plus récemment, à l'Est pour accompagner la transition économique des États redevenus indépendants après la chute de l'URSS (1991). Les États candidats posent la question de l'élargissement des frontières de l'UE : peuvent-elles se confondre avec les frontières continentales? L'adhésion de certains États (Turquie, Ukraine, Moldavie...) ne risquerait-elle pas de changer les enjeux géopolitiques internationaux de l'UE en créant des tensions dans le Moyen-Orient et avec la Russie? Les critères précis de Copenhague doivent être rappelés pour montrer que l'UE n'est pas prête à étendre ses frontières sans obtenir des garanties en termes de valeurs (démocratie, droits de l'homme) et de niveau économique. Une seconde partie s'attache plus à la question des frontières économiques; le traité de Schengen et ses conséquences y est prépondérant. Si l'abandon des frontières intérieures est un atout facilitant l'expansion du marché commun (y compris à plusieurs États non membres) et la création d'eurorégions transfrontalières solidaires et rentables, il implique aussi une inquiétude et une réforme accrue des procédures de surveillance des frontières extérieures. Les douanes extérieures doivent limiter l'entrée de marchandises susceptibles de perturber le marché commun. Les frontières extérieures doivent aussi être gérées par des services publics solidaires issus des États frontaliers afin de limiter la criminalité, l'entrée de marchandises illicites et de canaliser les flux migratoires. La question d'une politique migratoire commune reste en débat. La conclusion doit insister sur la complexité de la notion de frontières;

l'expansion des limites de l'UE est sujette à de multiples débats, liés aux conséquences économiques et géopolitiques de celle-ci...

Situation 2 : Un grand projet européen : Ariane (p. 136-137)

1. **(Doc 1 et 2)** *Quelles sont les missions de la fusée Ariane 5 et de la société Arianespace?*
La société Arianespace est une firme transnationale européenne spécialisée dans l'astronautique. La fusée Ariane 5 est une réussite technologique européenne : elle est utilisée pour lancer des satellites en orbite géostationnaire; leurs missions sont diverses : scientifiques, géographiques, politiques, économiques... Arianespace réalise ainsi des expériences scientifiques, améliore les réseaux de télécommunication (télévision en haute définition, Internet, portables...). Les satellites permettent également des études météorologiques et cartographiques relatives à la planète. Enfin, les satellites lancés par Ariane 5 peuvent aussi observer et surveiller l'activité des populations, dans le but du maintien de la paix.

2. **(Doc 2 et 3)** *Montrez que le projet Ariane est une réussite économique à l'échelle de la Guyane et à l'échelle internationale.*
Le projet Ariane est une réussite économique comme en attestent ses retombées économiques positives pour l'Union européenne et pour ses actionnaires. Arianespace a placé en orbite la moitié des satellites commerciaux du monde entier, soit 285 satellites placés en orbite avec succès en trente ans; elle possède 78 clients dispersés dans le monde entier. Arianespace est aussi un succès pour la Guyane : second employeur après l'État, la société crée des emplois et propose des formations en liaison avec la haute technologie, la recherche et l'innovation; elle contribue ainsi à valoriser le DROM (département et région d'outre-mer).

3. **(Doc 3 et 4)** *Quels États et entreprises européens participent au projet? Pourquoi un tel partenariat est-il nécessaire?*
Les États impliqués dans le projet sont essentiellement les États les plus riches d'Europe de l'Ouest, groupés autour de la mégalopole européenne. Les nouveaux membres issus de l'Europe de l'Est n'ont souvent pas encore les moyens financiers ou technologiques nécessaires pour jouer un rôle majeur dans la société. En revanche, certains États européens non membres de l'UE (Suisse, Norvège) participent pour une faible part à l'entreprise, gage de succès pour celle-ci. Les entreprises les plus impliquées sont françaises (CNES) ou multinationales (ASTRIUM, qui fabrique et assemble l'essentiel des fusées). Un tel partenariat est nécessaire pour faire face aux coûts financiers et aux besoins en main-d'œuvre hautement qualifiée qu'impliquent de tels lancements. La solidarité entre actionnaires est aussi nécessaire face aux pertes éventuelles qui peuvent découler des échecs de lancement. La collaboration économique des États est nécessaire; elle consolide la construction géoéconomique de l'Union européenne.

4. **(Doc 2 et 5)** *En quoi ce projet européen est-il à la pointe de l'innovation technologique? Comment l'image traduit-elle cela?*
Ce projet européen rend un service rare à ses clients; il s'adapte à leurs demandes (lanceurs légers à lourds). Arianespace travaille dans la haute technologie, la recherche aérospatiale et les télécommunications. L'image montre la grande capacité de transport dont fait preuve la fusée (plus de sept tonnes de fret). Elle atteste de la haute technologie déployée dans la précision de ses interventions au laser, automatisées ou téléguidées, dans la puissance visible des moteurs... L'image est destinée à attirer le regard vers la modernité; l'Europe de l'Ouest y est omniprésente.

5. **(Doc 5)** *Comment s'impose-t-il face à la concurrence internationale?*
Arianespace s'impose face à la concurrence internationale par sa réputation de sécurité, de fiabilité, par son respect des délais impartis, par sa capacité d'adaptation aux besoins de sa clientèle. Elle offre de plus une gamme diversifiée d'activités et de missions. Elle reste compétitive par des investissements massifs dans la recherche, qui permettent des améliorations constantes (actuellement, Arianespace réfléchit à la possibilité de construire des modules de façon annuelle, de passer au transport de passagers...). Arianespace continue, en dépit de ses difficultés ponctuelles, à trouver les moyens financiers nécessaires pour saisir les marchés, particulièrement ceux que les concurrents (États-Unis, Russie, Chine, Japon) ont délaissés.

6. **(Doc 2 et 4)** *Citez deux limites cependant au succès d'Ariane.*
Arianespace rencontre cependant quelques limites. Les lancements ne sont pas toujours des succès (14 lancements échouent entre 2003 et 2010) car la précision technologique demandée n'est pas toujours simple à mettre en œuvre. D'autre part, la France et l'Allemagne dominent clairement la société, alors

que le projet Ariane se veut européen, et devrait donc faire participer les nouveaux membres... La répartition des investisseurs est loin d'être uniforme à l'échelle de l'espace européen, et doit donc être étendu pour donner une dimension géopolitique plus élargie au projet. Enfin, si les discussions entre scientifiques peuvent être fluides (l'anglais étant la langue internationale des sciences), les débats entre actionnaires sont parfois compliqués par l'obstacle de la langue et par le déséquilibre entre les intérêts de chaque État et société...

Pour conclure

Comment le projet novateur Ariane renforce-t-il la puissance mondiale européenne et la solidarité entre ses États membres?

L'introduction peut rappeler qu'Ariane est un lanceur civil de satellites initié par l'Agence spatiale européenne (1973) et que ses modèles n'ont cessé d'améliorer leurs performances et de stimuler la recherche scientifique dans ce but. Une première partie définit Arianespace et ses produits. Elle rappelle qu'Arianespace est une firme transnationale européenne, créée pour réaliser une politique commune dans le domaine industriel. Elle est à la pointe du progrès technologique et scientifique; elle se distingue par de nombreuses missions diversifiées qui attirent les investisseurs européens, particulièrement d'Europe de l'Ouest. Une seconde partie insiste sur le succès géoéconomique et technologique de l'entreprise. Les fusées Ariane sont un gage de réussite de la politique communautaire : sa clientèle est mondiale, elle a une place mondiale prépondérante pour ce marché novateur, face aux Russes, aux Chinois, aux Japonais et aux Américains. Le succès économique et technologique peut être rappelé : sécurité, fiabilité, précision, sérieux au niveau scientifique, intégration dans des commandes et projets internationaux (télécommunications, station spatiale internationale...). Un tel succès ne peut qu'accroître l'Union européenne en tant que puissance économique mondiale technologiquement avancée. Une troisième partie insiste sur le renforcement de la construction géopolitique de l'Union européenne à travers les activités de l'entreprise : la mise en commun des ressources, des savoir-faire et des formations (programme Erasmus) sont nécessaires. L'Union européenne a la volonté politique de soutenir un projet dont la rentabilité n'est pas nécessairement immédiate. La solidarité et le partenariat financier et politique des États membres est à souligner. L'implication progressive des nouveaux membres dans ce projet devrait permettre de rapprocher la solidarité et le partenariat entre les États membres. La conclusion souligne que le projet européen Ariane est un succès économique et technologique, un moyen de rapprocher politiquement les États membres et d'asseoir la place mondiale de l'Union européenne. Elle peut s'ouvrir aussi sur des réalités moins idylliques; en dépit de ces succès, l'entreprise doit lutter contre les erreurs humaines et les négligences qui peuvent aboutir à des échecs de lancement; elle doit encore intégrer de nouveaux investisseurs pour qu'Arianespace ne se limite pas aux seuls États d'Europe de l'Ouest. Elle doit soutenir la formation, la réactualisation des connaissances et les coûteuses politiques de recherche pour que les fusées produites restent compétitives...

Cours : Une construction géoéconomique (p. 138-139)

Des territoires ouverts aux échanges

1. **(Doc 1)** *Définissez le Marché commun. Rappelez les étapes de son développement.*

Le Marché commun est une zone de libre-échange, de libre circulation des personnes, des biens, des marchandises, des services et des capitaux. Après la Seconde Guerre mondiale, le partenariat entre les États d'Europe de l'Ouest, et particulièrement le rapprochement franco-allemand, s'ouvrent avec la CECA (Communauté économique du charbon et de l'acier) en 1951. Le succès du partenariat énergétique est alors étendu à toute l'économie en 1957 lors du traité de Rome entre les six membres fondateurs. L'objectif est de faciliter les échanges pour accélérer la Reconstruction et la hausse du niveau de vie des Européens. L'abolition des douanes intérieures, rappelée lors du traité de Maastricht, devient une réalité lors du traité de Schengen en 1995. Le partenariat économique donne naissance à un État supranational chargé de gérer la bonne entente et la solidarité entre les États membres. Chaque État, par le Marché commun, accède à un marché de consommateurs accru...

Des territoires à équilibrer

2. **(Doc 2)** *Où se trouvent les régions les plus riches de l'UE? Et les plus pauvres?*

Les régions les plus riches de l'UE se trouvent dans la mégalopole européenne, cœur économique et décisionnel étendu de l'Italie du Nord au bassin de Londres. L'Europe du Nord (Suède, Finlande, bassin de Londres) et l'Europe de l'Ouest (initiatrice du marché commun) disposent d'un PIB moyen par habitant nettement supérieur à la moyenne. Il s'agit des régions européennes les plus ouvertes sur le commerce international. Les régions les plus pauvres de l'UE se trouvent dans l'Europe de l'Est, où le PIB/habitant est plus faible, en raison de la crise liée à la chute de l'URSS et à la transition économique vers le capitalisme. Il existe donc toujours un déséquilibre fort entre l'Europe de l'Ouest et l'Europe de l'Est, mais il s'amoindrit grâce aux efforts de l'UE.

3. **(Doc 2)** *Quels pays membres de l'UE n'appartiennent pas à l'espace Schengen? À la zone euro? Pourquoi?*
L'espace Schengen est le résultat du traité de 1995 qui abolit les frontières intérieures entre les États membres et renforce les frontières extérieures, afin de faciliter le développement des échanges à l'intérieur de l'UE et donc la formation d'un marché commun solide. L'euro est la monnaie forte commune de l'UE destinée à faciliter les échanges internes au marché commun (sans taxes liées au taux de change) et à protéger l'UE d'une partie de la concurrence mondiale. Les États membres de l'UE qui n'appartiennent pas à l'espace Schengen sont des États d'Europe du Nord (Royaume-Uni, Irlande) et d'Europe de l'Est (Roumanie, Bulgarie). Ceux qui n'appartiennent pas à la zone euro sont des États d'Europe du Nord (Royaume-Uni, Danemark et Suède) et de l'Est (Lettonie, Lituanie, Pologne, République tchèque, Hongrie, Roumanie, Bulgarie). Certains de ces États ne veulent pas intégrer la zone euro pour garder une monnaie forte et nationale gérée par eux seuls (Royaume-Uni) ou l'espace Schengen pour protéger leur marché intérieur contre la concurrence extérieure (Europe du Nord). D'autres (Europe de l'Est) n'ont pas encore atteint le niveau et la stabilité économique requis pour intégrer l'union douanière et adopter l'euro; ils risqueraient avec l'ouverture des frontières des départs massifs vers l'Europe de l'Ouest à la recherche d'emplois mieux rémunérés et avec l'euro une concurrence économique ingérable liée à la différence de leur niveau de vie avec l'Ouest.

4. **(Doc 3)** *Quelles activités sont soutenues par l'UE selon l'affiche? Pourquoi?*
L'UE soutient de nombreux projets par des subventions. L'affiche porte sur la région Poitou-Charentes. Elle montre les aides européennes qui portent sur des activités traditionnelles (agriculture, pêche) et sur des activités de haute technologie (chimie). L'Union européenne investit dans la création d'emplois et dans la protection de l'environnement. L'UE participe à la valorisation des ressources des territoires afin de les rendre compétitifs et attractifs. Le développement des territoires contribue ainsi à faire de l'UE une puissance économique mondiale.

5. **(Doc 3)** *Comment l'UE réduit-elle les inégalités de richesse entre ses territoires?*
L'UE s'efforce de compenser les inégalités de richesse en participant à l'aménagement des territoires et à la valorisation des ressources de ceux-ci. Les aides portent principalement sur la création d'emplois dans les territoires moins favorisés et dans le développement d'activités innovantes et compétitives (haute technologie). L'UE joue un rôle actif dans la formation de partenariats interrégionaux, transfrontaliers et transnationaux. Elle encourage la formation d'eurorégions, de pôles de compétitivité et également de partenariats entre les territoires afin de mettre en commun les savoir-faire et les ressources (ex. : intercommunalités, solidarité entre les territoires ruraux ou urbains, aides aux projets...). Les projets qui découlent de ces partenariats participent à la réduction des inégalités entre les territoires (répondant ainsi à l'enjeu d'équité territoriale de l'aménagement des territoires) et au désenclavement des espaces isolés. Surtout, l'UE essaie d'inclure les territoires en difficulté dans des politiques communes destinées à élargir leur potentiel et à les aider à se développer (ex. : PAC, transports...).

Des politiques communes fédératrices

6. **(Doc 4)** *Le réseau transeuropéen suit-il une logique nationale ou européenne? Quels espaces sont moins bien desservis?*
Le réseau transeuropéen suit une logique européenne. Les axes principaux (localisés dans la mégalopole européenne) relient l'Europe du Sud à celle du Nord. De nouveaux axes terrestres sillonnent l'Europe d'ouest en est. Les axes maritimes s'efforcent de relier les États membres pour faciliter le commerce interne à l'UE. La France a, depuis Louis XIV, un réseau en étoiles centré sur Paris. Les nouveaux axes transeuropéens ne passent plus nécessairement par la capitale. La France s'intègre à de nouveaux réseaux à portée européenne (Lyon et Lille sont particulièrement bien placés dans l'extension des réseaux avec la mégalopole européenne; le tunnel sous la Manche est un axe récent et actif). Cependant, le réseau n'est pas homogène; la concentration est maximale dans le nord-ouest de la mégalopole européenne, du bassin de Londres à la Bavière en passant par la Belgique et les Pays-Bas. Cet espace transnational rassemble les métropoles européennes les plus dynamiques (Paris, Francfort

et Londres ont une portée mondiale, Rotterdam et Hambourg sont des ports d'ampleur internationale). Les axes principaux de la mégalopole (Londres-Lille-Paris-Lyon-Marseille et Amsterdam-Londres-Bruxelles-Francfort-Milan) sont encadrés par un réseau de communication dense. Plus on s'éloigne de ces axes, plus la densité des réseaux urbains et des réseaux de communication se réduit. Plus on s'éloigne de la mégalopole européenne, cœur des activités et décisions économiques modernes de l'UE, plus les réseaux s'allègent... Cette situation répond à des besoins (la densité de population et d'activités de la mégalopole justifie un tel réseau), mais doit aussi être améliorée pour valoriser les espaces économiques moins favorisés : l'Europe du Sud-Ouest et surtout l'Europe de l'Est et la Scandinavie. Ces espaces moins bien desservis sont des territoires moins compétitifs (l'Europe de l'Est est toujours en train de se remettre à niveau depuis la chute de l'URSS) ou moins peuplés et moins urbanisés (l'Espagne, le Portugal et la Scandinavie sont excentrés, éloignés des grands axes de circulation; la Scandinavie est peu peuplée et se contente donc d'un réseau terrestre et urbain moins important).

7. (Doc 5) *Quels sont les objectifs de la PAC pour l'UE? Montrez qu'ils s'inscrivent dans les politiques européennes qui concernent le développement durable et l'Europe sociale.*

L'UE a d'abord encouragé, par la Politique agricole commune, la productivité à tout prix en soutenant l'agriculture mécanisée et intensive. L'objectif en 1962 était de nourrir l'Europe et de la rendre autosuffisante après les privations de la Seconde Guerre mondiale et des premiers temps de la Reconstruction. Depuis la réforme de 1992 (coordonnée avec le traité de Maastricht qui fonde l'Union européenne), l'UE a réorienté ses subventions vers la production d'une agriculture de qualité, respectueuse de l'environnement. L'UE dénonce les excès du productivisme : l'usure des sols, la pollution (engrais, insecticides...), l'épuisement des nappes phréatiques, les excès de certains organismes génétiquement modifiés qui ont entraîné des crises sanitaires... L'UE est désormais inscrite dans le cadre du développement durable; produire en quantités satisfaisantes mais par l'agriculture raisonnée. Elle soutient l'usage de techniques agricoles économes des ressources (irrigation au goutte à goutte, machines non polluantes, engrais naturels...). Elle protège également les paysages ruraux et surveille la qualité des produits. La PAC contribue également à l'Europe sociale. L'UE s'efforce de protéger l'emploi rural qualifié, notamment en appliquant une politique douanière qui limite la concurrence extérieure (en particulier des PED) et privilégie les produits européens. La PAC se heurte cependant fréquemment à des débats et des critiques relatives au marché agricole unique, qui n'arrive pas à limiter la concurrence entre agriculteurs européens, et à l'insuffisance des subventions face à la mondialisation des échanges en matière de produits agricoles.

Cours : Une construction géopolitique (p. 140-141)

Des acquis communautaires

1. (Doc 1 et 2) *Quels critères un État doit-il remplir pour appartenir à l'UE? Pourquoi?*
Le sommet de Copenhague (1993) fixe des conditions pour adhérer à l'UE. Il établit qu'un État membre doit être un État de droit, respectueux des droits de l'homme et des valeurs démocratiques. Il doit être stable politiquement et ne pas être en conflit avec un autre État membre, afin de maintenir la solidarité et la paix à l'intérieur de l'UE. Il doit posséder une économie de marché de bon niveau et stable afin de pouvoir s'intégrer aux projets communs (PIB et PIB/habitant élevés, d'au moins 20 000 $/habitant/an). Des aménagements peuvent être planifiés pour les États en crise économique (aide et solidarité des membres de l'UE pour la Grèce et le Portugal après la crise de 2008) et les États d'Europe de l'Est en transition économique et en cours de développement rapide. Leur entrée dans la zone euro et dans l'espace Schengen se fait progressivement, à mesure que leur développement économique le leur permet. Les États membres doivent pouvoir souscrire aux projets et aux objectifs communs de l'UE, à l'union politique, économique et monétaire... (ex. : les objectifs de développement durable définis au sommet de Poznan en 2008 : réduire de 20 % les émissions de gaz à effet de serre, consommer 20 % des dépenses énergétiques en énergies renouvelables et économiser 20 % d'énergie d'ici à 2020). Les États membres doivent théoriquement appartenir au continent européen. Des critères communs entre les États membres sont nécessaires pour harmoniser les lois, constituer un droit européen commun et permettre des partenariats entre des territoires en paix. De plus, l'UE entend créer un sentiment européen commun (symbolisé en 1992 par la citoyenneté européenne) qui crée un attachement durable des Européens à l'État supranational. Un tel objectif ne peut être atteint que si des valeurs communes existent. L'UE

est difficile à gérer à 27. Elle doit aujourd'hui vérifier, à chaque nouvelle adhésion, que celle-ci ne risque pas de gêner l'application de ses politiques communes...

2. **(Doc 2)** *Quelles sont les principaux symboles de l'UE ? Quelle est leur utilité ?*

L'affiche met en avant la Fête de l'Europe, le 9 mai, établie en souvenir du 9 mai 1950, date à laquelle Robert Schuman, l'un des pères fondateurs de l'Europe, formule l'idée d'une Europe unie. Cette fête commémore chaque année la création de la CEE puis de l'UE. L'affiche met en avant d'autres symboles : les six étoiles font référence aux six États fondateurs de la CECA et de la CEE – elles sont aujourd'hui douze sur le drapeau européen, sur un fond bleu qui est repris sur le document. La portée fait référence à *l'Hymne à la joie* de Beethoven *(Neuvième Symphonie)* choisie comme hymne européen. La devise « Unie dans la diversité » n'est pas sur l'affiche, mais est exprimée par le profil uni de divers monuments qui font la célébrité de l'Europe (tour Eiffel, Panthéon, Colisée, Tour de Pise...) et dans la foule en liesse au bas de l'affiche. Ces symboles stimulent le sentiment européen et l'attachement à la construction européenne. Ils fortifient l'unité des citoyens européens en leur donnant un passé commun (marqué par des événements fondateurs, comme le traité de Maastricht) et une culture commune fondée sur la tolérance, le respect des différences et des droits de l'homme. Ils permettent de rappeler les circonstances de la naissance de l'Union européenne, son ancienneté et son évolution.

Jusqu'où élargir l'Union européenne ?

3. **(Doc 1 et 4)** *Quels États souhaitent intégrer l'UE ? Quels problèmes peut entraîner un élargissement trop rapide ?*

Plusieurs États issus de l'ex-Yougoslavie souhaitent, sur le modèle de la Slovénie (entrée en 2004), intégrer l'UE : Croatie, Bosnie, Monténégro, Kosovo, Macédoine, Serbie. La Croatie doit intégrer l'UE en juillet 2013 mais les autres États ne remplissent pas les conditions économiques nécessaires et n'ont pas tous atteint la stabilité politique, mise à mal par la guerre en ex-Yougoslavie (1991-2001). L'Islande, membre de l'espace Schengen, a entamé la procédure en 2009. Elle dispose de la stabilité politique et démocratique et d'un PIB/habitant élevé. La Turquie remplit les conditions économiques nécessaires, mais plusieurs débats se dressent contre sa candidature (occupation de Chypre, membre de l'UE ; refus de reconnaître le génocide arménien ; question des droits de l'homme et du respect des minorités telles que les Kurdes ; faible territoire sur le continent européen...)

Par le partenariat oriental (2009), l'Ukraine, la Moldavie et la Biélorussie figurent parmi les candidats potentiels sur le très long terme. Ces États souhaiteraient un rapprochement avec l'UE qui leur permettrait de se détacher de l'influence de la Russie et d'accélérer leur développement. Leur niveau de développement économique est toutefois encore très faible et les régimes politiques ne sont pas suffisamment stables.

Un élargissement trop rapide et mal maîtrisé peut engendrer des problèmes politiques, économiques et sociaux importants. Aux tenants de l'élargissement s'opposent ceux qui préfèrent consolider les acquis communautaires dans les États membres. Ajouter de nouveaux membres dont le PIB est faible implique à court terme des aides financières pour les aider à accélérer leur développement. Intégrer des États en instabilité politique (ex. : Ukraine, Biélorussie) peut entraîner des conséquences géopolitiques dont il faut être conscient (tensions avec la Russie). Accepter l'adhésion d'États très différents culturellement, économiquement et politiquement implique une longue adaptation aux lois européennes qui peut fragiliser l'harmonie de l'UE. L'élargissement doit être mesuré et observé dans toutes ses conséquences. Certains proposent que tout élargissement soit soumis à un référendum, et non à la décision des conseils et de la Commission européenne. L'addition de nouveaux membres pose en plus la question de la réforme des institutions, qui doivent s'adapter à des prises de décision à 27 et plus...

4. **(Doc 1)** *Comment agrandir l'UE autrement que par de nouvelles adhésions ?*

L'Union européenne essaie de trouver des solutions (politique européenne de voisinage, union pour la Méditerranée) qui accroissent ses échanges, notamment économiques, sans passer nécessairement par de nouvelles adhésions. Dans certains cas, il peut aussi s'agir d'un prélude à l'adhésion, qui permette d'aider au développement économique d'un candidat (ex. : partenariat oriental). Les politiques de partenariat et de voisinage peuvent créer une aire d'échanges et d'enrichissement mutuel avec les États pauvres du continent et de l'espace méditerranéen, sans les intégrer politiquement.

Mais bien des candidats à l'adhésion (ex. : Turquie) refusent cette liaison partielle, sans rôle politique ni programme de développement. De plus, ces politiques sont menacées par le contexte géopolitique actuel (mouvements de protestation politique et sociale en Afrique du Nord et au Moyen-Orient dès février 2011 (Tunisie, Libye, Égypte...), tensions persistantes entre Israël et la Palestine, conflit d'influence avec la Russie à propos du partenariat oriental...). Les partenariats sont prévus avec des États stables politiquement et respectueux des droits de l'homme. Tant que la paix ne sera pas rétablie dans ces États, ces projets risquent d'être mis en attente... L'ambition de soutien à l'expansion de la démocratie dans les États voisins rend les politiques de partenariat d'autant plus importantes dans le contexte actuel. Le poids politique de l'Union européenne et sa capacité à influer sur sa politique étrangère sont donc décisifs pour l'avenir de ces projets.

Améliorer la gestion des territoires

5. (Doc 3 et 4) *Comment le rôle des citoyens de l'UE évolue-t-il ? Pourquoi ?*

Les citoyens ont une part croissante, au fil des réformes, dans les orientations politiques de l'UE. Pendant longtemps, les Européens ont reproché à l'UE d'être trop distante, trop complexe dans son fonctionnement. Le traité de Lisbonne réforme les institutions en 2010. Il donne plus de pouvoir au parlement, élu au suffrage universel direct par les citoyens. Il crée l'initiative citoyenne européenne : des citoyens débattent et peuvent soumettre leurs conclusions et revendications à la Commission européenne. Les débats divisent les tenants de l'élargissement, de l'Europe sociale, de l'Europe sécuritaire, les eurosceptiques... L'UE renforce son adhésion au système démocratique en prenant davantage d'avis en considération. L'UE essaie également d'intéresser les citoyens européens aux débats en cours ; les lois européennes seront d'autant plus faciles à appliquer que leurs tenants et aboutissants seront plus connus. Les réformes récentes ont accru le rôle des citoyens afin de lutter contre les abstentions aux élections législatives européennes et afin de consolider le sentiment européen.

6. (Doc 3) *En quoi le dessin de F. Deligne illustre-t-il le texte ? Quel débat évoque-t-il ? Quel danger dénonce-t-il ?*

Le dessin de F. Deligne montre un château de cartes ; toutes les cartes portent au revers le drapeau européen, à l'endroit un drapeau d'un État membre. F. Deligne dénonce la fragilité de l'UE en tant qu'assemblage d'États. Il lui manque des institutions solides pour cimenter l'unité. La comparaison avec le château de cartes est liée à l'ampleur des débats, qui peuvent, à terme, changer la forme actuelle de l'UE. Le dessin illustre également le texte dans la mesure où il souligne l'importance de l'Europe des peuples et des nations dans la construction européenne. Le dessin évoque à la fois la question de la gouvernance de l'UE et le débat sur les limites de l'élargissement (à chaque élargissement, le château peut s'écrouler ; une réflexion approfondie est nécessaire avant chaque nouvelle adhésion). L'auteur met en garde contre un élargissement trop précipité et mal maîtrisé. Il souligne aussi la difficulté de contrôler l'UE à 27 et suggère implicitement la nécessité d'adapter les institutions à l'évolution de l'UE.

7. (Doc 1, 4 et 5) *Quelles sont les forces et les faiblesses de la politique générale de l'UE ? Et de sa politique extérieure ?*

Les forces de la politique générale de l'UE résident dans l'addition des nombreux talents que comptent les 27 États membres. Leurs valeurs sont solides (respect des droits de l'homme, démocratie), le niveau de vie moyen est élevé. Leur influence dépasse largement les frontières extérieures de l'UE par la politique de voisinage, le partenariat oriental et l'Union pour la Méditerranée. Leur choix de sensibiliser davantage les citoyens renforce le sentiment européen. Les politiques de subvention et les politiques communes réduisent progressivement les inégalités entre les territoires et favorisent leur compétitivité et leur cohésion. Cependant, les faiblesses majeures résident autour de la gestion de la diversité des opinions des citoyens, de la multiplicité des visions de l'Europe (doc 4). L'UE peine à trouver des institutions capables de faire entendre tout le monde, grands comme petits États, sur un pied d'égalité. La gestion de 27 États est complexe ; l'harmonisation des lois à l'échelle européenne est difficile. La difficulté à prendre des décisions qui satisfassent tout le monde se retrouve particulièrement dans la politique de défense, et dans la politique extérieure. Les tentatives de former une armée européenne commune se heurtent aux profondes différences de conception, aux obstacles de la langue, aux moyens financiers investis dans ce domaine par les États membres : l'Eurocorps est plus symbolique qu'opérationnel. À l'extérieur, le traité de Lisbonne a établi un haut représentant des Affaires étrangères et de la Sécurité. Mais les politiques étrangères nationales continuent à exister en parallèle et parfois en opposition avec la position de l'UE (ex. : division des États membres lors de l'intervention américaine en Irak en 2003). Les décisions radicales, face aux grands conflits internationaux, sont difficiles à prendre, comme l'ont montré encore les hésitations lors des événements du printemps 2011 en Libye, en Tunisie, en Égypte et au Moyen-Orient. L'UE continue à intervenir à travers l'ONU et l'OTAN. Former une politique étrangère et de sécurité commune est pourtant un enjeu important pour l'avenir de l'UE, si elle veut s'affirmer comme une grande puissance politique internationale.

Essentiel autrement – Essentiel en cartes (p. 142-143)

Observez cet organigramme et les cartes (p. 143) : en quoi l'UE est-elle une grande puissance économique et politique ? Quelles difficultés doit-elle encore surmonter dans la gestion de ses territoires ?

L'Union européenne est une grande puissance économique depuis la fondation du marché commun et de la CEE en 1957 (traité de Rome). Ses consommateurs sont nombreux, la diversité des biens et des services proposés est importante. La libre circulation des personnes (main-d'œuvre qualifiée) et des capitaux est un atout de poids pour améliorer l'efficacité des entreprises. L'UE soutient tous les secteurs d'activité de ses États membres. L'UE est une grande puissance agricole exportatrice. Elle investit beaucoup dans la recherche et dans la haute technologie (ex. : deux succès aéronautiques : la fusée Ariane et le satellite de communications Galileo). Elle possède de grands sites financiers internationaux (Paris, Londres, Francfort siège de la Banque centrale européenne). Elle est une grande puissance commerciale internationale dotée de firmes transnationales significatives (Renault-Dacia, Adidas...). Elle est une grande puissance touristique par la richesse de son patrimoine culturel, la diversité de ses paysages, de ses façades maritimes et de ses reliefs. Elle possède une monnaie forte (l'euro) et une politique de solidarité qui vise à rééquilibrer les États membres en difficulté économique. Elle applique des politiques communes destinées à améliorer la cohésion des territoires et la puissance européenne (réseaux transeuropéens de transport, PAC...). Elle agrandit son influence par des accords de développement et d'échanges mutuels avec les États voisins (politique de voisinage, Union pour la Méditerranée, partenariat oriental). Toutefois, des inégalités économiques fortes subsistent encore entre les territoires. Plusieurs États membres (Europe de l'Est) ne peuvent adhérer à l'espace Schengen ou à la zone euro, faute d'un niveau économique suffisant. Les aides européennes sont nécessaires au développement de ces États.

L'Union européenne est une puissance politique importante par son rôle humanitaire, par ses prises de position en faveur de la défense des droits de l'homme et de la diffusion de la démocratie dans le monde. La citoyenneté européenne crée chez les Européens un sentiment commun d'attachement à l'État supranational. L'UE intervient souvent à l'échelle internationale dans un rôle de médiation, soit sous sa propre autorité, soit sous le patronage de l'ONU. Cependant, elle se heurte encore à un certain nombre de difficultés. Elle peine à s'exprimer d'une seule voix à l'échelle internationale et, en cas de désaccord, les diplomaties nationales n'hésitent pas à s'opposer à la position européenne. Elle ne possède pas d'armée commune et dépend encore de l'OTAN et des politiques de défense nationale pour assurer sa sécurité. Ses institutions sont encore à améliorer pour gérer plus efficacement les positions diverses des 27 États membres (le traité de Lisbonne a amélioré certains points, mais la réforme n'est pas encore achevée). Elle est traversée de nombreux débats politiques, relatifs à la forme politique à venir de l'UE (Europe fédérale ou Europe des nations ?) et à la question de l'élargissement à de nouveaux membres (L'UE doit-elle se confondre avec l'Europe ? L'élargissement ne risque-t-il pas de creuser les difficultés déjà présentes ?).

Capacités : Étudier une caricature (p. 144)

L'Ukraine en partage ?

1. *Qui est l'auteur de la caricature ? Quel en est le sujet principal ?*

L'auteur de la caricature est Patrick Chappatte, un dessinateur de presse suisse qui publie fréquemment dans le journal *Le Temps*. La caricature porte sur la situation actuelle de l'Ukraine, devenue indépendante de l'URSS lors de sa chute en 1991. L'Ukraine, désireuse de sortir de la zone d'influence russe, envisage à terme de rejoindre l'Union européenne, ce qui suscite des tensions politiques en Europe.

2. *Quel est le contexte politique de l'UE en 2004 ?*

En 2004, date de réalisation de la caricature, l'UE a intégré dix nouveaux États, dont huit États d'Europe de l'Est redevenus indépendants après la chute de l'URSS en 1991. Cette intégration est l'aboutissement d'une longue politique de subventions et d'aides au développement entamée dans les années 1990 par l'UE. L'Ukraine est un État frontalier de la Pologne et de la Slovaquie intégrées en 2004 dans l'UE.

3. *Quels États figurent sur la caricature ? Aidez-vous de la carte et des données pour comparer ces États.*

Les États présents sur la caricature sont l'Union européenne et la Russie, figurés par de grands panneaux de taille comparable, et l'Ukraine, symbolisée par un petit panneau pris entre les deux grands. L'UE est un État supranational, un des membres de la Triade; son PIB est un des plus grands du monde, son IDH est très élevé; il s'agit d'un PID. La Russie, née de la chute de l'URSS, s'efforce de sortir de la crise économique entamée dans les années 1980 en raison des dépenses d'armement liées à la guerre froide. Elle a des difficultés économiques importantes mais s'est affirmée comme un PID. L'Ukraine est un ancien État de l'URSS, marqué lui aussi par la crise économique russe. Elle est devenue un régime démocratique et parlementaire, proche des valeurs de l'UE, mais dotée d'un PIB/habitant faible, inférieur aux membres de l'UE (même aux États de l'Est récemment intégrés) et d'un IDH inférieur à celui de l'UE (en moyenne 0,9).

4. *Quels personnages apparaissent? Que font-ils?*

À gauche, apparaît un fonctionnaire européen; il trace la frontière européenne avec un pinceau et de la peinture. À droite, apparaît un fonctionnaire soviétique. Son visage rappelle Vladimir Poutine, ancien président et actuel Premier ministre russe. Lui, trace la frontière russe avec des barbelés, évocation de régimes peu démocratiques qui gouvernent par la force. L'Ukraine est le point d'aboutissement des deux frontières. Les deux hommes se heurtent autour de l'Ukraine.

5. *Comment l'auteur représente-t-il les frontières de l'Ukraine?*

Les frontières de l'Ukraine sont administratives, côté européen. Elles n'empêchent pas les échanges, contrairement aux «barbelés», frontière militaire et surveillée du côté russe. P. Chappatte accuse la Russie par ce dessin de ne pas être aussi démocratique qu'elle le proclame... et de vouloir retrouver la domination qu'elle exerçait sur l'Ukraine à l'époque de l'URSS.

6. *Pourquoi l'Ukraine veut-elle se rapprocher de l'UE? Peut-elle y adhérer? Quelle autre possibilité existe-t-il?*

L'Ukraine veut se rapprocher de l'UE pour échapper à l'influence de la Russie qui cherche à l'entraîner à nouveau dans sa sphère d'influence. Elle ne peut pas adhérer à l'UE à l'heure actuelle car, si le pays est devenu démocratique et ouvert à l'économie de marché, son PIB/habitant et son IDH sont trop faibles. Il lui reste la possibilité du partenariat oriental, qui permet d'établir des échanges avec l'UE et d'obtenir des aides européennes pour développer la démocratie et l'économie avec la possibilité à terme d'une intégration.

7. *La caricature permet-elle de savoir si l'UE souhaiterait un rapprochement ou une adhésion avec l'Ukraine? Justifiez votre réponse à l'aide de vos connaissances sur l'élargissement de l'UE.*

La caricature ne répond pas directement à cette question. Les deux puissances se rencontrent autour de l'Ukraine, se regardent d'un air de défi, mais l'heure ne semble pas au conflit. L'UE est partagée sur la question. Certains Européens estiment que les derniers élargissements ont été trop rapides et qu'il vaut mieux accompagner les dernières adhésions plutôt que d'en ajouter des nouvelles. D'autres craignent les tensions qui naîtraient avec la Russie. D'autres enfin voient dans le rattachement de l'Ukraine une étape supplémentaire vers l'extension de l'UE sur le continent tout entier. Le débat reste ouvert.

8. *Expliquez le sens du document. Montrez-en les limites.*

Le document présente avec humour un sujet sensible dans l'UE : la question de l'élargissement. L'UE doit-elle poser des limites à son extension ou s'étendre sur tout le continent? Quelle politique étrangère commune doit-elle être capable de mener si des tensions apparaissent avec les États voisins? L'UE propose actuellement des partenariats économiques dans un premier temps, destinés à mettre à niveau l'État candidat, avant de l'intégrer. Le document montre également que la Russie étend de son côté son influence vers l'Ouest et dispose d'un marché commun, la CEI (Communauté d'États indépendants). Les deux puissances se rejoignent, et deviennent frontalières (pays Baltes, Finlande). Le cas de l'Ukraine évoque celui des GUAM (Géorgie, Ukraine, Azerbaïdjan, Moldavie) et également de la Biélorussie, petits États en difficulté économique qui hésitent à entrer dans de nouvelles associations alors qu'ils connaissent depuis peu l'indépendance. Tous ces États essaient cependant d'échapper à l'influence ancienne de la Russie et à préserver leur autonomie. Le document n'apporte cependant pas toutes les réponses. S'il évoque la question ukrainienne et les rivalités d'intérêt qui la concernent, il n'apporte pas de réponse ni d'opinion sur la conduite à tenir et n'enrichit pas le débat à ce sujet. Le document n'est compréhensible qu'avec une carte et un commentaire sur l'Ukraine, dont la situation est peu connue en Europe de l'Ouest.

Arts et Géographie : Une expression artistique européenne commune ? (p. 145)

1. (Doc 1) *Observez et décrivez l'affiche : les couleurs des rubans, leur position et leur mouvement. Qu'expriment-ils ? Pourquoi ?*
Les couleurs des rubans représentent les drapeaux des 27 États membres. Les rubans sont mêlés les uns aux autres pour montrer la qualité et la vitalité de la création artistique européenne. Leur mélange montre qu'une nouvelle force créatrice émerge de cette Union européenne. L'exposition comme l'œuvre affichée contribuent à diffuser l'existence d'une culture européenne commune, fondée sur la solidarité entre les États membres.

2. (Doc 2) *Quelles idées ces pièces mettent-elles en valeur ? Pourquoi ?*
Ces pièces soulignent les valeurs européennes fondatrices (droits de l'homme, tolérance et dialogue interculturel avec respect de la diversité culturelle, traité de Rome) pour renforcer le sentiment d'appartenir à un ensemble géoéconomique et géopolitique structuré commun. L'usage quotidien de l'euro permet aussi de rappeler constamment et inconsciemment aux Européens qu'ils disposent de la citoyenneté de l'UE.

3. (Doc 1 et 2) *En quoi ces expressions artistiques peuvent-elles se rapprocher les territoires et les citoyens de l'UE ?*
Ces expressions artistiques soulignent l'appartenance commune à un État supranational. Ces œuvres veulent diffuser un sentiment d'unité, de valeurs communes à travers la zone euro. Les pièces sont appelées à une diffusion européenne et sont reproduites dans ce sens dans tous les États de la zone euro, ce qui ne peut qu'interpeller les citoyens qui utilisent quotidiennement cette monnaie. La volonté de fédérer la créativité européenne autour d'une exposition qui fait intervenir tous les États membres relève du même dynamisme. L'exposition commune et la monnaie commune renforcent le sentiment de solidarité, de faire participer tous les territoires et citoyens des États membres au renforcement de la position de l'Europe comme puissance artistique et culturelle mondiale, moderne et novatrice.

Vers le Bac (p. 146-147)

1. Le sujet d'étude (p. 146)

1. *Reliez les traités aux dates, aux acquis et aux projets européens correspondants (un traité peut correspondre à plusieurs acquis et projets).*

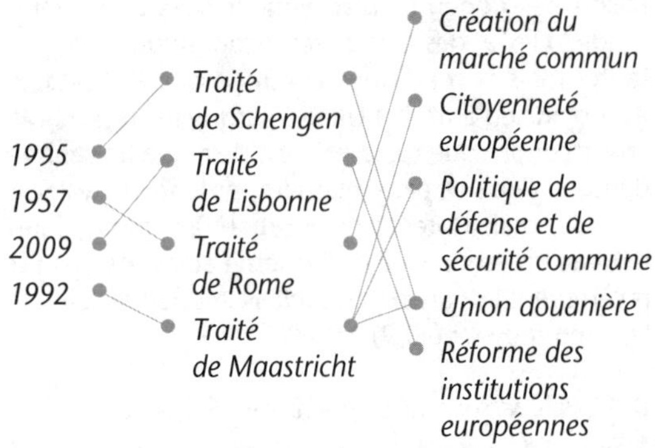

2. *Expliquez la devise de l'Union européenne : « Unie dans la diversité ».*
La devise mentionnée signifie que l'UE est diverse, car elle se compose de beaucoup de territoires différents économiquement, culturellement…
Cependant, au-delà de cette diversité existe la volonté de bâtir ensemble et d'avancer ensemble vers un État unique avec des acquis communs, symbolisés par la citoyenneté européenne notamment. La diversité, loin d'être vécue comme un handicap, est vue comme une force, comme une capacité d'enrichir les débats et les réflexions.

3. *Citez deux acquis économiques et deux acquis politiques qui caractérisent l'UE.*
L'UE peut se caractériser par des acquis économiques (monnaie unique, union douanière) et par des acquis politiques (citoyenneté européenne, respect de la démocratie et des droits de l'homme).

4. *Cochez les réponses qui conviennent. Donnez un exemple ou une justification.*
a. Faux : les États membres ont des niveaux économiques différents ; les pays de l'Est récemment intégrés sont toujours en développement économique après la chute de l'URSS.
b. Faux : Les frontières de l'UE rassemblent les 27 États membres, alors que les frontières de l'Europe sont celles du continent, elles vont théoriquement jusqu'à l'Oural et le Caucase et englobent 51 États.
c. Vrai : des États non membres de l'UE appartiennent à Schengen (Islande, Suisse, Norvège…) et à l'inverse des États membres n'en font pas partie (Royaume-Uni, Irlande).

d. Vrai : la zone euro n'est appliquée qu'à ceux dont le niveau économique (PIB) est suffisant ; elle s'étend progressivement aux nouveaux membres à l'Est.
e. Faux : l'UE est fondée par Maastricht, en ajoutant la dimension politique par la citoyenneté. C'est la CEE qui est fondée par le traité de Rome.

5. *Complétez la carte suivante et titrez-la :*
1. Les 27 États membres sont à colorier en bleu.
2. la mégalopole européenne s'étend du bassin de Londres au nord de l'Italie, en passant par la Rhénanie, la Belgique, les Pays-Bas et la Suisse.
3. Les États membres en retard de développement sont localisés en Europe de l'Est : pays Baltes, Pologne, République tchèque, Slovaquie, Hongrie, Slovénie, Roumanie, Bulgarie (cf. p 143).

2. Les situations (p. 147)

Situation 1. Les frontières de l'Union européenne

1. *D'après la caricature, l'adhésion de la Turquie à l'UE est-elle possible actuellement ? Pourquoi ?*
Plusieurs points sont en faveur de l'adhésion : la présence de communautés turques en UE, des espaces touristiques fréquentés par l'UE. Les échanges commerciaux sont importants. Cependant, des points négatifs subsistent ; en dehors du fait que la majorité du territoire soit en Asie et que la population turque représente une masse nouvelle significative, l'État turc ne peut intégrer l'UE d'après les critères de Copenhague car le pays est en conflit fréquent avec ses voisins (dont Chypre, un État membre), et n'a pas les critères suffisants en matière d'économie et de respect des droits de l'homme. La caricature insiste sur ce dernier point avec le conflit qui l'oppose à Chypre (le nord de l'île est occupé par les Turcs depuis 1976) et avec le génocide arménien (1915) que la Turquie refuse de reconnaître.

2. *Que représente le labyrinthe ? À quels débats européens fait-il allusion ?*
Le labyrinthe représente les méandres du système administratif européen, lourd et complexe. Il fait allusion aux débats relatifs à l'élargissement de l'Union européenne et à la simplification des institutions.

3. *Depuis le traité de Schengen, les frontières entre l'UE et la Turquie sont-elles toujours surveillées ? Pourquoi ?*
L'Union européenne étend au Sud-Est ses frontières terrestres et maritimes avec la Grèce, la Bulgarie et Chypre. Ces frontières sont étroitement surveillées car la Turquie n'appartient pas à l'espace Schengen et se trouve donc au niveau des frontières extérieures contrôlées par l'UE (Eurocorps, Europol). Les autorités communes surveillent particulièrement l'immigration et la circulation des marchandises.

Situation 2. Un grand projet européen : Ariane

1. *Quelles sont les missions des lanceurs cités ? Quel est le port spatial mentionné ?*
Les missions des lanceurs cités (Ariane, Soyuz, Vega) concernent la surveillance militaire, l'observation planétaire (météorologie, hydrographie, géologie...), la cartographie, les communications (par mise en orbite de satellites). Le port spatial mentionné est le centre spatial guyanais de Kourou.

2. *Quelles activités de l'UE sont ici valorisées ?*
Les activités valorisées par le document sont la haute technologie (aéronautique, électronique, télécommunications), les transports de pointe, la recherche et l'innovation, les services aux entreprises.

3. *Quelles qualités d'Arianespace sont soulignées par l'affiche ? Pourquoi ?*
Arianespace se voit attribuer les qualités suivantes : sécurité, fiabilité, compétence et savoir-faire. En trente ans, 285 satellites ont été déposés avec succès en orbite (la moitié des satellites commerciaux mis en orbite dans le monde entier). Même si l'échec n'est pas exclu, Arianespace se caractérise par une bonne proportion de succès de lancements effectués.

Éducation civique – Thème 1
Droits de l'homme et action internationale

Ce thème est le premier et le seul obligatoire du programme consacré à la place du citoyen dans le monde. Les droits de l'homme ont été énoncés à l'échelle internationale par la Déclaration universelle des droits de l'homme (1948). Le sujet invite à s'interroger sur l'application de ce droit universel placé au-dessus des législations des États et sur le rôle des différents acteurs chargés de le diffuser (ONU, ONG, citoyens...).

Problématique générale du thème

Le sujet d'étude présente la Déclaration universelle des droits de l'homme, en rappelle les principes fondamentaux et montre qu'en dépit des progrès réalisés, elle n'est pas respectée partout dans le monde car elle entre fréquemment en conflit, dans les États autoritaires, avec les législations nationales et les intérêts particuliers. L'action internationale, chargée de veiller à l'application du droit international et à la protection des populations, est présentée sous diverses formes (aide humanitaire, médiation, diplomatie, intervention militaire au nom de la sécurité des populations...). La diversité des acteurs est soulignée, du simple citoyen (qui a une responsabilité individuelle) aux États et aux organisations internationales (ONG humanitaires, ONU...). Les progrès de ce droit sont également évoqués à travers l'exemple d'institutions originales (tribunaux internationaux, mandats de l'ONU donnés aux États pour maintenir la paix) ou de droits nouveaux, adaptés à l'évolution des sociétés mondiales (droit d'ingérence humanitaire).

L'ouverture propose une réflexion sur la Déclaration universelle des droits de l'homme à travers l'illustration de la couverture d'un ouvrage célébrant le 60e anniversaire du texte. Le débat s'ouvre ensuite autour d'une affiche de l'ONG humanitaire *Amnesty International* qui dénonce la violation des droits humains dans le monde. La nécessité d'une action internationale et d'une législation qui transcende la seule volonté des États apparaît dans la confrontation de ces documents.

Le sujet 1 définit l'ingérence humanitaire, notion juridique complexe et récente (1988). Elle l'illustre à travers l'exemple du Darfour, où interviennent l'ONU et des ONG (Médecins sans frontières). La diversité des acteurs et des opérations est ainsi évoquée à partir d'un cas concret et récent. Les exemples de la Birmanie et du Tchad (affaire de l'Arche de Zoé) montrent également les limites de ce nouveau droit, dont l'application peut se révéler complexe. Ce droit permet à des organisations internationales d'intervenir dans les affaires intérieures d'un État. Son application doit être absolument indiscutable avant que l'action internationale ne s'exerce. Elle peut rencontrer des oppositions fortes de la part des États concernés.

Le sujet 2 s'intéresse au rôle des organisations non gouvernementales (ONG). La diversité de leurs actions internationales est soulignée : défense des droits de l'homme, aide au développement, actions humanitaires (aide aux victimes de catastrophes naturelles, d'épidémies, de famines, de guerres...). Les ONG militent en faveur d'un monde plus solidaire et plus équilibré et sont fréquemment amenées à travailler en liaison avec l'ONU.

Le sujet 3 décrit les actions internationales de l'Organisation des Nations unies : défense de la paix dans le monde, aide au développement, actions humanitaires, justice et défense du droit international et des droits de l'homme... Il montre les forces et les faiblesses de l'ONU dans le contexte mondial actuel.

Le cours fait le point sur la Déclaration universelle des droits de l'homme et sa portée dans le monde actuel, ainsi que sur la diversité des actions et des acteurs internationaux (en distinguant les États et organisations supranationales des acteurs non gouvernementaux).

Ouverture (p. 148-149)

1. **(Doc 1)** *Quels éléments composent la tête du personnage ? Que représentent les oiseaux ? Pourquoi un fond vert a-t-il été choisi ?*

Le visage ressemble à un masque africain. Il mêle des éléments de culture occidentale, africaine et asiatique (il se compose de deux moitiés égales de couleurs différentes ; le front est orné d'un bijou qui présente deux têtes, une noire et une blanche, de taille égale et reliées à un corps unique). Il est un symbole de la diversité culturelle mondiale et du souhait de l'existence d'une communauté internationale fraternelle, au-delà des différences. Les oiseaux sont des colombes, symboles de paix et de dynamisme, en référence à l'action internationale. Le fond vert symbolise la vie – la nature – et l'espérance, la foi en l'avenir.

2. **(Doc 1)** *Quels droits de l'homme universels illustre cette affiche ?*

L'affiche illustre par le visage l'égalité en dignité et en droits, la fraternité et également les grandes libertés en référence à l'article 1 de la Déclaration : liberté d'expression et d'opinion (articles 18 et 19), liberté d'association et de réunion (article 20)... Le visage et le bijou évoquent également le refus des discriminations (couleur de peau, sexe, culture...) mentionné dans l'article 2. La puissance du regard du personnage rappelle que « tous les êtres humains naissent libres et égaux en dignité et en droits » et sont « doués de raison et de conscience » (article 1). Le vol des colombes évoque, au-delà de la liberté de circulation (articles 9 et 13), le droit à la vie et à la sécurité des êtres humains (article 3), le refus de l'esclavage et de la servitude (article 4) et des traitements dégradants (article 5).

3. **(Doc 2)** *Comparez les deux moitiés de l'affiche et expliquez le message au bas de celle-ci.*

Les deux moitiés de l'affiche suggèrent deux situations : la moitié gauche présente une main blanche, propre, posée sur un meuble dans un pays riche et développé ; la moitié droite présente une main noire, sanglante, blessée, posée sur l'écorce du bois qui a servi à fabriquer le meuble dans un pays en voie de développement où, vraisemblablement, les droits de l'homme ne sont pas respectés. L'image suggère que le geste anodin d'acheter un meuble dans un pays non respectueux des droits de l'homme peut être lié à l'esclavage, l'exploitation économique et la violence à l'encontre des individus employés dans le pays d'origine de l'objet. L'affiche entend ainsi attirer l'attention des populations mondiales sur l'existence de gouvernements et de systèmes économiques qui continuent aujourd'hui à mépriser la dignité humaine. Le message suggère que les conditions de fabrication d'un tel meuble sont intolérables, qu'il faut se mobiliser pour faire cesser de telles situations, dans un premier temps en boycottant les produits issus des États qui ne respectent pas les droits de l'homme. L'ONG *Amnesty International* dénonce ces États. Elle invite la communauté internationale à cesser tout commerce avec eux et à ne leur fournir aucune aide militaire afin de les pousser à changer leur attitude.

4. **(Doc 1 et 2)** *Selon vous, les droits de l'homme sont-ils appliqués partout dans le monde ? Quels acteurs travaillent dans ce but ?*

Comme l'illustre le document 2, les droits de l'homme ne sont pas respectés par tous les États du monde, bien que la Déclaration universelle soit reconnue par la quasi-totalité de ceux-ci. Il existe toujours des États de dictature, dans lesquels les libertés ne sont pas reconnues (ex. : refus de la liberté d'opinion au Zimbabwe lors des élections présidentielles), où les arrestations arbitraires sont fréquentes (ex. : Aung San Suu Kyi en Birmanie), où les mauvais traitements sont tolérés (ex. : les enfants-soldats au Darfour). De nombreux acteurs travaillent cependant à étendre l'application des droits de l'homme : l'ONU (qui soutient la Déclaration universelle des droits de l'homme), des ONG (*Amnesty International,* Médecins sans frontières...), des entreprises (ex. : la maison d'édition Gautier-Languereau sur le document 1), des citoyens par leurs dons et leur investissement personnel.

Sujet 1 : L'ingérence humanitaire (p. 150-151)

1. **(Doc 1)** *Quels sont les objectifs du droit d'ingérence ? Quels reproches sont parfois adressés aux gens qui l'appliquent ?*

Le droit d'ingérence est défini comme un droit d'intervention humanitaire dans les affaires intérieures d'un État qui se rend coupable de violations massives et avérées des droits de l'homme. Ce droit débute initialement par des tentatives de médiation, de dialogue, mais peut éventuellement aboutir à un recours à la force si aucune autre solution n'est trouvée. Les États et organisations internationales qui appliquent ce droit prennent d'infinies précautions, car il remet en cause la souveraineté de l'État visé par la procédure. Les reproches principaux concernent les conséquences de l'ingérence :

Comment poser les limites entre l'ingérence à but humanitaire et l'imposition d'une vision de la politique et du monde à un autre État? Où se trouve la limite entre l'action humanitaire et le coup d'État ou la subordination d'un gouvernement par un autre? Comment un organisme étatique ou non, extérieur aux affaires du pays, peut-il proclamer qu'il agit avec impartialité et désintéressement? Peut-il disposer à juste titre d'une meilleure vision que l'État en place pour gérer la population et ses difficultés? Toutes ces questions soulèvent des débats non résolus, qui alimentent la contestation face à ce droit, pourtant nécessaire lorsque des crimes de guerre ou des crimes contre l'humanité sont ouvertement perpétrés, lorsque les populations sont en détresse et réclament l'aide humanitaire... Le droit d'ingérence, encore récent et peu utilisé, souffre d'un certain flou juridique qui doit encore être clarifié à l'échelle internationale.

2. **(Doc 1 et 2)** *Le conflit du Darfour peut-il relever du droit d'ingérence humanitaire? Justifiez votre réponse.*

Le conflit du Darfour est une guerre civile, sur fond de querelles ethniques, entre le gouvernement en place et des mouvements d'opposition. Le gouvernement soudanais lutte contre les rebelles en envoyant des troupes officielles et des mercenaires. La commission d'enquête de l'ONU, dépêchée sur place, a constaté que les droits de l'homme sont clairement violés par le gouvernement soudanais; les miliciens et soldats torturent les rebelles supposés, commettent des crimes de guerre contre les populations civiles (pillages, exécutions, déplacements forcés). Le gouvernement soudanais, sollicité par l'ONU, a refusé de prendre des mesures pour limiter les violences contre les populations. Dans la mesure où les faits sont avérés et où la solution diplomatique a échoué, le conflit du Darfour relève du droit d'ingérence humanitaire pour préserver les populations civiles au nom de la dignité humaine.

3. **(Doc 3)** *Qui intervient au Darfour? Sous quelles formes?*

L'ONU intervient au Darfour par les Casques bleus, une force armée internationale chargée d'assurer la sécurité des populations, d'apporter une aide humanitaire et de s'efforcer de faire cesser les hostilités. L'ONU installe des bases d'observation et de ravitaillement dans les zones de tension afin de pouvoir intervenir rapidement, par la médiation ou, en dernier recours, par la force. Elle déploie des camps de réfugiés destinés à accueillir, ravitailler et soigner les populations touchées par la guerre civile. Elle assure la protection des populations, s'interpose dans les conflits, s'efforce de préserver le développement de la démocratie et la diffusion des droits de l'homme (soutien au référendum de janvier 2011 qui doit aboutir à l'indépendance du Sud-Soudan en juillet 2011). L'action de l'ONU est secondée par celle des ONG humanitaires qui participent, sous la protection des Casques bleus, à l'assistance aux populations en danger : Médecins sans frontières offre des soins aux populations blessées ou affamées. Ces opérations restent dans le cadre d'opérations humanitaires. Il ne s'agit que d'aider et protéger les populations ainsi que d'obliger les parties belligérantes à respecter les accords conclus (ex. : accord de paix de 2005 entre le Sud-Soudan et le gouvernement central). Il ne s'agit pas de prendre parti dans la guerre civile ni de renverser le gouvernement en place.

4. **(Doc 4)** *Quel problème humanitaire la Birmanie rencontre-t-elle? Pourquoi B. Kouchner invoque-t-il le droit d'ingérence humanitaire? Aidez-vous de la caricature pour répondre.*

La Birmanie a été dévastée par le cyclone Nargis en mai 2008. Or, l'État est un PMA (pays les moins avancés), ses moyens financiers sont limités, tant pour la prévention que pour le déploiement des secours. Les populations souffrent du manque d'aide, les victimes et les dégâts matériels sont considérables. Des risques d'épidémies, liés au manque d'hygiène et à la famine qui suivent une telle catastrophe, sont réels. Bernard Kouchner invoque le droit d'ingérence car, bien que la population se trouve menacée, en souffrance, l'État birman refuse l'aide humanitaire. La Birmanie est contrôlée par une dictature militaire, qui ne veut pas voir son autorité remise en question par l'arrivée d'aides extérieures qui donneraient l'idée qu'il ne peut gérer la crise seul. L'État ne veut pas, pour des raisons stratégiques, de représentants de puissances étrangères sur son sol, qui pourraient témoigner de la réalité de la situation à l'échelle internationale. Sur la caricature, les ONG, représentées par des infirmiers de la Croix-Rouge et de l'ONU, sont repoussés par l'administration birmane qui refuse de les laisser entrer sur leur sol et tourne le dos aux sinistrés. L'État birman préfère donner la priorité à sa souveraineté par rapport aux droits de l'homme. B. Kouchner invoque le droit d'ingérence pour entrer sans autorisation sur le sol birman (et donc violer la souveraineté de l'État) afin de porter aux populations sinistrées les secours que l'État ne peut leur apporter. L'ingérence serait justifiée au nom du droit à la dignité, à la vie et à la sécurité des êtres humains, et du devoir de solidarité aux populations en détresse.

5. **(Doc 5)** *Quel acte l'ONG a-t-elle essayé de réaliser? Pourquoi est-il jugé illégal?*

L'Arche de Zoé a essayé de sortir des enfants malades ou orphelins du Darfour pour les rapatrier en France, où ils devaient recevoir des soins et être adoptés. L'action initiale a un but humanitaire : préserver la santé des enfants, les sortir de la guerre et de la misère. Les reproches formulés à l'ONG ne sont pas liés à ces considérations humanitaires mais à une accusation d'escroquerie : le Tchad accuse l'ONG d'avoir agi sans respecter ses lois, d'avoir ensuite essayé de gagner de l'argent par les adoptions et donc de ne pas avoir été neutre et désintéressée dans cette affaire. La communauté internationale leur reproche de ne pas s'être assez informé sur les procédures juridiques d'ingérence et de ne pas avoir pris les précautions nécessaires. Le droit d'ingérence passe d'abord par la diplomatie avec les États concernés et ne cautionne pas l'action illégale. Le droit ne peut être appliqué qu'après avoir établi les faits officiellement, et seulement une fois que l'État du Tchad a refusé de prendre des mesures. Il ne peut s'agir en aucun cas d'une opération isolée et réalisée dans la précipitation, sans avoir consulté le gouvernement en place. Les ressortissants doivent être jugés en France en 2011.

Pour conclure

Pourquoi l'ingérence humanitaire est-elle un sujet de débat actuel? Quels sont les bienfaits et les limites de ce principe?

L'ingérence humanitaire est un sujet de débat lié à l'actualité, car le monde actuel est multipolaire : de nombreux facteurs d'insécurité (guerres, famines, épidémies, trafics d'armes, trafics de drogue...) réapparaissent dans le monde. La démocratie et les droits de l'homme sont toujours mis à mal dans les pays frappés par la guerre civile et la pauvreté extrême. Le droit part d'un sentiment louable, celui de préserver la dignité et les libertés des individus dans le monde entier. Les moyens déployés et surtout les conséquences de ces interventions, parfois mal calculées, sont aujourd'hui débattus. L'ingérence humanitaire a des conséquences positives dans la mesure où elle a pour but de secourir des populations en détresse, touchées par le manque d'hygiène, la famine, les épidémies, les catastrophes naturelles ou les guerres civiles. Il devient pour certains un devoir quand l'État responsable de ces populations ne veut pas ou n'a pas les moyens de leur apporter les secours nécessaires. L'action n'est alors légitime que quand la violation des droits de l'homme est clairement établie, quand l'action est encadrée par une organisation supranationale comme l'ONU qui affiche des objectifs humanitaires, sa neutralité et son désintéressement. L'idée de défendre la démocratie et les droits de l'homme, de sauver les populations menacées d'extinction, est alors généreuse et moralement défendable.

Les premières applications concrètes de ce principe font cependant apparaître clairement des limites, notamment dans la gestion des conséquences des interventions effectuées (ex. : les États-Unis en Irak en 2003 renversent le régime de Saddam Hussein, mais les conflits ethniques et religieux réapparaissent et un gouvernement démocratique peine à s'installer). En droit, le principe s'oppose au principe de souveraineté nationale, pourtant autant reconnu à l'échelle internationale que la Déclaration universelle des droits de l'homme. La Charte de l'ONU interdit explicitement, en temps normal, l'immixtion dans les affaires intérieures d'un État (article 2.7). La remise en question de l'autorité et de la souveraineté de l'État peut se traduire par des situations potentiellement dangereuses pour les équipes humanitaires. Théoriquement, toute intervention extérieure non revendiquée par le pouvoir local serait alors illégale, mais comment maintenir ce principe quand le même pouvoir effectue des crimes contre l'humanité? Une seconde limite apparaît dans la difficulté d'établir clairement dans les États concernés, souvent peu enclins à ouvrir leurs frontières à des observateurs extérieurs, que les droits de l'homme sont bafoués. Enfin, une telle intervention entraîne souvent de vives critiques de la part des observateurs extérieurs : les puissances impliquées sont-elles pleinement désintéressées ou cherchent-elles à s'assurer politiquement et économiquement des territoires concernés? Les termes d'impérialisme et de néocolonialisme ont parfois été prononcés par les adversaires du droit d'ingérence, ne serait-ce que parce que, dans la plupart des cas, il s'agit d'organismes issus de PID qui interviennent dans un PED... Le principe doit être préservé au nom de la défense des droits de l'homme, mais le cadre de son action internationale doit encore être précisé en termes de droit international.

Sujet 2 : Le rôle des organisations non gouvernementales (ONG) (p. 152-153)

1. **(Doc 1)** *Quels sont les objectifs des ONG présentées dans le document? Comment agissent-elles à l'échelle internationale?*

Les ONG présentées dans le document 1 défendent les droits de l'homme à l'échelle internationale. Elles défendent les droits des communautés les plus faibles (minorités ethniques, migrants). Elles surveillent particulièrement les régimes totalitaires (Birmanie, Corée du Nord...) mais peuvent dénoncer également les abus des PID. Elles s'impliquent également dans des causes mondiales plus générales, telles que la lutte contre la peine de mort, contre la torture, contre les crimes de guerre... Les ONG mènent des enquêtes pour établir, État par État, les cas de violation des droits de l'homme. Elles recueillent les témoignages et appels à l'aide des victimes ou témoins de ces violations. Elles agissent ensuite par les médias; elles utilisent la télévision, la radio, la presse et Internet pour dénoncer les États qui bafouent les droits de l'homme et susciter des réactions de la communauté internationale et de l'opinion mondiale. Elles utilisent aussi parfois des films publicitaires, des documentaires ou des fictions pour dénoncer des abus et mettre en garde. Elles peuvent enfin s'exprimer à l'ONU devant les représentants des États du monde pour présenter le bilan de leurs enquêtes. L'ONU et les ONG sont complémentaires dans la défense des droits de l'homme et s'aident mutuellement.

2. **(Doc 2 et 3)** *Expliquez le sens des affiches : quels droits de l'homme sont mis en cause ?*

Les affiches présentées sont issues de deux ONG impliquées dans la défense des droits de l'homme : Reporters sans frontières veille au respect de la liberté d'opinion et d'expression, en particulier par la liberté de la presse; *Amnesty international* protège la liberté individuelle, lutte contre l'arbitraire et s'oppose à toute atteinte portée contre la dignité humaine, à toute violence et à toute forme de discrimination. Le document 2 présente la main d'un journaliste, tenant un stylo, tenue par la main d'un militaire cubain. Il suggère ainsi que la liberté de la presse n'existe pas à Cuba, que le pouvoir dictatorial en place dicte ses volontés aux journalistes, emprisonne les journalistes d'opposition et censure leurs textes. Le document 3 attire l'attention par la forme originale de sa présentation; il présente la violation de la dignité et de la liberté humaine sous la forme d'un « défilé de mode », un moyen habile de mettre en lumière auprès de l'opinion internationale des situations inhumaines et inadmissibles. Des populations africaines sont présentées, chassées et expulsées de leur territoire par des soldats en armes. Certains sont brutalisés violemment par des soldats hilares. La référence aux troubles politiques et guerres ethniques sur le continent africain est claire (Soudan, Congo...). Elle est utilisée symboliquement pour dénoncer toutes les oppressions sur les minorités ethniques perpétrées dans le monde entier.

3. **(Doc 1, 2 et 3)** *En quoi ces documents illustrent-ils le propos de Joseph Zimet ?*

Le document 2 dénonce clairement les abus du régime cubain en matière de liberté d'expression et de mauvais traitements réservés à l'opposition. Le document 3 s'inscrit dans une perspective plus large; il dénonce les guerres ethniques en Afrique, les déplacements forcés massifs de population, les attaques contre les minorités ethniques à travers le monde. Dans les deux cas, les ONG emploient des images fortes et des phrases percutantes, au ton ironique mais ferme. La main du militaire cubain qui guide le stylo et fait pression sur la main du journaliste est une représentation forte de l'arbitraire. Le défilé de mode marqué par des actes de violence est une image forte dont le ton décalé marque les esprits. « À Cuba, les journalistes sont libres d'écrire ce que veulent les frères Castro »; le ton ironique n'en dénonce pas moins la réalité d'un régime dictatorial. « Les violations des droits humains sont toujours à la mode »; le jeu de mots sur le défilé de mode rend d'autant plus grave et poignant le refus de certains États de respecter la Déclaration universelle des droits de l'homme, qu'ils ont pourtant signée. Le texte de J. Zimet est donc bien illustré par ces affiches. Certaines ONG se consacrent à la défense des droits de l'homme et à la mise en lumière des violations commises à travers le monde, et prennent position autour de vastes sujets tels que la torture, la violence, l'abolition de la peine de mort, les migrations forcées.

4. **(Doc 4)** *Quels sont les objectifs de l'ONG « Architecture et Développement » ? Quels droits de l'homme défend-elle ?*

Architecture et développement est une autre forme d'ONG. Elle agit pour le développement des États moins avancés (PED) en aidant les sociétés à rendre plus solides et plus sains leur habitat, leurs moyens de communication, leurs infrastructures. Elle concrétise des projets tenant compte des traditions locales, des matériaux et des moyens disponibles. Elle ne s'impose pas aux populations, elle les aide à améliorer leurs projets et leur formation. Elle soutient techniquement, et parfois par des aides financières, les projets des administrations locales, des professionnels locaux comme des simples particuliers. Elle s'engage dans la création de services d'intérêt collectif et développe la formation et la scolarisation. Elle participe au développement de ces sociétés, soutenant ainsi le principe, établi dès 1945 lors de la fondation de l'ONU (charte de San Francisco), en vertu duquel le développement limite la pauvreté et favorise l'application de la démocratie et des droits de l'homme (alors que la misère appelle la violation de ces droits). L'ONG contribue à la réduction de la pauvreté dans le monde et soutient les droits économiques et sociaux (droit à la santé, à un revenu décent, à des conditions décentes d'existence), et le droit à la dignité.

5. **(Doc 5)** *Quelles sont les actions de l'ONG Croix-Rouge? En quoi se distingue-t-elle des ONG étudiées précédemment?*
La Croix-Rouge est une ONG à but humanitaire. Elle informe les populations, les initie aux premiers secours, à l'hygiène et la médecine. Elle porte secours aux victimes de catastrophes, de guerres, d'épidémies, de famines... en distribuant des médicaments, des produits de première nécessité, de l'eau, des abris et logements. Elle contribue à réduire les inégalités mondiales en améliorant la santé des populations. Elle aide également au développement des sociétés touchées par la misère. Elle se distingue des ONG précédentes dans la mesure où, en plus de toucher l'opinion internationale par les médias et par des campagnes d'information, en plus de s'impliquer dans des projets à long terme et de grande envergure (ex. : lutte contre le sida en Afrique du Sud-Est), elle peut agir rapidement sur les sites de catastrophes ou de crises à l'échelle mondiale. Elle se distingue par sa capacité à intervenir dans des cas d'urgence. Elle aide les populations à se reconstruire au nom de la solidarité internationale.

Pour conclure

Comment définir les ONG? Quelles sont leurs actions par rapport aux droits de l'homme à l'échelle internationale?
Les ONG sont des organisations non gouvernementales. À ce titre, elles agissent de manière indépendante et désintéressée pour défendre leurs idées. Elles travaillent souvent en liaison avec l'ONU qui les soutient dans leurs actions et met à leur disposition des moyens de communication importants. Certaines ONG (*Amnesty International,* Reporters sans frontières...) s'inscrivent dans la défense des droits civils et politiques de l'homme. Elles soutiennent les valeurs démocratiques contre toute forme d'arbitraire, d'oppression et de régime dictatorial. Elles enquêtent, relèvent les faits et dénoncent à l'opinion mondiale les individus, les organismes et les États qui violent la dignité humaine. Elles militent en faveur des droits des minorités ethniques, de la liberté individuelle, de la liberté d'opinion et d'expression... D'autres ONG, humanitaires, travaillent pour préserver la dignité des victimes. Elles portent secours aux victimes de catastrophes, de guerres, de famines, d'épidémies..., leur apportent des soins (ex. : Croix-Rouge), de la nourriture (ex. : Action contre la faim), des aides financières... Elles se déplacent dans le monde entier et réagissent en urgence aux situations de crise (ex. : Médecins sans frontières seconde l'action de l'ONU dans la protection de la santé des populations civiles menacées au Soudan). Elles sensibilisent l'opinion internationale, et font des campagnes de dons pour pouvoir financer les aides nécessaires. D'autres ONG encore s'impliquent dans la protection des droits économiques et sociaux des sociétés. Elles contribuent à des projets de développement à long terme des sociétés fragilisées par la misère et les crises. Architecture et Développement aide les populations des PED à construire un habitat plus solide, mieux isolé, doté de conditions d'hygiène convenables. Elle fournit des aides et de la formation aux populations locales, tout en respectant leurs traditions. Solidarités contribue à améliorer l'accès à l'eau potable des populations d'Afrique situées dans des milieux arides. Ces projets de développement sont destinés à améliorer la situation économique générale de ces populations, le niveau de scolarisation, l'état de santé général, afin de limiter la pauvreté qui conduit à des crises économiques et politiques fréquentes. De nombreuses ONG militent également en faveur du développement durable et de la préservation des ressources, ainsi que d'une mondialisation des échanges plus équitable. Les ONG ne se limitent pas qu'au domaine humanitaire; elles se distinguent par la multiplicité de leurs engagements et de leurs actions. Elles luttent contre la pauvreté, contre les inégalités et s'investissent dans la défense des droits de l'homme ou du développement durable...

Sujet 3 : L'Organisation des Nations unies (ONU) (p. 154-155)

1. **(Doc 1)** *Quelles sont les trois fonctions de l'ONU? Quelles institutions correspondent à chacune d'entre elles?*
L'ONU, depuis la charte de San Francisco (1945), est créée pour maintenir la paix dans le monde et soutenir l'expansion de la démocratie et des droits de l'homme. Elle protège le droit des peuples à disposer d'eux-mêmes, établi en 1914 par le président

américain Wilson. L'assemblée générale de l'ONU, dans laquelle siègent les représentants de la quasi-totalité des États du monde, donne son avis sur les affaires menaçant la sécurité internationale. Le Conseil de sécurité décide (15 membres, dont les cinq vainqueurs de la Seconde Guerre mondiale qui ont un poste permanent). Le secrétaire général est chargé de l'application des décisions. Bien qu'elle agisse surtout par la diplomatie, l'ONU dispose d'une force armée internationale, les Casques bleus, pour faire appliquer les résolutions du Conseil de sécurité. L'ONU a un rôle humanitaire mondial. Elle encourage la solidarité internationale. Grâce à de nombreuses institutions spécialisées qu'elle dirige, l'ONU contribue à la réduction des inégalités mondiales dans les domaines de l'éducation (UNICEF), de la santé, de la culture, de la pauvreté… Le Conseil économique et social est chargé de définir la nature et l'ordre de priorité de ses interventions humanitaires. L'ONU intervient dans les PED pour faciliter le développement, estimant que le respect des droits de l'homme, le maintien de la paix et le développement des sociétés sont étroitement liés. L'ONU enrichit progressivement le droit international et intervient dans des affaires judiciaires à portée mondiale. Elle dispose de tribunaux internationaux (tels que la Cour pénale internationale ou le Tribunal spécial pour le Cambodge) chargés de juger les crimes de guerre et les crimes contre l'humanité.

2. **(Doc 2)** *Qu'est-ce qu'une action « sous mandat de l'ONU » ?*
L'ONU charge un État ou des Casques bleus d'intervenir en son nom pour rétablir la paix ou apporter une aide humanitaire à un autre État. Le mandat est valable pour un an en général, renouvelable selon l'évolution de la situation. La MINUSTAH est ainsi un corps de Casques bleus envoyé à Haïti après les catastrophes naturelles pour aider le pays à se reconstruire économiquement et politiquement.

3. **(Doc 2 et 3)** *Quels droits de l'homme l'ONU défend-elle ? Comment agit-elle ?*
L'ONU défend la totalité des droits de l'homme qu'elle a validés dans la Déclaration universelle de 1948. Dans le document 2, les droits défendus sont les droits politiques (elle soutient des élections démocratiques à Haïti), économiques et sociaux. Elle intervient pour des opérations de maintien de l'ordre après le séisme de 2010 et pour des opérations humanitaires (distribution de produits de première nécessité, de médicaments…). Dans le document 3, l'ONU soutient l'alphabétisation afin de diffuser par ce biais les valeurs démocratiques, le refus des discriminations, des notions de base d'hygiène et de santé, des qualifications professionnelles (services, haute technologie) susceptibles d'accélérer le développement des PED. L'ONU agit par les Casques bleus et par l'UNICEF (sous la direction du Conseil économique et social).

4. **(Doc 4)** *Sous quelles conditions fonctionne un tribunal international ? À quoi le tribunal du Cambodge sert-il ?*
L'ONU crée des tribunaux internationaux pour juger les crimes de guerre et crimes contre l'humanité dans les États concernés. Elle veille à ce que le personnel soit mixte, issu du pays concerné et de la communauté internationale, afin de garder une image aussi impartiale et juste que possible. L'ONU travaille conjointement, autant que possible, avec l'État concerné, qui parfois, comme dans le cas du Cambodge, peut solliciter son assistance pour retrouver et juger les criminels qui échappent à son contrôle. De tels tribunaux permettent de condamner ceux qui se sont rendus coupables de violations graves à la Déclaration universelle des droits de l'homme. Ils renforcent la solidarité internationale en faveur de la paix et de la démocratie.

5. **(Doc 2 à 4)** *Montrez que l'ONU rencontre de nombreux succès.*
L'ONU rencontre de nombreux succès dans ses actions humanitaires. Ses mandats (comme dans le document 2 celui de la MINUSTAH) sont fréquemment renouvelés, preuve de l'efficacité et de l'utilité de sa présence. Leur rôle décisif est reconnu à l'échelle internationale dans les opérations de secours aux victimes de catastrophes (ex. : Haïti en 2010). Elle a établi des liens étroits avec de nombreux PED pour développer l'éducation, la santé et la lutte contre la pauvreté en général. La réputation de ses tribunaux internationaux fait que l'ONU est sollicitée par les États désireux d'arrêter et de juger les criminels de guerre, comme dans le cas du Cambodge. L'ONU intervient chaque année sur tous les continents et arrive à mobiliser de nombreux États pour soutenir ses prises de position.

6. **(Doc 5)** *Quelles limites apparaissent à l'action de l'ONU ? Sont-elles fondées ? Justifiez votre réponse.*
Les extraits d'articles de presse présentés dans le document 5 dénoncent plusieurs limites à l'action de l'ONU. Kofi Annan, ancien secrétaire général des Nations unies, souligne que l'ONU concentre ses efforts sur l'aide après la crise plutôt que sur la prévention de celle-ci, qui nécessiterait une surveillance constante des zones potentielles à risques du monde. Il dénonce également le manque de moyens et de matériel à disposition, et le rôle

excessif des États-Unis dans l'ONU (lié à leur statut de premiers financeurs). Le secrétaire général insiste à juste titre sur ces faiblesses de l'ONU. Le manque de moyens est lié au fait que l'ONU ne fonctionne que par le financement et la décision d'intervention des États membres. L'ONU dépend donc de la bonne volonté des États et de la situation économique mondiale. L'ONU fait des opérations de prévention, ne serait-ce qu'en favorisant la scolarisation ou des campagnes d'information sur l'hygiène; mais la prévention à l'échelle mondiale réclamerait des moyens économiques dont elle ne dispose pas. De plus, la prévention se heurte fréquemment au débat éthique lié à la notion d'ingérence humanitaire : où commence la prévention, où commence l'ingérence? Les États-Unis fournissent un contingent important de Casques bleus et joue un rôle dominant dans les opérations mondiales de l'ONU. Cette situation est presque inévitable, dans la mesure où les États-Unis sont la première puissance économique et militaire mondiale. Cette situation est à la fois une limite, car l'ONU ne doit pas être un simple prolongement de la politique américaine, et une nécessité, en raison du poids des États-Unis dans la diplomatie internationale et des moyens dont ils disposent. Elle peut cependant conduire parfois à un sentiment anti-américain lié à ce qui pourrait parfois être vu comme des abus d'ingérence dans les affaires des autres États (ex. : l'intervention en Irak en 2003, condamnée par l'ONU et pourtant menée à bien). De nombreux États, en particulier les pays émergents, sollicitent fréquemment l'Assemblée générale pour une évolution des institutions qui leur permettrait de jouer un rôle plus actif. Le reproche de P. Bolopion est fréquemment repris : les institutions de l'ONU restent trop marquées par leur fondation en 1945 et ne tiennent pas compte de l'évolution récente du monde. Seuls les vainqueurs de la Seconde Guerre mondiale sont membres permanents et ont un droit de veto. Le Japon et l'Allemagne, vaincus de 1945, n'ont pas de rôle décisif alors que ce sont aujourd'hui des puissances économiques mondiales majeures. Les PED, et en particulier, les pays émergents (Inde, Brésil, Afrique du Sud...), ont un rôle limité qui n'est pas représentatif de leur poids démographique mondial... Des réformes des institutions sont à terme inévitables pour que l'ONU s'adapte à l'évolution géopolitique mondiale et tempère le poids des États-Unis. P. Bolopion a aussi parfaitement raison lorsqu'il signale que les échecs sont inévitables. L'ONU agit dans la mesure de ses moyens, mais doit intervenir simultanément dans de nombreuses zones de tensions mondiales, où elle n'est d'ailleurs pas toujours la bienvenue (ex. : guerre du Darfour). L'ONU n'a pas la solution à toutes les situations de crise (ex. : elle intervient dans le conflit entre Israël et la Palestine depuis 1947 et n'a pas réussi à initier de protocole de paix durable. Elle agit en Afghanistan pour protéger les populations civiles mais n'a pas réussi à rétablir une situation politique stable...). Elle n'en a pas moins le mérite d'essayer d'apporter aide et soutien aux défenseurs de la paix et des droits de l'homme.

Pour conclure

Quelles sont les différentes missions de l'ONU? Présentez les moyens déployés, les succès et les limites de son action.

L'ONU doit être replacée dans le contexte de sa fondation. Après la Seconde Guerre mondiale, la découverte de l'horreur des camps, la formation d'une organisation internationale destinée à maintenir la paix dans le monde, à offrir une tribune d'expression aux États et à juger les criminels de guerre paraît indispensable. La charte de San Francisco (1945) crée l'ONU et donne un rôle décisionnel majeur aux cinq États vainqueurs. En 1948, l'ONU promulgue la Déclaration universelle des droits de l'homme après avoir jugé les crimes de guerre et crimes contre l'humanité lors des procès de Nuremberg (1945-1946) et de Tokyo (1946-1948). L'ONU se mobilise dans les années qui suivent en faveur du droit des peuples à disposer d'eux-mêmes et encourage la décolonisation. Elle soutient ensuite le développement des nouveaux États, estimant que les crises politiques naissent souvent de la pauvreté et du désespoir des populations, considérant également que le développement de conditions de vie décentes est un droit de l'homme inaliénable. Les principales fonctions de l'ONU sont alors posées : maintien de la paix dans le monde, action humanitaire pour le développement, justice internationale et élaboration d'un droit pénal international destiné à sanctionner les crimes contre l'humanité.

L'ONU obtient un nombre croissant d'adhésions jusqu'à compter parmi ses membres la quasi-totalité des États du monde. Elle agit sur tous les théâtres d'opération touchés par les épidémies, la famine, les guerres, les catastrophes en tous genres, tant dans les PED (ex. : guerre du Darfour, Haïti, Afghanistan...) que dans les PID (ex. : Japon touché par le tsunami de mars 2011 et, en conséquence, par la catastrophe nucléaire de Fukushima; guerre en ex-Yougoslavie...). Elle remporte nombre de succès décisifs et son rôle humanitaire est universellement reconnu. L'UNICEF contribue à la reconnaissance des droits de l'enfant et au développement de la scolarisation. Elle accompagne les ONG dans les opérations de secours aux victimes de catastrophes et s'oppose parfois à la volonté des États (ex. : passage du cyclone Nargis en Birmanie, p. 151, doc 4). Elle soutient les campagnes des ONG comme *Amnesty International* pour la défense des droits de l'homme et la lutte contre les discriminations... L'ONU lutte également contre le terrorisme international et contre les réseaux criminels (trafics de drogue, exploitations des êtres humains...). Elle s'efforce de trouver des solutions diplomatiques aux crises politiques (ex. : Israël/Palestine, guerre en ex-Yougoslavie) et n'intervient militairement par les Casques bleus qu'en dernier recours (ex. : Irak, Afghanistan). L'ONU n'est cependant pas une organisation parfaite. Elle est fréquemment accusée d'être trop liée à la politique des États-Unis, membre fondateur dominant, première puissance économique et militaire mondiale, premier financeur de l'ONU. Les pays émergents et les PED lui reprochent fréquemment de ne pas leur donner un rôle suffisant dans ses institutions, alors qu'ils représentent plus de 80 % de la population mondiale. L'ONU est dépendante financièrement de la bonne volonté de ses membres et se trouve parfois incapable de mener seule à terme ses opérations; elle charge parfois certains États d'intervenir collectivement en son nom en leur confiant un mandat. L'ONU ne réussit pas tout ce qu'elle entreprend, mais a le mérite d'intervenir dans les grandes crises mondiales où le rôle d'un médiateur ou d'une aide internationale est décisif et nécessaire. Elle joue un rôle majeur dans la diffusion et la défense des droits de l'homme et de la démocratie dans le monde entier.

Cours : Les droits de l'homme et l'action internationale (p. 156-157)

Des droits pour toute l'humanité

1. (Doc 1) *Quels sont les droits civils, économiques et sociaux défendus par la Déclaration? Qui concernent-ils?*

La Déclaration défend les droits civils de tous les êtres humains du monde. Il s'agit de l'égalité et des grandes libertés, proclamées de façon générale dans les articles 1 et 2 (qui ajoute le refus des discriminations). Les articles 3 et 14 ajoutent le droit à la sécurité, tandis que les articles 4 et 5 condamnent l'esclavage et les mauvais traitements portant atteinte à la dignité humaine. Les droits civils sont ensuite détaillés : la liberté individuelle contre l'arbitraire (article 9), la liberté de circulation (article 13), les libertés de pensée (opinion, expression, réunion, association). Ces articles reprennent et réactualisent de nombreux articles de la Déclaration des droits de l'homme et du citoyen (26 août 1789) limitée à la France et à l'ancienne Europe napoléonienne. La Déclaration établit de nombreux droits économiques et sociaux, tels que le droit à la Sécurité sociale, à un travail et à un revenu décent, à l'éducation (articles 22 et 26), à la santé qui correspondent à de nombreuses actions humanitaires internationales. Ces droits sont considérés comme naturels et inaliénables; ils concernent toute l'humanité, au-delà des différences entre les individus.

2. (Doc 1 et 2) *À quels droits de la Déclaration répondent les OMD?*

Les objectifs du millénaire pour le développement correspondent aux droits économiques et sociaux, adaptés et réactualisés aux attentes du monde actuel. Les huit objectifs s'inscrivent dans la perspective de supprimer la misère d'ici à 2015 pour établir ainsi la paix mondiale. Ils correspondent au principe de l'ONU en vertu duquel les crises politiques naissent de la misère et du désespoir des populations (sur le modèle de l'Allemagne des années 1930). Les États membres de l'ONU soutiennent ainsi par les OMD la lutte contre la pauvreté et la faim (droit à la dignité et à l'égalité, article 1), l'éducation primaire pour tous (droit à l'éducation, article 26), l'égalité des sexes (lutte contre la discrimination, articles 1 et 2), la lutte contre la mortalité infantile, l'amélioration de la santé des mères et la lutte contre les maladies (droit à la santé, article 22), l'environnement durable (le droit à l'environnement et la reconnaissance de la nécessité mondiale d'appliquer des politiques de développement durable sont des notions récentes, établies à partir des années 1980 avec l'apparition de l'écologie en politique), le partenariat mondial (correspondant à la solidarité et à la fraternité entre les sociétés humaines établies dans l'article 1). Les huit OMD correspondent donc bien aux articles principaux de la Déclaration universelle des droits de l'homme. Ils contribuent à rappeler la nécessité de défendre ces droits, particulièrement en ces temps de crise économique mondiale, et l'actualité de ceux-ci.

3. (Doc 1, 3 et 4) *En quoi la Chine et le Zimbabwe ne respectent-ils pas la Déclaration universelle de 1948?*

Le Zimbabwe ne respecte pas la liberté d'opinion et d'expression, le droit de vote, les valeurs démocratiques et la dignité humaine. Des violences ont opposé les partisans des principaux candidats

lorsque le parti du dictateur R. Mugabé a été battu aux élections législatives, poussant le candidat démocrate à retirer sa candidature. Cet exemple s'oppose à l'article 1 (dignité), l'article 3 (sûreté de la personne), l'article 5 (traitements inhumains ou dégradants) et l'article 18 (liberté de pensée).
La Chine ne respecte pas les libertés de pensée et fait emprisonner Liu Xiaobo pour avoir formulé publiquement ses opinions démocratiques et des reproches en ce sens au régime au pouvoir. La Chine n'a pas respecté l'article 9 (arrestations arbitraires), l'article 18 (libertés de pensée) et l'article 19 (liberté d'expression). Elle ferme les yeux sur les violences commises contre les détenus dans les prisons et ne respecte donc pas non plus la dignité de l'individu (article 1).

L'action internationale des États

4. (Doc 2) *Comment l'ONU s'engage-t-elle activement dans la défense des droits de l'homme?*
L'ONU défend les droits de l'homme partout dans le monde, par la diplomatie (Assemblée générale) et parfois même par l'envoi de Casques bleus. Elle prévoit également des programmes d'aide humanitaire et sollicite les États du monde pour les mener à bien. L'exemple des objectifs millénaires pour le développement s'inscrit dans cette perspective : solliciter la solidarité entre les États du monde selon leur capacité pour soutenir le développement des États moins favorisés et faire reculer la pauvreté mondiale.

5. (Doc 3 et 4) *Quels États se mobilisent pour L. Xiaobo? Contre R. Mugabe? Dans chacun des deux cas, comment agissent-ils?*
L'Union européenne (et particulièrement la France), l'ONU et le G8 (le groupe de discussion et partenariat économique des huit plus grandes puissances économiques mondiales) se mobilisent pour dénoncer l'illégalité des élections au Zimbabwe et réclamer un vote démocratique respectueux des droits de l'homme. L'Union européenne, l'ONU, les États-Unis protestent contre l'arrestation de Liu Xiaobo, Prix Nobel de la paix 2010, par le gouvernement chinois. Ces États agissent en dénonçant les atteintes portées contre les droits de l'homme, en condamnant les actions des responsables (R. Mugabe et le gouvernement chinois). Ils font connaître leur position internationale par les médias (Internet, télévision, presse...). Ces États peuvent formuler une protestation officielle auprès des États responsables, essayer de trouver une solution diplomatique et éventuellement, en cas d'échec manifeste, rompre à terme les liens commerciaux et diplomatiques avec eux. Si les violations contre les droits de l'homme sont suffisamment manifestes et mettent en danger la population, ils peuvent éventuellement voter collectivement une action au nom du droit d'ingérence humanitaire. Ils soutiennent l'action des ONG qui défendent les droits de l'homme.

Des acteurs non gouvernementaux

6. (Doc 3) *Expliquez le sens de la caricature et de la phrase. Quel est le but de l'auteur?*
La caricature de Patrick Chappatte dénonce la situation au Zimbabwe. Le personnage principal, face aux micros, une urne électorale sous le bras, représente Robert Mugabe en tant que vainqueur des élections. Son nom est écrit sur la banderole située au-dessus de lui. En arrière-plan, des hommes sont battus à mort par des soldats. Robert Mugabe a «battu» ses adversaires en truquant les élections, en les dissuadant de se présenter contre lui et en utilisant la violence au besoin contre les opposants («l'opposition est battue» prend ainsi un double sens). La phrase que prononce R. Mugabe est un jeu de mots : l'ironie du procédé entend renforcer la gravité des événements et des atteintes portées contre les droits de l'homme. Patrick Chappatte est un dessinateur de presse engagé. Il dénonce Robert Mugabe comme un dictateur qui a remporté les élections en éliminant ses adversaires par la force ou la menace. Les élections n'ont pas été démocratiques. Il représente l'engagement d'un simple citoyen dans la défense des droits de l'homme. Il espère ainsi contribuer à mobiliser l'opinion internationale.

7. (Doc 3 et 4) *Quels acteurs non étatiques s'impliquent dans la défense des droits de l'homme? Comment?*
De nombreux acteurs non étatiques s'investissent dans la défense des droits de l'homme, en particulier des ONG telles que *China Rights Defenders, Amnesty International,* Reporters sans frontières, *Human Rights Watch...* Ils écrivent aux gouvernements responsables pour dénoncer de telles violations et pour leur demander de prendre des mesures. Ils font connaître la situation à l'échelle internationale, sollicitent l'appui de l'ONU et des grandes puissances mondiales... Ils font appel par des campagnes publicitaires à l'opinion publique internationale et aux gouvernements. Des citoyens s'engagent également dans la défense des droits de l'homme, notamment par le biais de la presse (journalistes, dessinateurs de presse), de la littérature (écrivains), de l'art (peintures, sculptures...) et par Internet (blogs, forums de discussion, articles...).

ÉDUCATION CIVIQUE – THÈME 2

Citoyenneté, science et éthique

Après l'étude du thème obligatoire, on aborde un autre thème d'éducation civique parmi trois au choix. L'un d'entre eux, « Citoyenneté, science et éthique » offre aux élèves la possibilité de réfléchir aux enjeux éthiques, techniques, scientifiques de notre temps « afin de favoriser l'engagement responsable, actuel ou futur », selon le programme. Les applications de la recherche scientifique dans les technologies du vivant et de l'informatique permettent d'aborder les usages sociaux de la science, le droit et les limites de la liberté humaine.

Problématique générale du thème

Trois axes ont été privilégiés dans ce vaste thème : l'extension des applications scientifiques (procréation médicale assistée, clonage, informatique), l'éthique indispensable à la science, la réflexion à tous les niveaux, du simple citoyen aux organismes internationaux. Ces sujets soulèvent de nombreuses interrogations mais peu de réponses définitives sont apportées, les élèves peuvent donc contribuer à la réflexion sur les évolutions en cours. L'actualité alimente le thème en donnant des éléments pour l'approfondir, deux exemples récents peuvent être utilisés.

En janvier 2011, un petit garçon, Umut-Talha, est arrivé au monde, *sélectionné génétiquement parmi plusieurs embryons, pour être capable de soigner l'un de ses aînés atteint d'une maladie génétique grave.* Le professeur René Frydman, le « père médical » du premier bébé-éprouvette français (1982) et son équipe, ont fait naître ce « bébé-médicament », « bébé-cadeau », « bébé sur mesure » ou « bébé du double espoir » selon le regard porté sur cette naissance. Dans les articles qu'il a rédigés, les entretiens qu'il a accordés, facilement consultables sur Internet, René Frydman explique les choix, les enjeux du dépistage préimplantatoire en mettant en avant la responsabilité du médecin, du chercheur et de l'enseignant dans le contrôle médicalisé de la reproduction humaine.

La loi sur la bioéthique est en cours de réexamen depuis 2010 (six ans après la dernière révision) afin de l'adapter à l'évolution de la science, du droit et de la société. Au cœur des débats se trouve la recherche sur l'embryon et les cellules souches, un point sensible au carrefour des préoccupations religieuses, bioéthiques et médicales : le statut de l'embryon humain. Les scientifiques peuvent-ils agir sur des embryons surnuméraires issus des fécondations *in vitro* non utilisés (actuellement détruits au bout de cinq ans sans servir à la recherche) ? Porte-t-on atteinte à la dignité humaine en créant des embryons uniquement à des fins thérapeutiques ? À partir de quand peut-on le considérer comme une personne ?

Les autres points du projet de loi abordent les sujets qui se rattachent au thème étudié :
- la pratique des mères porteuses ou gestation pour autrui ;
- le transfert *post-mortem* d'embryon dès lors que le père y a consenti de son vivant ;
- le don d'ovocytes ou de sperme par une femme ou un homme, même s'il n'a pas d'enfant ;
- l'anonymat du don de gamètes ;
- l'assistance médicalisée à la procréation dans le cadre médical pour le traitement de l'infertilité ou pour éviter la transmission à l'enfant d'une maladie d'une particulière gravité ;
- le don croisé d'organes.

Après des débats houleux, les députés ont maintenu (26 mai 2011) l'interdiction des recherches sur l'embryon (assortie de dérogations) en place depuis 1994, contrairement aux sénateurs qui avaient opté pour une autorisation encadrée. Les chercheurs français sont déçus et frustrés car ces recherches sont permises en Espagne, Grande-Bretagne, États-Unis, Chine, Japon, Singapour, Israël. Le transfert *post-mortem* d'embryons a été refusé, pour « ne pas faire naître des orphelins ».

L'informatique, domaine plus familier aux élèves que la bioéthique, fournit également des sujets de réflexion, par exemple le rôle de Facebook, Twitter, Internet dans la formation de l'opinion publique, le développement des mouvements contestataires ou révolutionnaires, etc.

Thème 2 : Citoyenneté, science et éthique (p. 158-159)

1. (Doc 1) *Qui présente les photos du bébé nouveau-né ? Quelle réaction domine au sein de l'équipe ? Pourquoi ?*
L'équipe médicale composée d'un biologiste, d'un gynécologue-obstétricien et d'un chef de service de l'hôpital Béclère présente les photos d'Amandine. La joie et la fierté se lisent sur tous les visages. La conception du bébé observée au microscope en laboratoire, puis le suivi scientifique jusqu'à sa mise au monde est une première expérience en France et une réussite incontestée.

2. (Doc 2) *Quels types de questions sont formulées dans ce débat ?*
Les questions concernent des problèmes de société (qui peut bénéficier de la procréation médicale assistée ?), des problèmes moraux (peut-on vendre le corps humain ?) des problèmes philosophiques (qui peut autoriser ou interdire ?).

3. (Doc 3) *Quels sont les différents stades dans le développement du clonage ? Quels problèmes sont soulevés ?*
Le clonage est une reproduction d'un animal ou d'un végétal à partir d'une de ses cellules. La première étape du clonage est la naissance d'une brebis issue d'elle-même, en 1997. Puis le clonage de vaches, de porcs et d'autres animaux s'est développé. L'étape du clonage humain est techniquement possible mais hasardeuse et la loi interdit de créer un être humain identique à un autre.

4. (Doc 3 et 2) *Relevez les expressions qui montrent l'ampleur de la réflexion.*
Les problèmes soulevés relèvent d'un choix de société (dans le cas de la procréation médicale assistée) et concerne l'humanité toute entière lorsqu'on envisage le clonage humain.

5. (Doc 4) *Quelles applications sont envisagées dans le futur ? Qu'en pensez-vous ?*
Les objets informatisés seront reliés et communiqueront entre eux, des prothèses seront branchées directement sur le système nerveux. Permettre d'atténuer un handicap est remarquable, rendre les objets (automobiles) « intelligents » est intéressant. Cela ne va-t-il remplacer peu à peu notre cerveau ? Nous éviter de réfléchir ? On ne regarde plus la carte routière mais on se laisse guider par le GPS, etc.

6. (Doc 4 et 2) *Comment qualifier le ton des deux documents ?*
Les deux documents sont interrogatifs, le ton laisse sentir un certain attrait envers la recherche informatique, mais plus de circonspection face à la procréation médicale assistée.

7. (Doc 5) *À quel niveau se situent les différentes structures citées ? Relevez les thèmes étudiés.*
Tous les niveaux sont représentés, d'abord les Régions, puis l'État en France, l'Union européenne et l'Unesco, organisme international qui dépend des Nations unies. Les thèmes développés concernent la bioéthique (génétique, expérimentation animale, médecine moderne), l'application des nouvelles technologies (médecine, libertés individuelles dans le monde numérique).

Éducation civique – Thème 3

Citoyenneté et environnement

Ce thème d'éducation civique a pour ambition d'étudier l'impact de l'homme sur son environnement à travers des sujets aussi divers que les OGM (documents 1 et 2), l'énergie nucléaire (documents 3 et 4) et la biodiversité (document 5).

Problématique générale du thème

La question de fond est de savoir quelles sont les conséquences sur la planète de la poussée démographique : 6,5 milliards d'hommes aujourd'hui, dont une bonne partie n'a pas accès à la nourriture, à l'énergie, à la consommation ; 8 milliards en 2020. Qu'en sera-t-il alors des ressources de la planète ? La science a mis au point différentes techniques pour nourrir les hommes (la chimisation, les OGM), pour assurer leurs besoins en énergie (le nucléaire, les énergies renouvelables), mais ces techniques sont-elles compatibles avec la santé des hommes et le maintien de la richesse biologique de la planète, donc avec le développement durable ? Ces questions donnent lieu à des débats complexes qui nécessitent une information du citoyen. En effet, celui-ci est concerné dans la mesure où, par ses comportements et ses actes, il peut agir sur l'environnement (par exemple en déboisant ou non), où il peut avoir à subir les conséquences d'orientations néfastes à sa santé (conséquence d'une agriculture irraisonnée, de pollutions diverses dont le nucléaire) et, enfin, dans la mesure où sa descendance pourrait être mise en cause (disparition des ressources de base, par exemple).

Thème 3 : Citoyenneté et environnement (p. 160-161)

1. **(Doc 1)** *À quel défi l'agriculture mondiale doit-elle répondre ?*

L'agriculture mondiale est confrontée à plusieurs défis :

– la croissance démographique. Il y a actuellement 6,5 milliards d'individus sur Terre. Il devrait y en avoir 8 milliards en 2020 ;

– la croissance de l'urbanisation. Cette croissance entraîne une augmentation de la consommation tandis que diminue le nombre de producteurs ;

– le mauvais accès à l'alimentation.

De ce fait, la sécurité alimentaire n'est pas assurée.

> La FAO estime à plus d'un milliard le nombre de personnes souffrant de la faim, et ce chiffre est en augmentation (845 000 en 1992). Les objectifs du millénaire pour le développement sont loin d'être réalisés. Ils avaient prévu de réduire de moitié entre 1990 et 1995 le nombre de personnes souffrant de la faim.

2. **(Doc 1)** *Quelles solutions peuvent lui permettre de résoudre ce défi ? Ces solutions sont-elles nouvelles ?*

Des solutions permettent de résoudre les défis de la production agricole en évitant d'augmenter les superficies cultivées, ce qui conduirait à la déforestation et à la diminution du patrimoine biologique :

– le recours au productivisme, c'est-à-dire à l'augmentation de la productivité et des rendements grâce aux engrais, aux pesticides, à l'irrigation. Ces révolutions vertes ont été réalisées en Europe dans les années 1960, en Asie (Inde, par exemple) un peu plus tard ;

– le recours aux organismes génétiquement modifiés, c'est-à-dire à des semences résistant aux maladies et s'adaptant, selon les cas, à l'humidité, à la sécheresse… Ces solutions datent des années 1960 pour les premières, 1990 pour les secondes.

3. **(Doc 1 et 2)** *Quels risques comportent l'une et l'autre de ces solutions ?*

Chacune de ces solutions comporte des risques :

– les révolutions vertes ont pour conséquence de gaspiller l'eau (irrigation), de polluer les sols (engrais) et de fragiliser la biodiversité (les nouvelles espèces aux bons rendements l'emportent sur les

variétés anciennes; des plantes, des animaux – les abeilles – sont attaqués par les produits chimiques);
– les OGM ont des retombées encore mal connues dans la mesure où on ne les cultive réellement que depuis 1995. On ne connaît vraiment leurs conséquences ni sur la santé humaine ni sur l'environnement (on sait seulement que certaines plantes parasites résistent et même prolifèrent). De là, les campagnes contre les OGM, en particulier en France avec les «faucheurs volontaires» de J. Bové.
En outre, ces solutions ne peuvent garantir la sécurité alimentaire dans la mesure où la production n'est pas seule en cause pour nourrir les hommes, mais où il faut compter aussi sur la capacité à pouvoir acheminer et à pouvoir acheter (problème des pays en voie de développement).
De là, l'idée d'une agriculture durable, bonne pour la terre, bonne pour les hommes qui la pratiquent, bonne pour l'économie locale et bonne pour le consommateur (santé et goût).

4. (Doc 3 et 4) *Quelles sont les positions de Greenpeace face au nucléaire? Comment pouvez-vous les expliquer?*

Greenpeace est une ONG internationale dont le but est la protection de l'environnement. Elle organise pour cela des manifestations spectaculaires comme ici à Cherbourg au début 2009. Cette manifestation fait suite au discours de Nicolas Sarkozy en janvier 2009 confirmant la construction d'un 2e réacteur nucléaire de type EPR à Penly pour 2017.

Les réacteurs EPR (à eau pressurisée) appartiennent à la 3e génération des centrales nucléaires. Un de ces réacteurs est prévu pour 2012 à Flamanville. La 4e génération sera celle des surgénérateurs : projet européen de réacteur ITER à fusion thermonucléaire en préparation à Cadarache (Bouches-du-Rhône) pour une mise en service à la fin du XXIe siècle.
Actuellement, le nucléaire compte pour 17,5 % dans la production mondiale d'électricité et pour 75 % dans la production française d'électricité. Avant le drame de Fukushima, de nouvelles centrales étaient encore en construction dans le monde et on estimait que le nombre de réacteurs pouvait doubler dans les trente ans (l'Allemagne était même revenue sur son projet de fermer ses sites nucléaires). Les antinucléaires appuient leur argumentation sur l'expérience d'accidents spectaculaires tels que Tchernobyl en 1986, Fukushima en 2011, sur le fait que le nucléaire civil peut être un prélude au développement du nucléaire militaire et sur le problème de la gestion des déchets. Les déchets non recyclables ou issus du retraitement (ex. : à La Hague) des combustibles brûlés dans les centrales sont stockés dans des conteneurs spéciaux et entreposés pour deux cents à trois cents ans à La Hague en Normandie. On est encore en attente de solutions pour le stockage des déchets les plus toxiques et ceux dont la durée de vie est la plus longue (certains déchets peuvent rester radioactifs des millions d'années). Les antinucléaires préconisent le développement des énergies propres dites renouvelables (énergie solaire, éolienne) ou la diminution de la consommation énergétique.

5. (Doc 4) *Quels sont pour les pronucléaires les avantages de l'atome?*

Les pronucléaires appuient leur défense de l'atome sur les arguments suivants :
– l'épuisement du pétrole et du gaz dont les prix ne cessent d'augmenter;
– les besoins croissants en énergie électrique;
– la nécessité de ne pas contribuer au réchauffement climatique par l'accumulation dans l'atmosphère de gaz à effet de serre (notamment de CO_2) : contrairement à l'électricité d'origine fossile, l'électricité nucléaire ne produit pas de CO_2;
– la sécurité de l'approvisionnement en uranium dont les gisements se situent dans des pays politiquement stables.

6. (Doc 1 et 5) *Comment évolue la biodiversité? Comment expliquez-vous cette évolution?*

La biodiversité s'appauvrit puisque deux ou trois espèces disparaissent toutes les heures. Cet appauvrissement est particulièrement marqué dans les pays tropicaux.

Sur les quelque 1,7 million d'espèces connues, plus de 11 000 espèces de plantes et d'animaux sont menacées d'extinction à court terme. Si le rythme n'est pas endigué, la moitié des espèces de la Terre disparaîtra au XXIe siècle. L'humanité dilapide ses ressources plus vite qu'elles ne peuvent se régénérer.

Sont responsables de cette évolution :
– les pratiques agricoles visant à augmenter les rendements (impact par exemple sur les abeilles qui sont atteintes pas les pesticides, sur les oiseaux qui ne trouvent plus de moucherons pour se nourrir...);
– l'urbanisation;
– la déforestation (par exemple, en Indonésie pour multiplier les superficies des plantations de palmiers à huile).

7. (Doc 1 et 5) *Comment l'homme peut-il sauvegarder la biodiversité ?*

Cette question fait appel à la responsabilité collective ou individuelle de l'homme.

Collectivement, l'homme peut s'engager dans des associations (ex. : *WWF* ou *World Wide Fund for Nature,* c'est-à-dire Fonds mondial pour la nature) ou des actions ayant pour but de maintenir cette biodiversité et de financer les projets. Ainsi, 2010 a été décrétée année internationale de la biodiversité. La 10e rencontre de Nagoya en octobre 2010, à laquelle fait allusion le document 5, a réuni 193 États et a abouti à un accord ayant pour but de freiner la disparition des espèces à l'horizon 2020. Ainsi, pour les tigres dont il ne reste que 3 500 individus à l'état sauvage (en Inde, Indonésie, Extrême-Orient russe), l'objectif est de doubler sa population d'ici à 2022. Toutefois, les pays développés tentent de limiter ces accords qui pourraient avoir des effets sur l'industrie (ex. : plantes tropicales pour l'industrie pharmaceutique et cosmétique). Individuellement, l'action de chaque être humain peut être engagée ; substituer une agriculture raisonnée (qui emploie peu ou pas d'engrais) à une agriculture intensive ; ne pas pratiquer la surpêche et, pour cela, ne capturer que des espèces ayant atteint leur maturité ; ne pas gaspiller l'eau pour éviter la désertification ou la salinisation de nombreuses régions ou tout simplement pour préserver la ressource ; ne pas déboiser ; consommer des produits de l'agriculture biologique et manger moins de viande (l'élevage intensif est producteur de gaz à effet de serre qui agit sur le climat) ; réduire ses déchets ou les recycler ; réduire sa consommation d'énergie en se déplaçant à vélo ou à pied ; ne pas acheter d'animaux exotiques...

Pour conclure

Quelle est la responsabilité du citoyen face à son environnement ?

Certaines pratiques et certains progrès technologiques liés à la nécessité de nourrir une population mondiale toujours croissante et d'en assurer les besoins (énergétiques en particulier) peuvent avoir des effets pervers sur l'environnement et la santé des hommes. C'est le cas des produits chimiques de l'agriculture productiviste qui visent à augmenter les rendements, des organismes génétiquement modifiés dans le domaine agricole, de l'énergie nucléaire et de ses déchets dans le domaine industriel. Le citoyen doit s'informer sur ces méthodes et ces progrès technologiques afin d'adapter son comportement aux avantages et aux risques qu'ils présentent s'il souhaite contribuer à la préservation de l'environnement. Il peut aussi agir collectivement par le biais de grandes associations ou OGN (WWF, Greenpeace...) ou individuellement en limitant ses consommations ou en les orientant vers ce qui est le moins néfaste à l'environnement (ex. : agriculture raisonnée ; agriculture biologique).

ÉDUCATION CIVIQUE – THÈME 4

Citoyenneté et travail

Le thème « Citoyenneté et travail » est l'un des trois thèmes au choix du programme d'éducation civique de la classe de Terminale de Baccalauréat professionnel. Composé de trois sujets d'étude, dont un au moins doit être abordé, il a pour but de faire appréhender aux élèves l'exercice de la citoyenneté dans l'entreprise.

Problématique générale du thème

L'étude de ce thème permet de voir que le travailleur est un citoyen qui a des devoirs et des droits, d'aborder les relations qui lient l'employeur au salarié, les répercussions de l'ouverture sur l'Europe et le monde. Trois sujets d'étude sont proposés en tant qu'appui :
- le droit de grève et son exercice;
- la flexibilité et la sécurité de l'emploi;
- la négociation dans l'entreprise.

Par manque de place consacrée aux thèmes facultatifs, nous avons traité le premier sujet d'étude et effleuré le dernier.

Le travail, un droit fondamental. Affirmé dans la Déclaration universelle des droits de l'homme en 1948 (ONU : 192 États membres), rappelé par le Conseil de l'Europe (47 États membres) en 1996 dans la Charte sociale européenne révisée, le travail est un droit aussi inscrit dans le Préambule de la Constitution de la IVe République en 1946 et repris dans celle de la V° République en 1958. Il est réglementé dans le code du travail, un recueil rédigé de 1910 à 1920, puis révisé en 1973 et 2008. Le travail est un facteur d'intégration dans la société, qui doit permettre à tout citoyen d'obtenir un emploi et, à défaut, lui accorde des indemnités de chômage. Le travailleur est donc un citoyen qui, à ce titre, dispose de droits civils, politiques, sociaux...
- égalité de traitement : il ne peut pas être pénalisé par ses origines, ses croyances, ses opinions;
- liberté syndicale pour la défense de ses droits et de ses intérêts;
- droit de grève;
- participation à la vie de l'entreprise par l'intermédiaire de délégués élus.

Le contrat de travail. En cas d'embauche, le contrat de travail établit les relations entre l'employeur et l'employé, les droits et les obligations réciproques suivant la loi. Plusieurs types existent : contrat à durée indéterminée (CDI), contrat à durée déterminée (CDD), contrat temporaire ou d'intérim, contrat de travail à temps partiel, contrats jeunes, contrat de professionnalisation... Obligatoirement écrit, hormis pour le CDI à temps complet, il est une preuve qui permet d'éviter les litiges et les conflits. Il doit être rédigé en accord avec l'employeur, en deux exemplaires (un pour chacun). Il comporte :
- la fonction;
- la qualification professionnelle;
- la durée et le lieu du travail;
- la rémunération (salaire et primes);
- les congés payés;
- la durée de la période d'essai;
- le délai de préavis.

Il peut être suspendu :
- par le salarié en cas de maladie, maternité, adoption, accident, congé pour convenances personnelles;
- par l'employeur pour raisons disciplinaires ou économiques, chômage partiel, cas de force majeure.

Le droit de grève. Longtemps interdite, la grève est autorisée en 1864. Elle est un droit reconnu par la Constitution depuis 1946. Il s'agit d'un arrêt total et collectif de travail portant sur des revendications professionnelles, nécessitant un préavis obligatoire (cinq jours) seulement dans les services publics.

À côté des manifestations et des pétitions, elle est un moyen pour les syndicats et les salariés de défendre les acquis sociaux (retraites, sécurité sociale...), d'augmenter les salaires ou d'améliorer les conditions de travail.

La grève suspend le contrat de travail mais ne le rompt pas, sauf en cas de faute lourde; aucun salarié ne peut être sanctionné pour avoir fait grève. L'employeur peut seulement retenir sur la paye la part du salaire correspondant à la durée de la grève. Les grévistes doivent respecter le travail des non-grévistes. Il est illicite de bloquer l'accès au site, de dégrader les locaux ou le matériel. L'employeur n'a pas le droit de « casser » une grève en ayant recours à des intérimaires. Le droit de grève est interdit ou limité pour les gardiens de prison, les gendarmes, les militaires, les pompiers... Dans certaines professions (santé, enseignement...), des grévistes peuvent être réquisitionnés.

La négociation dans l'entreprise. Ce sont les représentants élus du personnel, des délégués syndicaux, qui négocient avec l'employeur une convention ou un accord d'entreprise dans le but d'adapter les règles du code du travail aux spécificités et aux besoins de l'entreprise, de définir les relations collectives de travail et de protection sociale. L'employeur doit, tous les ans, convoquer les délégués syndicaux pour négocier sur les salaires, la durée et l'organisation du temps de travail, les objectifs d'égalité professionnelle entre les femmes et les hommes. Les délégués syndicaux négocient avec l'employeur les conditions de sortie d'une grève.

La flexibilité et la sécurité de l'emploi. La flexibilité du travail permet à l'entreprise de s'adapter à l'évolution de la demande et de rester compétitive face à l'ouverture européenne et à la mondialisation. Elle remet en cause l'organisation du travail afin de répondre aux besoins du marché. Elle entraîne la variation des effectifs (embauche d'intérimaires) et du temps de travail annuel, l'appel à des sous-traitants, la polyvalence des employés. Le changement de poste est parfois mal vécu, les périodes irrégulières de travail engendrent la précarité, la baisse de revenu. Le salarié est déstabilisé.

Thème 4 : Citoyenneté et travail (p. 162-163)

1. **(Doc 1)** *Quels droits et devoirs du citoyen relatifs au travail sont établis par la Constitution ?*
D'après la Constitution, tout citoyen a le droit :
- d'obtenir un emploi, sans distinction d'origine, d'opinion ou de religion;
- d'être défendu par un syndicat librement choisi;
- de faire grève dans le cadre de la réglementation;
- de participer à la vie de l'entreprise par l'intermédiaire de délégués élus.

Il a le devoir de travailler.

2. **(Doc 2)** *Que déterminent ces deux contrats? Lequel est plus favorable au salarié? Pourquoi?*
Ces deux contrats déterminent les conditions de l'emploi :
- l'âge légal pour obtenir l'emploi;
- la durée du contrat;
- la période d'essai;
- le préavis de licenciement;
- l'écriture du contrat;
- les indemnités et allocations chômage en fin de contrat.

Le plus favorable au salarié est le contrat à durée indéterminée, ou CDI, puisque le travailleur peut rester longtemps dans l'entreprise s'il donne satisfaction et, dans le cas contraire, il dispose d'un préavis allant de un à trois mois. Dans le cadre du contrat à durée déterminée, il n'a pas de préavis et la durée ne peut dépasser dix-huit mois, ce qui rend l'emploi précaire.

3. **(Doc 3)** *Quels éléments composent un contrat de travail? Quel en est le but ?*
Un contrat de travail comporte les noms et adresses de l'employeur et du salarié, le motif de l'embauche, la nature de l'emploi occupé, sa durée, la période d'essai, le lieu et la durée de travail, le montant de la rémunération et de l'indemnité de fin de contrat. Il est signé, après approbation, par les deux parties qui en détiennent alors chacune un exemplaire. Preuve écrite, il a pour but d'éviter les litiges et les conflits.

4. **(Doc 4 et 1)** *Qu'entend-on par « droit de grève » (conditions, conséquences)?*
Le droit de grève est reconnu à tout salarié et est réglementé. La grève doit être un mouvement collectif qui implique la cessation totale du travail et porte sur des revendications d'ordre purement professionnel. Le contrat de travail est suspendu mais non rompu. Le gréviste ne peut être sanctionné, mais la part du salaire correspondant à la durée de la grève peut être retenue sur sa paye par l'employeur.

5. **(Doc 5 et 4)** *Qui sont et que font ces personnes? Sont-elles dans la légalité? Qui les soutient?*
Ces personnes salariées chez Lejaby sont en grève. Elles manifestent contre les modalités du plan social en occupant le siège de cette entreprise spécialisée dans la fabrication de lingerie. Elles sont en dehors de la légalité car, en bloquant l'accès du site, elles ne respectent pas le travail des non-grévistes. Elles sont soutenues par les syndicats, tels la CGT et la CFDT.

6. **(Doc 5)** *Comment la grève a-t-elle pris fin? Pourquoi a-t-elle eu lieu?*

La grève a pris fin par la négociation. Sous la médiation d'un représentant de l'État, un accord portant sur le montant des primes de licenciement a été conclu entre la direction et les salariés. Les salariés en grève manifestent contre les modalités du plan social arrêté par la direction, qui entend fermer trois sites français et délocaliser une partie de sa production dans des pays à faible coût de main-d'œuvre, comme l'ont fait ses concurrents.

Pour conclure

Dites comment le travailleur est un citoyen qui, à ce titre, a des devoirs et des droits.

Le travailleur est un citoyen et, à ce titre, il dispose de droits civils, politiques et sociaux. Le travail est un droit inscrit dans la Constitution, ouvert à tous sans critère d'origine, d'opinion ou de religion.

Le citoyen a aussi le devoir de travailler pour assurer sa subsistance et s'intégrer dans la société. Employeurs et employés doivent respecter la réglementation du travail contenue dans un recueil, le code du travail. Lors de l'embauche, un contrat de travail, dont il existe plusieurs types (le plus fréquent étant le contrat à durée indéterminé ou CDI), définit les relations entre employeur et employé, les droits et les obligations respectives. Le contrat, signé par les deux parties, comporte le motif de l'embauche, l'emploi occupé, sa durée, la période d'essai, le lieu et les horaires de travail, la rémunération et les indemnités de fin de contrat.

Le salarié participe aux conditions de vie dans l'entreprise par l'intermédiaire de représentants, les délégués élus. Il peut adhérer librement au syndicat de son choix pour être défendu en cas de conflit avec son employeur. Il dispose du droit de grève et doit en respecter le règlement : le mouvement doit être collectif avec arrêt total du travail et porter sur des revendications d'ordre professionnel, sans entraver le travail des non-grévistes. Le gréviste ne doit subir aucune sanction, son contrat de travail étant suspendu mais non rompu. L'employeur retient sur la paye la part correspondant aux jours non travaillés.

POUR L'EXAMEN

Sujet Bac 1 (p. 164 à 166)

Partie 1 – Histoire

Choix 1 : Les États-Unis et le monde (1917-1989) (p. 164)

Les fluctuations de la politique extérieure américaine de 1917 à 1945 et les conséquences de leur engagement sur leur puissance :

→ *Quelles sont les grandes phases d'engagement ou de non-intervention des États-Unis sur la scène mondiale ?*

→ *Au nom de quels principes les États-Unis interviennent-ils dans les deux guerres mondiales ?*

→ *Pourquoi leur engagement dans chacune des guerres a-t-il accru leur puissance ?*

À l'écart des affaires européennes par tradition isolationniste depuis leur fondation, les États-Unis entrent tardivement (1917) dans la Première Guerre mondiale. Grands vainqueurs en 1918, ils entendent organiser un monde de paix suivant un plan établi en « 14 points » par le président W. Wilson. Mais, face à l'hostilité de l'opinion publique, le Sénat américain ne ratifie pas le traité de Versailles en 1920 ; il refuse l'adhésion de son pays à la Société des nations, une organisation internationale, par crainte de devoir, contre son gré, participer à un conflit. Dès lors, les États-Unis se replient sur eux-mêmes, la crise économique de 1929 ne faisant qu'accentuer leur isolationnisme. Lors des crises internationales du milieu des années 1930, des lois de neutralité (1935 et 1937) interdisent les prêts et l'envoi d'armes. Mais, au début de la Seconde Guerre mondiale, leur neutralité devient relative. En 1939, ils permettent l'envoi d'armes aux démocraties anglaise et française sur le principe de la loi « cash and carry », puis ils en autorisent le prêt (loi « prêt bail ») aux pays en lutte contre le nazisme. En décembre 1941, ils entrent dans la guerre contre l'Axe.

Fondés sur la liberté et le droit, les États-Unis interviennent dans les deux guerres mondiales quand ces principes sont menacés : en 1917, après la destruction de bateaux marchands par les Allemands, constituant une entrave à la navigation sur les mers et à la liberté de commerce ; en 1941, après l'attaque japonaise de leur flotte basée à Pearl Harbor dans le Pacifique. Les États-Unis entendent protéger et défendre leur modèle.

Leur engagement dans chacune des guerres a accru leur puissance : première puissance industrielle en 1914, ils accèdent au rang de grande puissance (économique, politique et militaire) en 1918, puis à celui de superpuissance en 1945. Eloigné des champs de bataille, leur territoire a été épargné tandis que l'Europe est dévastée. Leurs industries ont pu fonctionner à plein régime pour fournir en armes leurs alliés et les doter d'une avance technologique et militaire. En 1945, ils ont le monopole de l'arme atomique. Enrichis par les guerres, ils détiennent d'énormes réserves financières face aux pays européens ruinés et peuvent jouer un rôle diplomatique prépondérant sur la scène mondiale (« 14 points » de Wilson en 1918, conférences internationales en 1945).

Choix 2 : l'idée d'Europe au XXe siècle (p. 164)

L'évolution de l'idée d'Europe, des pères fondateurs à nos jours :

→ *Quelle idée d'Europe est développée au début du XXe siècle en France, par qui et dans quel contexte ?*

→ *Dans quel cadre se développe-t-elle après la Seconde Guerre mondiale ?*

→ *Dans quelle mesure l'ambition des pères fondateurs est-elle réalisée aujourd'hui ?*

En France comme dans de nombreux pays européens, apparaissent divers courants européistes après les déchirements de la Première Guerre mondiale. Il est question de trouver des solutions pour maintenir la paix en Europe. Aristide Briand est le représentant le plus connu en France car il défend l'idée d'un système fédéraliste composé d'« États-Unis d'Europe ». Il ne s'agit pas seulement d'un marché commun comme le préconisent d'autres européistes, mais aussi d'une organisation politique supranationale. Il défend son projet devant la SDN en 1929, mais l'idée se heurte au nationalisme des États puis à la montée du fascisme.

Après l'horreur de la Seconde Guerre mondiale et la division du monde et de l'Europe en deux par la guerre froide, l'idée d'une Europe unie et en paix est reprise par R. Schuman et J. Monnet qui proposent un projet concret : la mise en commun du charbon et de l'acier au sein d'une organisation autonome à visée supranationale, la CECA. La Grande-Bretagne n'y adhère pas craignant l'aspect fédéraliste du projet. Cependant, ce premier marché commun se constitue très vite autour de six grands fondateurs : France, Allemagne, Italie et pays du Benelux. En revanche, les Européens refuseront le projet de la CED qui se propose, sur le même modèle, d'organiser la défense de l'Europe et de constituer une armée européenne.

Les ambitions des pères fondateurs sont réalisées dans la mesure où l'Union européenne rassemble aujourd'hui presque la quasi-totalité des pays du continent avec les élargissements successifs. Cinq pays sont candidats (Islande, Croatie, Monténégro, Macédoine, Turquie) et quatre sont potentiellement candidats (Bosnie, Serbie, Kosovo, Albanie). Les institutions dépassent le domaine économique simple, et se sont dotées d'une représentation politique à caractère supranational et à visée fédéraliste comprenant un pouvoir législatif et exécutif ainsi que judiciaire indépendants. L'Europe s'est attachée un président de l'Union (choisi tous les deux ans et demi) pour fixer les grandes orientations. Le rôle du Parlement européen s'est étendu, la représentation populaire est plus importante grâce au suffrage universel direct pour élire les députés. Le droit d'initiative citoyenne donne au peuple la possibilité d'intervenir directement auprès de la Commission, et les Européens bénéficient aujourd'hui de la double nationalité. L'espace Schengen leur permet de se déplacer sans tenir compte des frontières nationales, un ensemble de coopérations dans le domaine culturel est destiné aux échanges (Erasmus) et à l'amélioration des liens culturels (ARTE). Cependant, beaucoup reste encore à faire. Si les institutions se sont dotées de représentants au plan international (le président de l'Union et surtout le haut-représentant aux Affaires étrangères et à la Politique de sécurité), l'Europe a du mal à se faire entendre, elle n'a pas de force armée équivalente à sa puissance et doit accepter d'attendre la confiance de certains membres qui préfèrent rester en dehors de la zone euro ou de l'espace Schengen.

Partie 2 – Éducation civique : Droits de l'homme et action internationale

Les interventions de l'ONU dans le monde (p. 164)

Vous indiquerez quel principe de droit international permet à l'ONU d'intervenir dans les affaires intérieures d'un État et sous quelles conditions. Vous préciserez comment on appelle la force armée de l'ONU et quelles sont ses fonctions.

L'ONU intervient dans le monde pour maintenir la paix (ex. : intervention au Darfour) pour accomplir des actions humanitaires (ex. : secours aux victimes du séisme de Haïti en 2010 ou du tsunami de mars 2011 sur les côtes du Japon) et pour contribuer au développement (actions de l'UNICEF pour développer la scolarisation en Afrique). L'ONU intervient sur tous les continents, partout où sa présence est nécessaire. Elle assure la diffusion et la protection des droits de l'homme définis dans la Déclaration universelle de 1948.

Dans le document présenté, l'ONU essaie de rétablir la paix entre les ethnies de la République démocratique du Congo. Les pertes civiles sont fortes, une tentative de génocide est perpétrée contre les Rwandais, les droits de l'homme ne sont plus respectés. Les conditions sont réunies pour appliquer le droit d'ingérence humanitaire, qui permet d'intervenir dans les affaires intérieures d'un État quand la vie des populations est menacée, quand les droits de l'homme ne sont pas respectés et surtout quand l'État ne peut ou ne veut pas prendre des mesures pour améliorer cette situation. La force armée de l'ONU est un corps militaire international, les Casques bleus. Il est composé de soldats issus des États membres de l'ONU. Ils sont chargés de s'interposer dans les zones de combat et d'obliger les belligérants à trouver un accord et à proclamer un cessez-le-feu. Ils aident la population, leur apportent des produits de première nécessité (médicaments, nourriture, eau) et assurent leur protection. Ils forment parfois des camps de réfugiés. Ils font appliquer, parfois par la force, les résolutions du Conseil de sécurité de l'ONU.

Partie 3 : Géographie – Sujet d'étude 5 : La France dans l'UE et dans le monde

Choix 1 : Paris, ville mondiale (p. 165)

1. *Qu'est-ce qu'une fonction tertiaire de haut niveau ?*

Une fonction tertiaire de haut niveau ou fonction stratégique est une fonction requérant une main-d'œuvre très qualifiée et offrant un service spécialisé et pointu. Ainsi, la recherche et le développement, les conseils aux entreprises, les services juridiques, l'enseignement supérieur.

2. *Quelles fonctions tertiaires de haut niveau se concentrent à Paris ?*

À Paris et dans l'agglomération se concentrent différentes fonctions tertiaires de haut niveau comme nous l'indique la légende de cette carte :

– fonctions économiques : implantation de grandes entreprises françaises, accueil de sièges sociaux d'entreprises étrangères, commerce de luxe... ;

– fonctions politiques liées au gouvernement et à l'administration de la France, mais aussi implantation de l'OCDE ;

– fonctions financières : Bourse, banques... ;

– fonctions intellectuelles et scientifiques : grandes écoles, universités, centres de recherche, musées, expositions, salles de concerts.

3. *Dans quelle mesure ces fonctions peuvent-elles conférer à Paris un rôle international ?*

Certaines de ces fonctions ont une vocation nationale, ainsi les fonctions politiques concernant le gouvernement et l'administration de la France : présidence de la République à l'Élysée, différents ministères, organes législatifs à la Chambre des députés et au Sénat. D'autres ont une vocation internationale et participent au renom et à l'influence de la France dans le monde. Il s'agit des fonctions qui peuvent générer une *aura* internationale comme les fonctions économiques (implantation de grandes multinationales françaises comme Areva, Renault), financières (la Bourse de Paris est une des premières du monde), intellectuelles (création littéraire et artistique, formation de chercheurs de renom). Il s'agit aussi de fonctions susceptibles d'attirer un public ou une clientèle internationaux : installation de firmes multinationales étrangères, accueil de touristes, d'une clientèle fortunée pour hôtels et commerces de luxe, organisation de congrès et de manifestations dépassant le cadre national (Salon de l'automobile, Salon du Bourget...). L'implantation de ces fonctions internationales est facilitée par la puissance de la logistique parisienne (aéroports internationaux, LGV tels que l'Eurostar ou le Thalys).

4. *Où se localisent ces fonctions ? Quels éléments de la carte permettent d'expliquer cette localisation ?*

Ces fonctions ne se répartissent pas uniformément dans l'agglomération parisienne. Elles se localisent surtout dans le centre de Paris (1er, 2e, 5e et 6e arrondissements), dans l'ouest (8e et 16e arrondissements), sur la rive gauche de la Seine et, en dehors de Paris, à La Défense (bureaux) et sur le plateau de Saclay (recherche). Le nord et l'est de Paris concentrent peu de fonctions internationales. Cette répartition des fonctions tertiaires de haut niveau est à mettre en liaison avec :

– une tradition historique. Le berceau de Paris est à proximité du fleuve Seine, l'île de la Cité, ce qui explique la concentration des lieux de pouvoir et d'intelligence mais, au XIXe siècle, ce berceau a été relayé en partie par l'ouest de Paris (Champs-Élysées, Neuilly) ;

– une infrastructure de transports en commun. Par exemple, le RER B qui dessert Saint-Rémy-lès-Chevreuse, donc une partie du plateau de Saclay, le RER A qui dessert le Manhattan à la française qu'est le quartier de La Défense ;

– un zonage résidentiel. Dans les quartiers de l'ouest et du sud-ouest de Paris et de l'agglomération (Neuilly, Saint-Germain-en-Laye, Versailles), résident de nombreux cadres et professions libérales qui constituent le personnel très qualifié de ces professions tertiaires de haut niveau, alors que le nord et l'est de la capitale sont traditionnellement plus industriels et ouvriers.

Cependant, le projet actuel du Grand Paris vise à mieux répartir ces activités de haut niveau dans l'espace francilien.

Choix 2 : L'outre-mer et la puissance française (p. 166)

1. *Qu'est-ce que l'outre-mer ? Quels territoires comprend-il ?*

L'outre-mer est la France non métropolitaine, c'est-à-dire non hexagonale. C'est la France située de l'autre côté des mers. L'outre-mer est dispersé dans tous les océans, à différentes latitudes, mais surtout dans la zone intertropicale. Les territoires de l'outre-mer diffèrent par :

– leur distance par rapport à la métropole : 19 000 km pour la Nouvelle-Calédonie ; 4 300 km pour Saint-Pierre-et-Miquelon ;

– leur superficie : 439 000 km^2 pour les terres australes ; 86 500 km^2 pour la Guyane, 9 km^2 pour Clipperton. À cela, il faut ajouter la superficie de la ZEE (4 868 000 km^2 pour la Polynésie alors que celle de la métropole s'élève à 349 000 km^2) ;

– leur population : 825 000 habitants à La Réunion ; aucun habitant permanent à Clipperton et dans les TAAF ;

– leur statut administratif : DROM (Martinique, Guadeloupe, Guyane et La Réunion), COM (Polynésie, Wallis-et-Futuna, Saint-Pierre-et-Miquelon), POM (Nouvelle-Calédonie), DPE (TAAF et Clipperton).

2. *Quels points communs ont les territoires représentés sur cette carte ?*

Les territoires représentés sur cette carte sont les territoires français du Pacifique Sud. Ils ont en commun :
- leur situation dans la zone intertropicale du Pacifique Sud (hémisphère Sud);
- leur éloignement par rapport à la métropole. Cet éloignement est donné ici par les fuseaux horaires. Quand il est midi à Paris, il est 9 h du soir, soit 21 h en Nouvelle-Calédonie, 11 h du soir, soit 23 h à Wallis-et-Futuna. Quant à la Polynésie, elle est en train de changer de date et on est au début du jour suivant;
- leur émiettement insulaire en de nombreux archipels (îlots volcaniques et atolls);
- leur vaste ZEE. Les territoires du Pacifique donnent à la France une ZEE de 7,6 millions de km^2 sur une ZEE totale pour la France de 10,5 millions de km^2.

3. *Comment se marque la présence française dans ces territoires d'outre-mer?*
Sur la carte, on voit plusieurs marques de la présence française dans le Pacifique Sud. Elles sont concrétisées par la présence d'une force navale et aéronavale. Celle-ci a plusieurs missions :
- assurer le *statu quo* politique de la région, ce qui montre l'intérêt géostratégique de la métropole pour cette partie du monde;
- assurer l'assistance aux populations en cas de séisme, tsunami, ce qui rend compte de l'intérêt humain de la métropole pour la région;
- assurer la protection des ressources naturelles, ce qui montre l'intérêt économique de la métropole pour cette partie du globe.

4. *Comment les territoires d'outre-mer peuvent-ils contribuer à la puissance française?*
Les territoires d'outre-mer, en particulier ceux du Pacifique Sud contribuent à la puissance française :
- économiquement, par les ressources qu'ils renferment en particulier dans leur ZEE (ressources halieutiques et minérales comme le pétrole, le gaz, les nodules polymétalliques);
- stratégiquement, puisqu'ils contribuent à la stabilité politique de la zone face aux puissances régionales que sont l'Australie ou la Nouvelle-Zélande et aux prétentions potentielles des puissances riveraines du Pacifique comme les États-Unis, le Japon, la Chine;
- scientifiquement, dans la mesure où la France est censée protéger la biodiversité (récifs coralliens entre autres choses) de ces archipels.

POUR L'EXAMEN

Sujet Bac 2 (p. 167 à 169)

Partie 1 – Géographie

Choix 1 : La France dans l'UE et dans le monde (p. 167)

Qu'entend-on par puissance de la France dans le monde ?

Vous présenterez les différents aspects de cette puissance, puis vous en montrerez les limites.

Vous pourrez appuyer votre réponse sur les données du document.

La France occupe une place importante sur la scène internationale. Elle est remarquable par :

– ses activités économiques. Son agriculture de type productiviste fournit des produits nombreux et variés. Son industrie, aux mains de grands groupes (Renault, Peugeot, Sanofi, EADS…) et de très nombreuses PME, est performante en ce qui concerne le matériel de transport, mais aussi les NTIC et est à l'origine d'importants courants d'exportation. Mais ce sont surtout les services qui lui donnent son poids économique. La France est le 4e exportateur et importateur mondial de services ;

- sa richesse. Son PNB et son PIB/hab. de plus de 42 000 dollars en 2009 font d'elle la 5e puissance économique mondiale. Cette richesse accompagne son développement dans la mesure où son IDH la place au 8e rang mondial ;

– sa présence planétaire. La France d'outre-mer, constituée principalement d'îles, se disperse dans tous les océans. La France possède le 2e réseau diplomatique du monde et entretient dans presque toutes les capitales et grandes villes du monde ambassades et des consulats. Les entreprises françaises investissent, s'installent ou créent des filiales sur tous les continents. Les expatriés français sont également présents dans toutes les parties du monde. Enfin, sa présence planétaire se fonde aussi sur le fait qu'elle fait partie du Conseil de sécurité de l'ONU et qu'elle est amenée à participer à des opérations de paix tant en Afrique qu'en Asie. La France dispose d'une force de frappe et est une puissance écoutée dans le monde ;

– son prestige culturel. La France est porteuse de valeurs universelles nées au XVIIIe siècle avec le mouvement philosophique et développées par la suite, reconnues aujourd'hui dans tous les pays démocratiques. Son prestige culturel tient aussi à la diffusion de la langue française (Le français est la langue officielle de 29 États et on compte 220 millions de francophones). Elle tient enfin à la richesse de son patrimoine artistique et intellectuel, à son savoir-faire, à sa créativité et à son bon goût (haute couture, joaillerie). Ce prestige culturel explique que la France se classe au 1er rang mondial en ce qui concerne l'accueil des touristes étrangers.

Toutefois, la France est aujourd'hui plus une puissance européenne qu'une puissance mondiale. Elle n'arrive qu'au 42e rang mondial par sa superficie (551 000 km^{2}) et au 21e rang par sa population (64 millions en tenant compte de l'outre-mer, ce qui ne représente que 1 % de la population de la planète). De plus, sa puissance économique, culturelle et stratégique s'érode. Elle est, en effet, confrontée à des problèmes internes (endettement, déficits, chômage) et à la concurrence de géants traditionnels comme les États-Unis ou de pays émergents comme la Chine. En outre, elle privilégie nettement ses relations avec l'Europe (72 % de ses investissements ; 62 % de ses échanges) si bien qu'elle arrive, sur le plan économique, au 2e rang européen.

Choix 2 : Acteurs et enjeux de l'aménagement des territoires français (p. 167)

Quels sont les principaux acteurs de l'aménagement du territoire en France ?

Vous présenterez les acteurs en fonction de leur échelle d'intervention et des moyens dont ils disposent : d'abord les organismes nationaux et internationaux, puis les collectivités et groupes de collectivités, enfin les acteurs non institutionnels. Vous développerez brièvement, pour chaque sorte d'acteur, un exemple précis d'aménagement.

L'aménagement des territoires français implique de nombreux acteurs, particulièrement depuis les lois de décentralisation de 1982-1983 et de 2003-2004 qui ont étendu les compétences dans ce domaine aux collectivités territoriales et aux structures intercommunales. Les acteurs institutionnels, de la commune à l'Union européenne en passant par l'État, se complètent des acteurs non institutionnels (citoyens, entreprises, ONG et associations...).

À l'échelle gouvernementale se trouvent l'État et l'Union européenne. L'État coordonne l'action des acteurs de l'aménagement du territoire pour un développement d'intérêt national. Il finance, initie, valide ou non les projets. La Délégation interministérielle à l'aménagement et à la compétitivité des territoires (DIACT) veille depuis 2006 à l'adéquation des projets avec les enjeux de l'aménagement et à leur application. L'État accorde ainsi le statut de parc national aux espaces verts protégés qui remplissent les conditions définies. Il encourage la construction de réseaux de transports transversaux destinés à valoriser les régions éloignées de la capitale (ex. : projet de LGV Bordeaux-Toulouse). L'Union européenne soutient les aménagements qui rééquilibrent ses territoires à l'échelle des États membres afin de renforcer sa position dans la mondialisation des échanges. Elle accorde des aides (FEDER) et réalise des projets (LEADER) pour dynamiser des régions et soutenir des projets d'intérêt collectif (ex. : programme Compétitivité régionale Alsace 2007-2013, soutenu par le FEDER).

À l'échelle locale, les collectivités territoriales sont multiples. Elles sont dotées d'un budget et d'un réel pouvoir d'initiation et de réalisation de projets. Ce sont les régions (ex. : création d'un lycée professionnel), les départements (réalisation d'une route départementale), les communes (constitution d'une zone d'activité économique ou d'un espace piétonnier, valorisation et entretien du patrimoine culturel).

Les établissements publics de coopération intercommunale (EPCI) s'ajoutent à ces collectivités. Elles bâtissent des structures intercommunales pour se donner les moyens de réaliser des projets ambitieux d'intérêt collectif. Les communautés de communes comptent moins de 50 000 habitants et rassemblent souvent des communes rurales (ex. : le projet « Terre du pays de Maroilles » et la 2C2M). Les communautés d'agglomération comptent entre 50000 et 500000 habitants (l'EPCI de La Rochelle met en place en 2011 de nouveaux transports durables, les « yélomobiles », des voitures électriques en libre-service). Les communautés urbaines comptent plus de 500 000 habitants (l'EPCI de Nantes prend en charge la rénovation du quartier Nouveau Malakoff et lui donne une portée compétitive d'ampleur internationale avec ses centres de formation et ses industries et services de pointe).

Les citoyens, consultés par des enquêtes sur l'aménagement du territoire, des associations et des groupes de pression (ex. : Greenpeace France qui défend la réduction des gaz à effet de serre et de la pollution environnementale et en fait une priorité dans les politiques d'aménagement) et les entreprises (ex. : Renault, Carrefour, Sanofi, Arianespace...) représentent les acteurs non institutionnels. Ils contribuent à l'aménagement en venant ou non s'installer dans les territoires de projet.

Les acteurs sont multiples, et leur diversité enrichit les débats autour de l'aménagement des territoires. Leur diversité doit être parfois canalisée, car plusieurs acteurs, avec des motivations différentes, peuvent voir leurs responsabilités se chevaucher. De plus, les territoires représentant une population en nombre plus faible peinent parfois à se faire entendre...

Partie 2 – Éducation civique : Droits de l'homme et action internationale

Quelles sont les formes majeures d'intervention de l'ONU à l'échelle internationale ? (p. 167)

Vous présenterez les principales formes d'intervention exercées par l'ONU à l'échelle internationale en distinguant, pour chacune d'elles, les objectifs et les moyens déployés. Vous illustrerez votre réponse par des exemples précis d'intervention.

L'ONU intervient partout dans le monde pour défendre les droits de l'homme, étendre les valeurs démocratiques et préserver la paix. Ces objectifs sont définis dès sa fondation dans la Charte de San Francisco (1945) et ont sans cesse été rappelés depuis. Elle essaie de maintenir la paix (ex. : intervention au Darfour), par la diplomatie ou, quand la situation l'oblige, par la force grâce aux Casques bleus, un corps d'armée international. Elle intervient entre les belligérants, essaie de les amener à trouver un accord. Si aucune solution diplomatique ne peut être trouvée, si la violation des droits de l'homme est manifeste, l'ONU peut invoquer le droit d'ingérence humanitaire qui lui permet d'intervenir, parfois en confiant des mandats à des États pour agir en son nom, dans les affaires intérieures de l'État qui ne peut ou ne veut pas prendre les mesures nécessaires à la sécurité de sa population (exemple : depuis 2006, au Darfour, les Casques bleus créent des camps de réfugiés et s'interposent pour protéger les populations civiles menacées d'extermination). Mais de telles interventions restent exceptionnelles car elles peuvent remettre en question l'autorité de l'État sur sa politique intérieure. L'ONU accomplit également des actions humanitaires dans les zones touchées par des épidémies, des guerres, des famines ou des catastrophes naturelles ou technologiques (ex. : secours aux victimes du séisme de Haïti en 2010 ou du tsunami de mars 2011 sur les côtes du Japon). Elle apporte alors son aide en fournissant des soins, des éléments de première nécessité (eau potable, nourriture), en aidant les populations à reconstruire, en facilitant l'accès aux victimes et aux blessés, en secondant l'action des ONG. L'ONU contribue enfin au développement dans les PED, afin de réduire les inégalités mondiales et faire reculer la pauvreté. L'UNICEF développe la scolarisation en Afrique, l'ONU construit des puits dans les régions sèches, finance des campagnes de prévention contre le sida en Afrique du Sud-Est, aide les populations à entretenir, à reconstruire et à faire connaître leur patrimoine culturel (ex. : déminage des temples d'Angkor au Cambodge sous le patronage de l'UNESCO)... L'ONU intervient sur tous les continents, partout où sa présence est nécessaire. Elle assure la diffusion et la protection des droits de l'homme définis dans la Déclaration universelle de 1948.

Partie 3 : Histoire – Sujet d'étude 1 : Les États-Unis et le monde (1917-1989)

Choix 1 : « Les 14 points » de Wilson (p. 168)

1. *Quelle fonction occupe W. Wilson lors de ce discours et à qui s'adresse-t-il? Quel est le contexte historique?*
Lors de ce discours prononcé le 8 janvier 1918, W. Wilson est président des États-Unis. Il s'adresse au Congrès (Parlement américain). La Première Guerre mondiale, que les États-Unis et leurs alliés viennent de gagner, est terminée.

2. *Quel est le but de son discours? Sur quels principes les « 14 points » sont-ils fondés?*
Son discours a pour but d'établir la paix dans le monde suivant les valeurs du modèle américain. Les 14 points sont fondés sur les principes de liberté (liberté de la navigation sur mer, du commerce) et de droit (fin de la diplomatie secrète, droit des peuples à disposer d'eux-mêmes), de préservation de la sécurité (SDN).

3. *En quoi les traités de paix mettant fin à la Première Guerre mondiale se sont-ils inspirés de ce discours? Quel point a été concrétisé mais a vite perdu de sa substance? Pourquoi?*
Les traités de paix mettant fin à la Première Guerre mondiale ont remodelé la carte de l'Europe suivant le principe des nationalités, le droit des peuples à disposer d'eux-mêmes : création d'États en fonction des nationalités sur les décombres des empires multinationaux. Le dernier point a été concrétisé avec la fondation de la Société des nations, mais il a vite perdu de sa substance en l'absence de l'adhésion des États-Unis, le Sénat américain (sous la pression de l'opinion) étant hostile à toute perte d'indépendance du pays en matière de politique extérieure.

4. *Quel nouvel ordre international W. Wilson entend-il fonder? Pourquoi l'a-t-on qualifié de « bel idéal »?*
W. Wilson entend créer un nouvel ordre international fondé sur la liberté et le droit, respectant le principe des nationalités et visant à assurer la paix et la sécurité dans le monde. Il a été qualifié de « bel idéal » car, face à la surenchère des États européens victorieux (la France surtout), le plan a été aménagé (frontières, réparations), l'Allemagne s'est sentie humiliée et attend sa revanche, et surtout la SDN perd de sa substance par la non-adhésion des États-Unis pourtant à l'origine de sa fondation.

Choix 2 : Le plan Marshall et le début de la guerre froide (p. 169)

1. *Dans quelles circonstances ce discours a-t-il été prononcé et quelle fonction occupe son auteur?*
H. Truman, président des États-Unis, prononce ce discours alors que l'URSS a établi sa mainmise sur l'Europe de l'Est en tardant à retirer ses troupes d'occupation et en favorisant l'installation de régimes communistes soumis à ses ordres.

2. *Que décide H. Truman? Qui sont les peuples concernés et quel est le but poursuivi?*
H. Truman décide de soutenir la reconstruction de l'Europe ruinée par la guerre en proposant une aide économique et financière. Ce sont les peuples de l'Europe de l'Ouest, encore libres de toute emprise soviétique, qui sont concernés. Le but est d'arrêter l'expansion du communisme en Europe, de défendre la liberté et la paix.

3. *Analysez les deux affiches (auteur, contenu, visées). Expliquez comment les décisions prises sont concrétisées et perçues.*
La première affiche est publiée en Italie, État de l'Europe de l'Ouest qui a accepté le plan Marshall. Par le dessin (énorme colis livré aux couleurs américaines) et le texte, elle entend proclamer les bienfaits de l'aide américaine pour la reconstruction du pays. La seconde affiche provient de la zone soviétique

d'occupation en Allemagne, soumise à l'URSS qui a refusé le plan Marshall. Les États-Unis symbolisés par l'Oncle Sam, reconnaissable à son chapeau, sont chassés par les Allemands de l'Est qui rejettent leur aide pour ne pas dépendre d'eux.

4. *Quelles en sont les conséquences sur l'Europe ?*
Le plan Marshall entraîne la division de l'Europe en deux camps rivaux :

– les pays de l'Europe de l'Ouest, par leur adhésion à l'aide américaine, se trouvent liés aux États-Unis ;
– ceux de l'Europe de l'Est, par leur refus du plan sous la pression de Moscou, sont soumis à l'URSS.

Le partage de l'Allemagne entre les deux camps préfigure la naissance de deux États en 1949, de part et d'autre du rideau de fer.

Pour l'examen

Sujet Bac 3 (p. 170 à 172)

Partie 1 – Histoire

Choix 1 : La décolonisation et la construction des nouveaux États : Inde, Algérie (p. 170)

L'Inde, de la décolonisation à la construction d'un État de première importance dans le monde.

➔ *Comment l'Inde est-elle devenue indépendante ?*

➔ *Quels sont les choix politiques et économiques du nouvel État ? Donnez des exemples.*

➔ *Quelle place l'Inde a-t-elle prise dans le monde ?*

Vous répondrez à ces questions dans un même texte organisé.

L'Inde, colonie britannique, et « Perle de l'empire », mène un long combat pour l'indépendance. Dès 1920, les nationalistes du parti du Congrès dirigé par les leaders charismatiques Gandhi et Nehru combattent les Anglais par des voies originales. La non-violence, prônée par Gandhi, encourage les actions qui visent à affaiblir les Britanniques jusqu'à ce qu'ils quittent l'Inde. Le boycott des produits en 1920 a pour but de perturber l'économie ; la désobéissance civile cherche à bloquer l'administration en refusant les lois injustes (comme la taxe sur le sel dénoncée par Gandhi lors de la Marche du sel en 1930). La Seconde Guerre mondiale accélère la marche vers l'indépendance accordée en 1947. La négociation entre les Anglais et les nationalistes aboutit au partage de l'Inde en deux États, l'Union indienne et le Pakistan.

Le nouvel État fonctionne dans un cadre fédéral et démocratique selon le modèle parlementaire anglais. Face aux défis économiques et au retard du développement, l'État devient le premier investisseur et entrepreneur du pays, utilise les ressources locales, favorise le marché intérieur, taxe les importations. Ce développement autocentré privilégie les industries lourdes (la sidérurgie, les engrais) et lance la « révolution verte » pour moderniser l'agriculture afin de satisfaire les besoins de base d'une immense population (350 millions en 1950, 1 000 millions en 2000).

Forte de son histoire, de son modèle politique, économique, l'Inde s'affirme en 1955, lors de la conférence de Bandung, comme un acteur majeur du tiers monde puis, en 1961, comme pays initiateur du non-alignement. C'est aujourd'hui un pays de premier plan sur la scène internationale.

Choix 2 : Le monde depuis le tournant des années 1990 (p. 170)

Les années 1990 : un tournant dans l'histoire du monde !

➔ *Pourquoi la chute du mur de Berlin en 1989 annonce-t-elle la fin de la guerre froide ?*

➔ *Quels sont les éléments qui font des États-Unis une hyperpuissance ?*

➔ *Quel nouvel ordre mondial les États-Unis entendent-ils instaurer ?*

Vous répondrez à ces questions dans un même texte organisé.

Après l'ouverture du rideau de fer entre l'Autriche et la Hongrie au printemps 1989, le mur de Berlin tombe le 9 novembre sous la poussée des Berlinois de l'Est, après une annonce faite par un membre du gouvernement de la RDA autorisant les déplacements à l'extérieur. Ce mur, frontière hermétique qui séparait la ville en deux parties, était le symbole de la division du monde en deux blocs rivaux s'affrontant dans la guerre froide. En 1990, les pays de l'Europe de l'Est se libèrent de la tutelle soviétique et abandonnent le communisme, l'Allemagne est réunifiée. En 1991, le pacte de Varsovie est dissous, l'URSS disparaît en tant qu'État.

Les États-Unis voient leur modèle triompher. Ils sont désormais l'unique superpuissance, une hyperpuissance. Ils sont les seuls à détenir à la fois la puissance :

- économique car ils sont la première puissance industrielle mondiale ;
- financière par leur PIB élevé, le prestige de leur monnaie ;
- militaire par la force et la présence de leur armée, l'arme nucléaire ;
- diplomatique par leur siège permanent à l'ONU et leur rôle d'arbitre lors des crises.

Afin d'assurer la paix et la sécurité dans le monde de l'après-guerre froide, les États-Unis tentent d'instaurer un nouvel ordre international placé sous leur commandement et fondé sur une gouvernance des nations dans le cadre de l'ONU. Ainsi, avec l'accord de l'organisation mondiale, ils interviennent en 1991 à la tête d'une coalition d'États pour libérer le Koweït envahi par l'Irak. Face aux conflits qui se multiplient, ils agissent en « gendarmes » du monde partout où la liberté et leurs intérêts sont menacés.

Partie 2 – Éducation civique : Droits de l'homme et action internationale

La Déclaration universelle des droits de l'homme (p. 170)

Vous rappellerez le contexte de la mise en place de la Déclaration universelle des droits de l'homme et les principes fondamentaux de celle-ci.

La Déclaration universelle des droits de l'homme est rédigée en 1948 par l'assemblée des Nations unies. Le contexte de rédaction est la fin de la Seconde Guerre mondiale et la découverte de l'horreur des camps. Les procès de Nuremberg (1945-1946) et de Tokyo (1946-1948) aboutissent à la condamnation des criminels de guerre et à la formulation de la notion de crime contre l'humanité. En réaction à ces crimes, la communauté internationale reconnaît des droits naturels et inaliénables à tous les êtres humains, et charge l'ONU, notamment par le biais des Casques bleus, d'assurer leur défense et leur protection à travers le monde, dans l'espoir que de telles catastrophes ne se reproduisent plus... Elle est rédigée à Paris en raison de son inspiration profonde dans la Déclaration des droits de l'homme et du citoyen (1789), de la présence décisive du juriste René Cassin et de la présence de la France parmi les États vainqueurs. La Déclaration reconnaît de nombreux droits civils; il s'agit de l'égalité et des grandes libertés, proclamées de façon générale dans les articles 1 et 2 (qui ajoutent le refus des discriminations). Les articles 3 et 14 ajoutent le droit à la sécurité tandis que les articles 4 et 5 condamnent l'esclavage et les mauvais traitements portant atteinte à la dignité humaine. Les droits civils sont ensuite détaillés : la liberté individuelle contre l'arbitraire (article 9), la liberté de circulation (article 13), les libertés de pensée (opinion, expression, réunion, association). La Déclaration établit également de nombreux droits économiques et sociaux, tels que le droit à la Sécurité sociale, à un travail et à un revenu décent, à l'éducation (articles 22 et 26), à la santé qui correspondent à de nombreuses actions humanitaires internationales. Ces droits doivent permettre de réduire la pauvreté, vue par l'ONU comme l'une des causes majeures des crises politiques mondiales.

Partie 3 : Géographie – Sujet d'étude 6 : Acteurs et enjeux de l'aménagement des territoires français

Choix 1 : Le Conservatoire du littoral (p. 171)

1. *Présentez le document (auteur, nature, objectif).*

Il s'agit d'une photographie aérienne de l'œuvre, aujourd'hui contestée, de l'architecte André Minangoy, les marinas du littoral de la baie des Anges. L'objectif de la photographie est de montrer un exemple d'aménagement massif du littoral pour des raisons touristiques, financières et ses conséquences lourdes pour l'environnement. Le Conservatoire du littoral lutte aujourd'hui contre ce genre d'aménagement qui s'oppose à l'enjeu du développement durable.

2. *Quels aménagements ont été effectués sur le littoral de la Baie des Anges? Le Conservatoire du littoral existait-il lorsque ces aménagements ont été effectués?*

Les aménagements effectués sont des marinas, un ensemble résidentiel de près de 1 500 logements, accompagnés d'un port de plaisance et d'un centre commercial. Pour rendre l'ensemble attractif, le réseau de communication du littoral s'était fortement développé (voies de circulation rapide, autoroute, voie ferrée). Ces aménagements sont réalisés dans les années 1960-1980 : le Conservatoire du littoral, créé en 1975, n'existe qu'à la fin du projet et s'oppose très tôt à son extension...

3. *Quelles sont les conséquences de tels aménagements sur l'environnement? Un tel projet peut-il être approuvé par le Conservatoire du littoral? Justifiez votre réponse.*

Ces aménagements ont contribué à dégrader la richesse faunistique et floristique du littoral, tant au niveau des plages et du paysage méditerranéen que dans le cadre sous-marin. La pollution liée aux transports urbains et aux transports maritimes (bateaux de plaisance) s'est fortement accrue. La densité de population concentrée dans cette résidence accroît massivement le volume des déchets à traiter et la consommation énergétique en ressources indispensables (eau). Un tel projet ne peut être approuvé par le Conservatoire du littoral qui milite pour la protection des paysages naturels, la préservation de la richesse écologique des littoraux, la réduction de la pollution et l'économie des ressources. Le Conservatoire du littoral s'inscrit dans le développement durable et applique la loi «littoral» qui interdit toute construction à moins de 200 m des côtes.

Choix 2 : Un aménagement dans une communauté de communes (p. 172)

1. *Décrivez la médiathèque de Longwy (architecture, apparence, dimensions).*
La médiathèque de Longwy se caractérise par une architecture contemporaine, résolument inscrite dans le développement durable. Elle se distingue par d'immenses baies vitrées qui la rendent très lumineuse. Elle est très grande, pour accueillir de nombreux visiteurs, et peu élevée pour ne pas empiéter sur le paysage. Elle ajoute du dynamisme et de la modernité à un quartier en expansion.

2. *À quels enjeux de l'aménagement du territoire répond une telle construction ?*
Une telle construction s'inscrit dans les enjeux d'équité territoriale et de développement durable. Longwy se trouve dans la partie nord de la Meurthe-et-Moselle, près de la frontière belge et luxembourgeoise. Elle est donc localisée dans un espace initialement consacré à l'industrie lourde, en reconversion vers des activités plus porteuses. Afin de valoriser un espace en mutation, la CCAL se dote d'un centre culturel important, qui peut attirer une population étudiante, qualifiée et dynamique, répondant ainsi aux objectifs de l'équité territoriale. Si la médiathèque prend de l'ampleur et attire un public transfrontalier, elle peut aussi prétendre aux objectifs de compétitivité dans le domaine des services culturels. Enfin, elle répond aux objectifs du développement durable par son choix, pour alimenter sa climatisation, de la géothermie, énergie renouvelable et propre, et des structures vitrées capables de limiter les déperditions de chaleur.

3. *Quels acteurs financent un tel projet ?*
Le projet est réalisé grâce à la structure intercommunale (CCAL), à la région Lorraine, à l'État [par le biais de l'Agence de l'environnement et de la maîtrise de l'énergie (ADEME)] et à l'Union européenne (fonds de cohésion).

4. *La commune de Longwy aurait-elle pu réaliser seule un tel projet ? Justifiez votre réponse.*
La commune de Longwy n'aurait pas eu les moyens financiers de développer seule un tel projet. L'EPCI est confrontée à un surcoût considérable (130 000 €) que l'État (50 %), l'Union européenne (30 %) et la région (20 %) vont compenser. Une telle structure, vaste et ambitieuse, est un atout pour le territoire de Longwy. Sa construction, comme son rayonnement, dépassent les seuls moyens de la commune et illustrent l'intérêt de l'intercommunalité.

POUR L'EXAMEN

Sujet Bac 4 (p. 173 à 175)

Partie 1 – Géographie

Choix 1 : Les transformations de l'espace productif et décisionnel (p. 173)

1. *Quels étaient les anciens lieux de production industrielle ? Quels sont les nouveaux ?*

Autrefois, la production industrielle était très diversifiée. L'industrie lourde (sidérurgie, chimie lourde) était localisée sur les sources d'énergie (charbon dans le Nord – Pas-de-Calais, en Lorraine, au Creusot, à Carmaux..., gaz à Lacq au pied des Pyrénées, électricité dans les vallées alpines) ou bien sur les matières premières (minerai de fer en Lorraine, sel gemme en Lorraine...). On trouvait également cette métallurgie lourde sur les lieux d'importation, c'est-à-dire dans les ports (sidérurgie de Fos-sur-Mer, de Dunkerque), de même que la chimie lourde (raffineries de pétrole de Dunkerque, Le Havre, Nantes, Fos-sur-Mer). Les voies de communications comme les chemins de fer et les canaux étaient également des facteurs attractifs pour fixer ces activités industrielles de même que les gisements de main-d'œuvre nombreuse et bon marché, pas forcément qualifiée. Quant à l'industrie de transformation (textile, agroalimentaire, automobile, électroménager...), elle se localisait à proximité des lieux d'importation de matières premières (coton à Rouen, savon à Marseille...) ou surtout des grands marchés de consommation. Les régions industrielles étaient donc le Nord – Pas-de-Calais, la Lorraine, le Creusot, mais aussi les régions parisienne et lyonnaise. Aujourd'hui, l'industrie lourde a périclité et les bassins industriels anciens ont été abandonnés ou se sont reconvertis. La production industrielle a changé tout en perdant une grande part de ses emplois. Elle est aussi plus liée au tertiaire et s'est dispersée dans une sorte de croissant périphérique partant de la Bretagne, passant par l'ouest du territoire, puis le sud pour rejoindre le littoral méditerranéen. Toutefois, la première et la deuxième région industrielle sont toujours la région parisienne et la région lyonnaise.

2. *Où se localisent les principaux lieux de décision ? Donnez des exemples précis.*

Les lieux de décision politique (Élysée, Chambre des députés, Sénat), économique (sièges sociaux des grandes entreprises nationales ou internationales), financière (Bourse, banques), intellectuelle (centres de recherche), culturelle (lieux de création littéraire et artistique) sont liés à la tertiarisation de l'économie. Aujourd'hui, le tertiaire représente les trois quarts de l'emploi et du PIB. Ce sont les grandes villes qui concentrent ces lieux de décision et, tout d'abord, Paris, ce qui correspond à la tradition centralisatrice de la France. Les métropoles attirent les lieux de décision dans la mesure où elles peuvent offrir personnel qualifié, financements, assurances, conseils.

3. *Quels facteurs permettent d'expliquer ces nouvelles localisations ?*

Ces nouvelles localisations sont à mettre en liaison avec :

– la mondialisation, elle-même liée à la révolution des transports et au triomphe du libéralisme. Cette mondialisation entraîne des délocalisations industrielles, en particulier dans l'industrie lourde et les industries de main-d'œuvre, dans le cadre d'une division spatiale du travail, mais aussi une mise en valeur des interfaces ;

– la transformation des secteurs économiques liée à une tertiarisation générale. Aujourd'hui, la production industrielle à haute valeur ajoutée (high tech), dans laquelle l'immatériel tient une place importante, l'emporte sur la production liée à l'importance des matières premières. La matière grise nécessaire à ces industries (ou à ces centres de décision) ne peut être attirée que là où elle trouve des conditions de vie agréables (proximité de la mer ou de la montagne, transports rapides, présence d'une université ou de salles de spectacle de haut niveau) ;

– la politique économique des pouvoirs publics ou des collectivités locales qui ont cherché dans les années 1960-1970 à mieux répartir les activités sur le territoire (politique de décentralisation et de déconcentration) et dans les années 1990-2010 à promouvoir la performance (politique des pôles de compétitivité).

Choix 2 : Les mobilités de la population (p. 173)

Répondez en quelques lignes à chacune des questions.

1. *Quelles sont les différentes sortes de mobilités de la population dans le temps et dans l'espace ?*
Tout le monde se déplace pour différentes raisons. On va chaque jour de son domicile à son lieu de travail, en début et en fin de journée, sur une distance moyenne de 15 km et à une heure de déplacement. À cette mobilité quotidienne s'ajoutent les déplacements saisonniers d'une quinzaine de jours pour des vacances à la mer, à la montagne ou pour de séjours plus courts en fin de semaine. Les jeunes sont encouragés à partir une année complète vers des destinations lointaines (Australie, Nouvelle-Zélande, Canada, Japon, etc.) pour travailler et faire du tourisme grâce au Visa Voyage Travail. Ceux qui changent de situation économique et déménagent dans une autre région, connaissent une mobilité résidentielle de plus longue durée.

2. *La structure d'une ville peut-elle être modifiée par la mobilité ?*
Les transports de plus en plus rapides amènent des transformations dans les villes qui s'étendent. De nombreux citadins cherchent à avoir plus d'espace qu'en centre-ville et s'installent dans de nouveaux quartiers, des lotissements pavillonnaires construits dans la campagne proche. Ils se déplacent chaque jour jusqu'à leur lieu de travail. Cette mobilité de la population entraîne l'implantation de centres commerciaux, d'entreprises à proximité des grandes voies rapides. Les limites de la ville sont repoussées et le paysage urbain transformé par la périurbanisation.

3. *L'attractivité des territoires et la répartition de la population sont-elles liées ? Justifiez votre réponse en donnant des exemples précis.*
Les habitants quittent un territoire pour s'installer dans un autre jugé plus attractif. La répartition de la population en France n'est donc pas figée et change en fonction des déplacements. Les régions côtières méridionales et atlantiques attirent de plus en plus de gens qui veulent vivre plus près de la nature. Cette littoralisation profite aux territoires de l'Ouest, du Sud et du Sud-Ouest. Paris et sa grande couronne, les métropoles régionales comme Toulouse, Nantes, Montpellier, confirment leur attrait car elles possèdent les multiples avantages de villes capitales, un vaste éventail de services (des universités, des hôpitaux, des musées, des loisirs), des offres d'emploi variées. Cependant, l'Île-de-France, qui accueille 18 % de la population française, a un solde migratoire négatif avec moins d'entrées et plus de sorties. Le Nord-Est industriel de la France, les Ardennes, le Nord, ainsi que les régions rurales d'Auvergne, du centre Bretagne, sont actuellement délaissées et perdent des habitants en raison de leur faible attractivité, du manque de transports rapides, de possibilité d'emploi. La répartition de la population, marquée par une forte concentration autour de la Région parisienne, se rééquilibre vers le Sud et l'Ouest.

Partie 2 – Éducation civique : Droits de l'homme et action internationale

Les actions internationales de l'ONU (p. 173)

Vous expliquerez quelles actions humanitaires sont accomplies par l'ONU et l'Unesco et quels sont les buts de ces organismes. Vous présenterez ensuite quelles difficultés ils peuvent rencontrer pour accomplir ces actions.
L'ONU accomplit des actions humanitaires dans les zones touchées par des épidémies, des guerres, des famines ou des catastrophes naturelles ou technologiques (ex. : secours aux victimes du séisme de Haïti en 2010 ou du tsunami de mars 2011 sur les côtes du Japon). Elle apporte alors son aide en fournissant des soins, des éléments de première nécessité (eau potable, nourriture), en aidant les populations à reconstruire, en facilitant l'accès aux victimes et aux blessés, en secondant l'action des ONG. L'ONU contribue aussi au développement dans les PED, afin de réduire les inégalités mondiales et de faire reculer la pauvreté. L'UNICEF développe la scolarisation en Afrique, l'ONU construit des puits dans les régions sèches, finance des campagnes de prévention contre le sida en Afrique du Sud-Est, aide les populations à entretenir, à reconstruire et à faire connaître leur patrimoine culturel (ex. : déminage des temples d'Angkor au Cambodge sous le patronage de l'UNESCO)... L'UNESCO désigne l'organisation des Nations unies pour l'éducation, la science et la culture. Ses objectifs sont de diffuser la scolarisation dans le monde, de protéger le patrimoine de l'humanité et de contribuer à la coopération intellectuelle des États et à leur compréhension mutuelle. Elle multiplie les actions à travers le monde pour conserver les archives, les techniques et savoir-faire, les traditions, les monuments.

Sur le document, elle aide techniquement les Cambodgiens par le biais des Casques bleus à déminer le site des temples d'Angkor. L'ONU, comme l'Unesco, peuvent rencontrer des difficultés de financement, des obstacles liés à l'accessibilité des populations et patrimoines concernés. Même si la plupart des États saluent l'aide internationale, elles peuvent également se heurter à la mauvaise volonté de certains États qui ne souhaitent pas voir sur leur sol la communauté internationale (ex. : la Birmanie, touchée par le cyclone Nargis, refuse en 2008 l'aide humanitaire de l'ONU car la junte militaire au pouvoir ne veut pas de présence étrangère sur son sol : elle craint d'apparaître faible auprès de sa population et de montrer au monde ses insuffisances en termes de développement). Dans certaines crises, si aucune solution diplomatique ne peut être trouvée, si la violation des droits de l'homme est manifeste, l'ONU peut invoquer le droit d'ingérence humanitaire qui lui permet d'intervenir, parfois en confiant des mandats à des États pour agir en son nom, dans les affaires intérieures de l'État qui ne peut ou ne veut pas prendre les mesures nécessaires à la sécurité de sa population (ex. : depuis 2006, au Darfour, les Casques bleus créent des camps de réfugiés et s'interposent pour protéger les populations civiles menacées d'extermination). Mais de telles interventions restent exceptionnelles car elles peuvent, là aussi, remettre en question l'autorité de l'État sur sa politique intérieure.

Partie 3 : Histoire – Sujet d'étude 2 : L'idée d'Europe au xxe siècle

Choix 1 : le plan Schuman (p. 174)

1. *Quelles informations la carte présente-t-elle ?*
Six pays : L'Allemagne, l'Italie, la Belgique, les Pays-Bas et le Luxembourg possèdent des gisements de charbon et des minerais de fer exploités dans les usines sidérurgiques proches.

2. *Quel projet la carte illustre-t-elle ? Qui en est l'instigateur ?*
Elle représente le projet de la CECA mis en place par R. Schuman et J. Monnet. Il consiste à mettre en commun la production du charbon et de l'acier, afin de garantir la paix en Europe en mettant fin au conflit ancestral de la France et de l'Allemagne. Les deux hommes ont pour objectif de développer l'unité entre les pays européens et de construire l'Europe.

3. *Dans quel contexte historique ce projet se met-il en place ?*
Il se met en place après l'horreur de deux grandes guerres mondiales dont les Européens sont sortis traumatisés, et plus immédiatement dans le contexte de la guerre froide. R. Schuman et J. Monnet voient l'Europe à nouveau divisée en deux blocs et l'Allemagne partagée en deux. Le pire est à nouveau à craindre.

4. *Quelle mode d'organisation entre les pays cela suppose-t-il ? Quel avenir ouvre t-il à l'Europe ?*
Cela suppose un mode d'organisation au-delà des frontières afin de faciliter les échanges et mettre fin aux tarifs douaniers. Cela suppose l'existence d'institutions supranationales originales et inédites en Europe qui s'inspirent du fédéralisme. Cette initiative a permis la construction de la CEE en 1957 et l'UE en 1992, qui comprend aujourd'hui 27 pays, soit la totalité du continent européen si l'on prend en compte les pays qui demandent à la rejoindre.

Choix 2 : Kohl-Mitterrand et l'Europe (p. 175)

1. *Identifiez les deux personnages. Présentez-les.*
Le personnage le plus grand en taille est le chancelier allemand Helmut Kohl. À son côté, se trouve le président de la République française, François Mitterrand. Les deux hommes se sont liés d'amitié et ont vécu la Seconde Guerre mondiale.

2. *Dans quel contexte politique F. Mitterrand énonce-t-il ce discours ?*
Mitterrand énonce ce discours après la chute du mur de Berlin qui symbolise la fin de la guerre froide et la libération des pays de l'Est du joug soviétique.

3. *Sur quels projets les deux hommes sont-ils en accord ? Vous les expliquerez en tenant compte du patrimoine historique commun aux deux hommes et du contexte politique en 1990.*
Les deux hommes sont d'accord pour faire l'union économique et monétaire mais s'accordent pour dire qu'elle est impossible s'il n'y a pas d'instances institutionnelles plus efficaces : « tout cela sans avoir une union politique de décision », dit-il. Les pays de l'Est étant susceptibles de faire leur demande d'entrée dans la CEE à la fin de la guerre froide, il faut proposer une ouverture constructive d'union pour garantir la paix en Europe et éteindre les tentations nationalistes.

4. *En quoi les projets de ces deux hommes sont-ils visionnaires ?*

Ils sont visionnaires dans la mesure où le traité de Maastricht met en place l'UE en 1992 et qu'en 2002 l'euro est devenu la monnaie européenne. Les pays de l'Est ont réussi leur intégration, et l'UE comprend 27 pays. Elle continue de séduire puisque d'autres pays ont posé leur candidature. Enfin, elle garantit la paix sur son territoire malgré les difficultés. Ainsi, la séparation de la Tchécoslovaquie en deux États passe inaperçue.

Les institutions se sont modernisées pour une plus grande efficacité ; un président de l'Union fixe les orientations et la représente sur la scène internationale avec le haut-représentant pour les Affaires étrangères et la Politique de sécurité, sorte de Premier ministre. Des institutions démocratiques fondées sur la séparation des pouvoirs sont en place, permettant une forte représentation populaire. La citoyenneté européenne a été octroyée aux membres de l'UE.

Pour l'examen

Sujet Bac 5 (p. 176 à 178)

Partie 1 – Histoire

Choix 1 : Les États-Unis et le monde (1917-1989) (p. 176)

Pourquoi et comment les États-Unis luttent-ils pour imposer leur modèle dans le monde entre 1945 et 1989?

Grands bénéficiaires de la guerre qui a épargné leur territoire et affermi leur puissance, les États-Unis entendent étendre leur système économique et politique au reste du monde. Vous évoquerez d'abord les raisons et ensuite les modalités de leur affrontement avec l'URSS, l'autre grand vainqueur, dans la lutte pour la domination du monde.

Grands vainqueurs enrichis par la guerre, les États-Unis accèdent au rang de superpuissance en 1945 et, à ce titre, ils veulent étendre leur modèle. Ils se heurtent très vite à l'URSS, l'autre superpuissance, ancien allié de circonstance, qui a retiré du conflit un grand prestige militaire et idéologique. Ces deux super-Grands sont en effet dotés de systèmes politiques et économiques opposés. La démocratie libérale (plusieurs partis politiques) et le libéralisme économique pour les États-Unis, l'autoritarisme d'État (parti unique) et le collectivisme pour l'URSS. Devenus des rivaux, ils s'affrontent dans la guerre froide pour imposer leur modèle au reste du monde. Dès mars 1947, face à l'installation en Europe de l'Est de régimes soumis à la tutelle de Moscou, le président américain H. Truman lance sa doctrine de l'endiguement («containment») afin d'arrêter l'expansion du communisme en Europe. Le lancement du plan Marshall en juin en est la concrétisation économique. Ce plan d'aide économique et financière américaine, proposé à toute l'Europe pour sa reconstruction, est accepté par la très grande majorité des pays de l'Europe de l'Ouest, il est refusé par l'URSS et, sous sa pression, par les États de l'Europe de l'Est. En outre, les États-Unis tissent un réseau d'alliances défensives sur tous les continents de façon à encercler l'URSS et ses satellites. Ainsi, l'Europe et le monde se trouvent divisés en deux blocs rivaux. La politique de guerre froide est caractérisée par la course aux armements qui débouche sur la dissuasion nucléaire. Chaque camp s'arme à outrance dans le but de dissuader l'autre d'attaquer le premier; celui-ci serait alors détruit par la riposte de l'adversaire. C'est pourquoi il n'y a pas d'affrontement armé direct entre les deux Grands lors de crises de guerre froide. Celles-ci se déroulent soit à la périphérie des blocs par pays interposés (guerre de Corée, 1950-1953; guerre du Vietnam, 1964-1973), soit au cœur des blocs où elles se terminent par la négociation. Mais, au milieu des années 1980, l'URSS est économiquement sinistrée. Ne pouvant plus soutenir sa politique d'armement à outrance, elle laisse les pays de l'Europe de l'Est se libérer de sa tutelle. La disparition du bloc communiste signifie la fin de la guerre froide et consacre la victoire des États-Unis.

Choix 2 : La décolonisation et la construction des nouveaux États : Inde, Algérie (p. 176)

En Algérie, quelles grandes périodes peuvent être dégagées entre 1954 et 2004 ?

Vous présenterez les années de lutte pour l'indépendance, puis les choix politiques, économiques du nouvel État et les difficultés rencontrées. Vous mettrez en évidence les ruptures et les continuités au cours des cinquante années.

De 1954 à 2004, l'Algérie a connu de profonds changements. Colonie française depuis 130 ans, divisée en trois départements, elle est peuplée de deux communautés inégales (9000 000 musulmans, 1 000 000 Français «pieds noirs»), chacune représentée par 60 membres élus. Les réformes demandées par les nationalistes depuis 1937 ne sont pas prises en compte. Le 1er novembre 1954, de jeunes militants nationalistes créent le Front de libération nationale (FLN) et déclenchent la lutte armée pour obtenir l'indépendance. De 1954 à 1962, s'opposent de façon violente l'ALN (Armée de libération nationale) et l'armée française, le FLN et d'autres nationalistes. Après sept ans de combats, l'indépendance est proclamée le 4 juillet 1962.

La République algérienne démocratique et populaire est un État-nation autoritaire dirigé par un seul parti autorisé, le FLN. L'Algérie s'impose sur la scène internationale comme pays du tiers monde, acteur du non-alignement et interlocuteur des relations entre le Nord et le Sud. Le développement économique choisi par l'État s'appuie sur les ressources locales, les hydrocarbures gérés par la puissante société nationale la Sonatrach. Les industries lourdes (acier, chimie) doivent entraîner la création d'autres industries selon des objectifs planifiés pour quatre ans, mais ce développement autocentré ne donne pas les résultats escomptés.

Les émeutes de 1988 obligent le gouvernement à libéraliser le régime en organisant des élections avec plusieurs partis. En 1992, le pouvoir toujours tenu par le FLN, annule les élections favorables aux partis d'opposition, en particulier au Front islamique de salut (FIS). Le pays plonge alors dans la guerre civile pendant sept ans de 1992 à 1999. Le président Bouteflika, candidat indépendant élu en 1999, réélu en 2004, rétablit la «concorde civile» entre les Algériens.

Les quatre périodes de 1954 à nos jours montrent les grandes ruptures de l'histoire de l'Algérie mais la continuité est assurée par la présence permanente du FLN au cœur de l'État

Partie 2 – Éducation civique : Droits de l'homme et action internationale

Les actions des ONG dans le monde (p. 176)

Vous définirez ce qu'est une ONG et donnerez des exemples d'actions internationales qu'elles accomplissent. Vous expliquerez comment ces actions peuvent aboutir à un meilleur respect des droits de l'homme à l'échelle mondiale.

Une ONG est une organisation non gouvernementale, c'est-à-dire une association théoriquement indépendante de l'action des gouvernements, assemblée pour défendre des valeurs et idées communes. La plupart des ONG s'inscrivent dans la défense des droits de l'homme et des valeurs démocratiques, et participent à l'action humanitaire internationale. Les ONG travaillent souvent en liaison avec l'ONU et les États déjà engagés auprès des populations concernées. Certaines ONG, humanitaires, portent secours aux victimes de catastrophes, de guerres, de famines, d'épidémies…, leur apportent des soins (ex. : *Croix*-Rouge), de la nourriture (ex. : Action contre la faim), des aides financières… Elles se déplacent dans le monde entier et réagissent en urgence aux situations de crise (ex. : Médecins sans frontières seconde l'action de l'ONU dans la protection de la santé des populations civiles menacées au Soudan). Elles sensibilisent l'opinion internationale et font des campagnes de dons pour pouvoir financer les aides nécessaires. D'autres ONG s'impliquent dans la protection des droits économiques et sociaux des sociétés. Elles contribuent à des projets de développement à long terme des sociétés fragilisées par la misère et les crises. Les projets de développement sont destinés à améliorer la situation économique générale de ces populations, leur niveau de scolarisation, leur état de santé général, afin de limiter la pauvreté qui conduit à des crises économiques et politiques fréquentes. De nombreuses ONG militent en faveur du développement durable et de la préservation des ressources, ainsi que d'une mondialisation des échanges plus équitable. Sur le document, l'ONG Solidarités inaugure une borne-fontaine à Béni (République démocratique du Congo) avec l'aide de l'Union européenne. Elle contribue à la protection de la population contre la sécheresse, à la diffusion d'une meilleure hygiène. En améliorant les conditions de vie des populations locales, l'ONG défend leur dignité et leur droit à des conditions de vie décentes, conformément à la Déclaration universelle des droits de l'homme. D'autres ONG encore (*Amnesty International, Human Rights Watch…*) s'inscrivent dans la défense des droits civils et politiques de l'homme. Elles soutiennent les valeurs démocratiques contre toute forme d'arbitraire, d'oppression et de régime dictatorial. Elles enquêtent, relèvent les faits et dénoncent à l'opinion mondiale les individus, les organismes et les États qui violent la dignité humaine; elles militent en faveur des droits des minorités ethniques, de la liberté individuelle, de la liberté d'opinion et d'expression… L'action des ONG dans le monde ne se limite pas qu'au domaine humanitaire; elles contribuent à étendre les droits de l'homme par leurs engagements contre l'arbitraire et les totalitarismes et par leur lutte constante contre la pauvreté et pour le développement des sociétés défavorisées.

Partie 3 : Géographie – Sujet d'étude 7 : Les transformations de l'espace productif et décisionnel

Choix 1 : Une métropole (p. 177)

1. *Pourquoi peut-on dire de Lyon qu'elle est une métropole?*

Lyon est une métropole du fait de son importance démographique (460000 habitants pour la ville, ce qui en fait la troisième commune de France, et

1,4 million pour l'agglomération). En outre, elle exerce des fonctions de commandement dans la mesure où elle est un centre de décision d'entreprises et où elle s'oriente vers des activités de haut niveau.

2. *Quels facteurs peuvent expliquer l'importance de cette métropole ?*

L'importance de Lyon s'explique par :

– sa situation géographique. Lyon est située à peu près au centre du grand axe sud-nord européen qui va de la Méditerranée à la mer du Nord ; ce qui peut expliquer la place que la ville occupe en Europe. Elle est située à un carrefour, au confluent du Rhône et de la Saône (de là, sa place de grand port fluvial français), à la limite de la France du Nord et du Sud, au contact de régions différentes (Alpes, Massif central, Jura, couloir du Rhône, plaine de Bresse et des Dombes) ; ce qui lui confère des avantages touristiques importants. Elle est de plus à proximité des frontières suisse (Genève) et italienne.

– la valorisation de cette situation par des moyens de transports rapides : aéroport international de Lyon -Saint Exupéry ; autoroute A6 (vers Paris), A7 (vers Marseille), A4 (vers Genève), A43 (vers l'Italie), LGV nord-sud ;

– la longue tradition économique liée à un puissant esprit d'entreprise. Au XVIe siècle, Lyon a été la ville de la soie, aux XIXe et XXe siècles, la ville du Crédit lyonnais, de l'automobile (Berliet), de la chimie (raffineries de pétrole de Feyzin, chimie fine avec Meyrieux et les laboratoires Pasteur).

3. *Comment évoluent les activités de cette métropole ?*

Les très nombreuses zones industrielles en cours de requalification témoignent de l'abandon de l'industrie polluante et encombrante. Lyon est de plus en plus une ville tertiaire spécialisée dans le tertiaire supérieur, dont les activités de pointe. Son pôle universitaire spécialisé dans les sciences du vivant, ses pôles de compétitivité et ses laboratoires orientés vers les biotechnologies (cardiologie, cancers), le traitement des grands brûlés ou dans les loisirs numériques (pôles informatiques) cherchent à donner à Lyon une dimension internationale, surtout européenne, d'autant que la position de la ville facilite l'accueil d'investissements étrangers (la région Rhône-Alpes est la première région française pour l'accueil d'investissements étrangers).

4. *Comment évolue son espace ?*

L'espace lyonnais s'étend progressivement. Le centre-ville correspond au centre historique (Moyen-Âge jusqu'au XVIIIe siècle). La ville du XIXe siècle et du début du XXe siècle s'est peu développée au sud, où s'installent les entreprises industrielles souvent liées au pétrole (couloir de la chimie) venu par oléoduc, ni à l'ouest où s'élève l'obstacle des hauteurs du Massif central, mais essentiellement à l'est. Actuellement, l'agglomération s'étend principalement le long et à proximité des autoroutes (A6, A42, A43) tandis que le centre se transforme autour des gares (Perrache, La Part-Dieu).

Choix 2 : La région de l'établissement (p. 178)

1. *Quels handicaps physiques et humains doit surmonter une région comme la région Auvergne ?*

La Région Auvergne doit surmonter des handicaps physiques. L'enclavement d'abord : cette région du Massif central, entourée par le Limousin, Midi-Pyrénées, Rhône-Alpes, Bourgogne, Centre n'a aucun débouché sur la mer. Néanmoins, au nord, par les plaines du Bourbonnais (région de Montluçon, Moulins), elle s'ouvre largement sur le Bassin parisien. Le relief ensuite : cette région de hautes terres dépasse souvent les 500 m d'altitude (Puy de Sancy : 1 885 m, Plomb du Cantal, 1 855 m). L'altitude moyenne de la région est voisine de 1 000 m (monts du Cantal, du Livradois, du Forez, de la Margeride). Les vallées comme celle de l'Allier sont profondément encaissées. L'altitude (de là, l'enneigement l'hiver), la pente, le compartimentage du relief ne facilitent pas la circulation. Mais la beauté des paysages, souvent volcaniques, et l'enneigement hivernal peuvent favoriser le tourisme.

La Région Auvergne se heurte aussi à des handicaps humains. Les très basses densités (parfois moins de 30 h/km^2 alors que la moyenne française est de 115 h/km^2) s'expliquent par un bilan migratoire rarement positif et par le vieillissement de la population. D'où un déficit de population active qui fait de l'Auvergne une région de « la France du vide ». On manque ainsi de forces vives et qualifiées pour faire tourner les entreprises. La région est dominée par une seule grande ville, Clermont-Ferrand qui dépasse les 260 000 habitants. Elle manque de villes moyennes, à l'exception de Montluçon (qui dépasse 65 000 habitants) et Moulins (plus de 45 000) mais qui sont situées dans les plaines et les plateaux du Nord. En revanche, on remarque de très nombreuses petites villes de moins de 25 000 habitants (Thiers, Issoire, Brioude, Saint-Flour…)

2. *Comment se traduisent ces handicaps sur le plan économique ?*

Sur le plan économique, ces handicaps conduisent à :

– la faible activité urbaine et industrielle, Clermont-Ferrand avec Michelin faisant exception. Cependant,

on sait qu'autrefois les petites villes étaient fort actives avec leurs foires et leurs marchés, leurs activités artisanales et industrielles. De ce passé, il reste de très nombreuses PME dont ni la carte ni le texte ne rendent compte;
– l'importance des activités agricoles. Les cultures (grande culture donc blé, maïs) se cantonnent à la vallée abritée de l'Allier et aux plaines du Nord. L'élevage est prépondérant sur les hautes terres. Il s'agit d'un élevage extensif en plein air pour la viande et le lait (fromages AOC comme le Cantal, le bleu d'Auvergne, le saint-nectaire);
– l'essor du tourisme dans les parcs naturels des volcans d'Auvergne et du Livradois-Forez.

3. *Quelles peuvent être les transformations récentes? Quels domaines touchent-elles?*
La région a récemment connu des transformations :
– dans le domaine des transports. Des autoroutes doivent désenclaver la région : autoroute méridienne rejoignant Bourges et Paris au nord, Montpellier au sud depuis qu'a été construit le viaduc de Millau; autoroute transversale rejoignant Saint-Etienne et Lyon vers l'est et Bordeaux vers l'ouest par l'A89;
– dans les différents secteurs économiques. L'agriculture avec la concentration des exploitations et leur modernisation dans le but d'augmenter leur rentabilité. L'industrie avec l'apparition du secteur high tech à Vichy qui s'oriente vers les biotechnologies et à Clermont-Ferrand où Limagrain passe des semences au domaine de la biosanté. Les services avec une plus grande orientation vers le tourisme. Au tourisme vert (parcs régionaux) et au tourisme thermal (Vichy) s'ajoute un tourisme urbain avec le développement de manifestations locales comme le Festival de théâtre de rues d'Aurillac. Mais, pour développer ces nouvelles activités, la région doit souvent rechercher de la main-d'œuvre qualifiée dans les régions voisines et en Île-de-France.

Pour l'examen

Sujet Bac 6 (p. 179-181)

Partie 1 : Géographie

Choix 1 : L'Union européenne et ses territoires (p. 179)

Comment l'Union européenne essaie-t-elle de compenser les inégalités de développement entre ses territoires ?

Vous définirez d'abord la notion de territoire. Vous distinguerez ensuite les territoires européens les plus avancés de ceux qui le sont moins et expliquerez les raisons de ces inégalités. Vous présenterez enfin les différentes politiques entreprises par l'UE pour compenser ces inégalités : subventions, intégrations progressives dans les espaces de coopération et de libre-échange, politiques économiques communes…

L'Union européenne est composée de nombreux territoires dotés de caractéristiques diverses. Il s'agit d'espaces économiques, sociaux et politiques organisés par les sociétés qui les contrôlent.

Ces territoires ne sont pas tous égaux en termes de développement économique. Les territoires inclus dans la mégalopole européenne (du bassin de Londres au nord de l'Italie), le Danemark, la Suède et la Finlande ont un PIB élevé, une population hautement qualifiée et investissent dans les activités de pointe (haute technologie, services, commerce international). Le reste de l'Europe occidentale dispose de revenus moyens, mais encore solides. Les États membres localisés en Europe de l'Est, intégrés en 2004 et en 2007, continuent à surmonter leur retard de développement, lié à la crise économique qui les a frappés lors de la chute de l'URSS et à la difficile transition effectuée pour passer du communisme à l'économie de marché. À l'intérieur des États membres, existent également des inégalités à l'échelle régionale (l'Italie du Nord est plus riche que celle du Sud) comme à l'échelle locale.

L'Union européenne s'efforce depuis sa création de former un ensemble économiquement homogène, de travailler au développement économique de l'ensemble de ses territoires. L'enjeu d'équité territoriale s'efforce de compenser et de réduire les déséquilibres entre les territoires, tandis que celui de compétitivité essaie de les valoriser économiquement à l'échelle internationale. L'UE participe à la réduction des inégalités par une politique de subvention. Le FEDER (Fonds européen de développement régional) et les fonds de cohésion soutiennent de nombreux projets destinés à valoriser les territoires en difficulté. L'UE encourage également l'intercommunalité et la réalisation de projets d'intérêt commun (comme le montre le programme LEADER visant à réhabiliter les espaces ruraux autour de concepts novateurs de valorisation du patrimoine culturel et économique). Elle aide les territoires à conclure des partenariats transfrontaliers, aboutissant parfois à la formation d'eurorégions, comme le montre l'exemple de la Conférence permanente intercommunale transfrontalière (COPIT), qui constitue un partenariat entre cinq intercommunalités françaises, flamandes et wallonnes dans le but de renforcer la coopération et la solidarité; la réalisation de réseaux de transports en commun illustre leur souhait de rééquilibrer les potentialités des territoires; l'eurométropole Lille-Courtrai-Tournai forme le premier groupement européen de coopération territoriale (GECT). L'UE encourage la formation d'espaces de libre-échange et de coopération. Enfin, elle soutient la formation de politiques économiques communes, comme la PAC (politique agricole commune) destinée à valoriser et équilibrer les potentiels agricoles de chaque territoire et à limiter la concurrence entre eux; elle encourage la création de réseaux de communication transeuropéens étudiés pour désenclaver les territoires isolés.

L'UE multiplie les idées innovantes pour rééquilibrer les territoires, mais de nombreux projets sont longs à se mettre en place et à porter leurs fruits. Dans l'intervalle, elle réglemente au mieux les conditions de libre-échange afin de ne léser aucun territoire (ex. : l'espace Schengen et la zone euro ne s'ouvrent que progressivement aux territoires de l'Europe de l'Est, au fur et à mesure du développement de leur PIB et de leur capacité à s'intégrer aux politiques communes, afin de ne pas créer la possibilité de spéculer en profitant des différences de capacités financières et monétaires entre les territoires riches et les territoires moins avancés).

Choix 2 : La France dans l'UE et dans le monde (p. 179)

La France est-elle une puissance européenne et mondiale ?

Pour répondre à cette question, vous présenterez tour à tour les atouts et les faiblesses de la France dans les domaines économique, géopolitique et culturel.

La France dispose d'atouts qui lui permettent de compter sur l'échiquier européen et mondial, mais aujourd'hui ces atouts semblent parfois fragilisés.

Les atouts de la France tiennent à son territoire. Certes, celui-ci est de dimension modeste (700 000 km^2) mais, du fait de l'outre-mer, il est dispersé dans tous les océans, sur toutes les routes maritimes du monde ; ce qui confère à la France un intérêt géostratégique. En outre, la France métropolitaine s'intègre parfaitement à l'Europe en raison de sa situation de finisterre, d'isthme et de carrefour. Ses ports ont ainsi la vocation d'assurer des liaisons entre l'Europe, l'Amérique et le monde méditerranéen, et son territoire d'être un lieu de rencontre d'influences, d'hommes et de marchandises de diverses provenances.

Ces atouts tiennent aussi à sa population. Ses 66 millions d'habitants, en comptant l'outre-mer, la placent au deuxième rang européen derrière la population allemande, mais ne représentent qu'une part infime de la population mondiale (1 %). Cette population est riche d'apports renouvelés par l'immigration. Elle représente un réservoir important de main-d'œuvre, de savoir-faire et de richesse culturelle.

Ces atouts tiennent enfin à son histoire. La France peut servir de référence idéologique dans la mesure où elle a été la patrie des droits de l'homme et où elle continue de défendre les idées de liberté, d'égalité et de justice. Sa civilisation brillante dans le domaine des arts, de la littérature, des sciences peut être admirée dans le monde. Son passé colonial contribue aujourd'hui à son influence dans un certain nombre de pays, africains par exemple, dans le domaine du commerce et de la culture (francophonie). Enfin, elle a participé activement à la construction de l'Europe.

De ce fait, la France est aujourd'hui la deuxième puissance économique européenne et la cinquième mondiale, mais cette place dans le monde s'érode. Ces difficultés sont dues à plusieurs facteurs.

Tout d'abord, le manque de ressources ; la France est dépendante de l'extérieur pour ce qui concerne l'énergie, et les interrogations sur le devenir de l'énergie nucléaire pourraient augmenter cette dépendance. Sa position est également liée aux ressources humaines dans la mesure où elle doit avoir recours aux apports étrangers pour les emplois faiblement qualifiés (ex. : personnel de service, manœuvres dans les travaux publics), mais aussi pour des professions extrêmement qualifiées (médecins, chercheurs...).

Ensuite, la frilosité économique ; marquée par le poids de la tradition, la France a tardé à s'orienter vers de nouvelles technologies et à investir dans les productions performantes (ex. : informatique). Elle a privilégié ses relations avec l'Europe et a ainsi délaissé son ouverture sur le monde, et aujourd'hui elle subit la concurrence économique des pays émergents.

Sur le plan culturel, on remarque cette même perte d'influence. La France doit ainsi lutter contre la progression de la langue anglaise mais aussi des modes anglo-saxonnes, voire orientales (influence du Japon dans le domaine de la mode, de la gastronomie).

En somme, si la France reste une grande puissance européenne, sa place dans le monde semble marquer le pas.

Partie 2 – Éducation civique : Droits de l'homme et action internationale

L'ONG Action contre la faim, un engagement humanitaire (p. 179)

Vous expliquerez quels sont les objectifs d'une ONG humanitaire. Vous montrerez quels droits de l'homme cette ONG défend, notamment en décrivant l'affiche et en expliquant les slogans employés.

Une ONG humanitaire est une organisation non gouvernementale, c'est-à-dire une association théoriquement indépendante de l'action des gouvernements, assemblée pour défendre les droits de l'homme et les valeurs démocratiques, en participant à des actions internationales. Les ONG travaillent souvent en liaison avec l'ONU et les États déjà engagés auprès des populations concernées. Certaines d'entre elles portent secours aux victimes de catastrophes, de guerres, de famines, d'épidémies..., leur apportent des soins (ex. : Croix-Rouge), de la nourriture (ex. : Action contre la faim), des aides financières... Elles se déplacent dans le monde entier et réagissent en urgence aux situations de crise (ex. : Médecins sans frontières seconde l'action de l'ONU dans la protection de la santé des populations civiles menacées au Soudan). Elles sensibilisent l'opinion internationale et font des campagnes de dons pour pouvoir financer les aides nécessaires. D'autres s'impliquent dans la protection des droits économiques et sociaux des sociétés. Elles contribuent à des projets de développement à long terme des sociétés fragilisées par la misère et les crises. Les projets de développement sont destinés à améliorer la situation économique générale de ces populations, leur niveau de scolarisation, leur état de santé, afin de réduire la pauvreté qui conduit à des crises économiques et politiques fréquentes. De nombreuses ONG militent en faveur du développement durable et de la préservation des ressources, ainsi que d'une mondialisation des échanges plus équitable. C'est dans cette perspective que s'inscrit l'affiche d'Action contre la faim. Elle dénonce la malnutrition et la sous-nutrition qui touche un sixième de l'humanité, essentiellement dans les PED. L'image employée est forte; elle montre un individu maigre, désespéré, tracé à la craie sur un tableau noir, que l'indifférence des sociétés plus favorisées pourraient laisser effacer. La famine est un problème grave, l'action est urgente. L'affiche symbolise ces points en remplaçant le corps de l'individu par un sablier où la vie de ces populations s'éteint lentement... L'image entend sensibiliser l'opinion internationale; elle est volontairement marquante. Le slogan «ne jamais oublier, ne jamais renoncer» montre la détermination de l'ONG, qui souligne son sérieux et son efficacité en rappelant sa longue existence (30 ans en 2006). Action contre la faim s'efforce de rassembler les moyens nécessaires pour aider les populations en détresse et poursuit ses efforts année après année, sans se laisser arrêter par des obstacles, qu'ils soient politiques ou économiques. Elle défend le devoir de solidarité internationale, la dignité de l'individu et le droit à des conditions de vie décentes, formulés dans la Déclaration universelle des droits de l'homme.

Partie 3 : Histoire – Sujet d'étude 3 : La décolonisation et la construction de nouveaux États : Inde, Algérie

Choix 1 : Gandhi et la non-violence (p. 180)

1. *Présentez l'auteur de ces deux textes et le contexte dans lequel il écrit.*

L'auteur est Gandhi, dirigeant politique, guide spirituel, leader indépendantiste et figure emblématique de l'Inde. Avocat formé en Grande-Bretagne, il s'installe en Afrique du Sud où il défend ses compatriotes victimes de discrimination. Les deux textes sont écrits après son retour en Inde en 1919. Il devient chef du parti du Congrès, le parti nationaliste, et anime la lutte anti-anglaise jusqu'à l'indépendance en 1947.

2. *Quelles sont les idées et les types d'action qu'il défend ?*

Gandhi expose ses idées en se plaçant sur le plan moral et politique. Les lois, indispensables au bien de la société, doivent être respectées. Mais si les lois sont injustes, il ne faut pas les suivre et désobéir ouvertement. Cette «non-coopération», qui est une façon de résister et de protester, doit se faire sans violence.

3. *Quelles actions a-t-il menées en appliquant ces idées ? À quoi ont-elles abouti ?*

Gandhi demande aux Indiens, en 1920, de boycotter les produits anglais en n'achetant pas de vêtements occidentaux afin d'affaiblir l'industrie textile britannique qui exportait massivement en Inde. En 1930, il lance le mouvement de désobéissance civile en organisant la Marche du sel destinée à violer la loi qui taxait le sel. Les idées de Gandhi ont touché des millions d'Indiens qui ont participé aux actions non violentes pour aboutir, en 1947, à l'indépendance de l'Inde. La non-violence est aujourd'hui reconnue comme un principe universel.

Choix 2 : La Toussaint rouge (p. 181)

1. *Dans quel contexte ont lieu les événements du 1er novembre 1954 ? Quels aspects communs sont présentés par ces deux quotidiens ? Pourquoi ?*

Le 1er novembre 1954, des attentats ont lieu simultanément en Algérie dans plusieurs régions éloignées les unes des autres. Le pays est alors une colonie française divisée en trois départements français où vivent deux populations, 9 millions d'Algériens musulmans et un million de «pieds-noirs», inégalement représentées par 60 élus pour chaque groupe. Depuis 1937, le mouvement nationaliste demande à la France de faire des réformes, sans obtenir satisfaction. Les deux journaux, l'un d'Alger, l'autre de Paris, insistent sur les actions terroristes et montrent les dégâts matériels, destructions, incendies. Ils expriment la surprise ressentie devant cet événement.

2. *Quel point de vue est absent de la une de ces journaux ? Pourquoi ?*

Rien n'est dit sur les auteurs des attentats, leurs revendications, leurs buts. *La Dépêche quotidienne d'Alger* est un journal algérois qui informe les «pieds-noirs», *France-Soir* distribué à Paris considère l'Algérie comme la France. Les journaux ne présentent donc que le point de vue de la métropole.

3. *Pourquoi le jour de la Toussaint 1954 est-il une date importante ?*

Pour les Algériens, le jour de la Toussaint marque le début de la guerre de libération pour l'indépendance, qui va durer sept ans. Le 1er novembre est une date clé pour l'Algérie, jour de fête nationale commémoré chaque année depuis 1962.

Pour l'examen

Sujet Bac 7 (p. 182 à 184)

Partie 1 – Histoire

Choix 1 : L'idée d'Europe au XXe siècle

Comment l'idée d'Europe débouche-t-elle, après 1945, sur la création de l'Union économique?

Vous définirez d'abord les objectifs poursuivis, au lendemain de la Seconde Guerre mondiale, par les partisans d'une Europe unie. Vous dégagerez ensuite les trois grandes étapes de la construction européenne, puis vous présenterez ses grandes réalisations aux plans institutionnel, économique et spatial.

Les enjeux au lendemain de la Seconde Guerre mondiale.

Un immense espoir de paix et de démocratie caractérisent la fin de la guerre. De paix, car les Européens ont connu deux conflits mondiaux en un demi-siècle à peine, de démocratie car les fascismes, dont le nazisme avec le génocide, ont rendu le dernier conflit traumatisant. L'entrée dans la guerre froide ouvre sur une division du monde et de l'Europe en deux, la crise de Berlin fera craindre le pire dès 1948. La volonté d'occuper une place dans le monde est une volonté qui ira en s'affirmant afin de faire un contrepoids à la domination des deux Grands, alors que la décolonisation est en marche.

Les trois étapes de la construction européenne.

La CECA est le premier pas concret en 1952 grâce au plan Schuman. En revanche, la CED sera rejetée. La CEE voit s'élargir les échanges dans le cadre d'un marché commun en 1951 par le traité de Rome. Se met également en place l'Euratom destiné à développer le nucléaire civil. Le traité de Maastricht permet de passer de la Communauté à l'union économique. Forte de son succès, la CEE envisage de nouveaux élargissements avec la fin de la guerre froide à partir de 1989. La réunification de l'Allemagne est une nécessité, et les institutions doivent se renforcer et se moderniser pour rendre possible une Europe à l'échelle du continent.

Les grandes réalisations.

Des institutions démocratiques à visée fédéraliste (traité de Lisbonne 2009) qui donnent un pouvoir au parlement et la citoyenneté européenne; une monnaie unique(2002) rend les échanges plus simples; la liberté de circulation des hommes (1995, espace Schengen) permet aux Européens de mieux se connaître. Les élèves peuvent avoir pensé aussi aux échanges culturels : ARTE, Erasmus, etc.

Choix 2 : Le monde depuis le tournant des années 1990

En quoi le monde est-il devenu instable et complexe en ce début de XXIe siècle?

Les attentats du 11 septembre 2001 ont provoqué de profonds changements dans la conduite de la politique extérieure des États-Unis et fragilisé leur puissance. Après avoir présenté l'événement du 11 septembre 2001 et ses conséquences sur la politique américaine, vous évoquerez les diverses menaces qui pèsent sur le monde, puis la montée en puissance des pays émergents.

Le 11 septembre 2001, les États-Unis sont la cible d'attentats terroristes simultanés visant les symboles de leur puissance. À un moment d'intense activité, quatre avions de ligne régulière détournés par des membres du réseau Al-Quaida s'écrasent, à quelques minutes d'intervalle, sur le sol américain. Les deux tours jumelles du World Trade Center, important centre des affaires à New York (symbole économique et financier), s'effondrent sous l'impact des deux premiers avions. Le Pentagone, qui abrite le département de la Défense à Washington (symbole militaire), est en partie détruit par le troisième avion. Le dernier qui visait la Maison Blanche, siège de la présidence (symbole politique), chute avant d'atteindre la capitale. Au lendemain de ces attentats meurtriers, qui ont traumatisé le pays et le monde, le président américain G. W. Bush déclare la guerre au terrorisme international. Au nom de la défense de la liberté et de la civilisation, il invite toutes les démocraties à rejoindre les États-Unis dans ce combat contre la terreur et à traquer les terroristes partout et par tous les moyens. Dès octobre 2001, avec l'accord de l'ONU et l'aide militaire du Canada, du Royaume-Uni et de la France, ils interviennent en Afghanistan, base des responsables de ces attentats. G. W. Bush définit un axe du « mal »; les pays qui soutiennent les terroristes ou détiennent des armes de destruction massive. En 2003, dans une guerre préventive et sans l'aval de l'ONU, ils attaquent l'Irak pour en chasser le président S. Hussein. L'unilatéralisme américain a remplacé le multilatéralisme.

Cependant, cette politique n'établit pas la paix. Les attentats terroristes, visant l'Europe (Madrid, Londres), l'Afrique (Maghreb surtout), l'Asie (Moyen-Orient, Afghanistan, Inde, Pakistan, Indonésie), se multiplient, tout comme les conflits locaux nationalistes, ethniques ou religieux. La prolifération nucléaire est aussi lourde de menaces : Israël, l'Inde, le Pakistan et la Corée du Nord détiennent la bombe atomique, l'Iran est soupçonné de l'acquérir prochainement. Les États-Unis, désormais fragilisés par les attentats et la crise financière, doivent compter avec la montée de puissances émergentes à forte croissance économique, nouvelles rivales dans un monde devenu multipolaire. La Chine, deuxième puissance économique, mais aussi l'Inde et, dans une moindre mesure, la Russie, le Brésil, le Mexique et l'Afrique du Sud.

Partie 2 – Éducation civique : Droits de l'homme et action internationale

Le droit à l'éducation (p. 182)

Vous préciserez si le droit à l'éducation apparaît dans la Déclaration universelle des droits de l'homme comme un droit politique, civil ou social. Vous expliquerez si ce droit est appliqué partout dans le monde en justifiant votre réponse par des exemples précis. Vous rappellerez quelles sont les instances qui peuvent agir pour améliorer la diffusion de ce droit et quels moyens elles emploient pour atteindre cet objectif.

L'alphabétisation désigne la capacité pour des sociétés de savoir lire et écrire. Cette capacité s'obtient en particulier par la scolarisation, qui apparaît comme inégalement répartie à l'échelle mondiale. Pourtant, le droit à l'éducation est souligné dans l'article 26 de la Déclaration universelle des droits de l'homme; il s'agit d'un droit social, applicable à tous les individus au nom de l'égalité et de la dignité dues à tout être humain. Cependant, le droit à l'éducation, s'il est appliqué massivement dans les PID et dans les pays émergents, n'est pas omniprésent dans de nombreux PED, particulièrement en Afrique et en Asie du Sud, comme le montre l'exemple du document relatif à la scolarité en Afghanistan. Ces États peuvent se heurter à un manque de moyens financiers. Tous les États ne peuvent construire des écoles en suffisance, rendre la scolarité accessible à toute la population, former des professeurs et les salarier. Certains États comme l'Afghanistan peuvent subir des contraintes importantes (guerre civile) qui pénalisent la continuité de l'enseignement. Le poids des traditions économiques et culturelles peut gêner la diffusion de la scolarisation; le travail des enfants reste souvent nécessaire dans les États où l'alphabétisation est faible. L'Afghanistan est marqué par les mouvements musulmans intégristes, les Talibans, qui interdisent la scolarisation pour les filles afin de les maintenir dans une situation sociale inférieure. De telles considérations se retrouvent dans de nombreux PED d'Afrique et d'Asie (dont l'Inde). Des organisations internationales contribuent à améliorer la diffusion de l'éducation. Des organisations gouvernementales telles que l'ONU, par l'UNICEF (Fonds des Nations unies pour l'enfance) et l'Unesco (les Nations unies pour l'éducation, la science et la culture); des ONG humanitaires impliquées dans le développement (ex. : *Children of Africa*, Aide et Action...). Ces structures humanitaires financent la fondation d'écoles, envoient parfois des enseignants à la demande des pays concernés ou contribuent à les former. Elles sollicitent les PID pour obtenir des dons et sensibiliser les opinions publiques. Elles essaient de persuader les autorités que le développement économique, démographique et démocratique passe par une meilleure formation de la population. Elles se heurtent parfois au poids des traditions (travail des enfants, discriminations) ou au refus des États de voir des organisations extérieures faire ingérence dans leurs affaires intérieures.

Partie 3 : Géographie – Sujet d'étude 8 : Les mobilités de la population

Choix 1 : La France en été (p. 183)

1. *Quelles modifications ont été apportées sur les quais de la Seine et sur le bassin de la Villette pendant l'été? Dans quel but ?*

À Paris, la rive droite de la Seine est transformée en plage sur 3,5 km. Des gens en maillot de bain prennent le soleil dans des chaises longues sous des parasols, des enfants jouent dans le sable, des promeneurs flânent en tenue légère sous des palmiers en pots. Des banderoles gonflées par le vent sont comme des voiles de bateau. Sur cette portion des quais de Paris, l'ambiance d'une station balnéaire a été recréée afin que les habitants de la capitale aient l'impression d'être en vacances au bord de la mer, sans se déplacer.

2. *L'opération Paris Plages présente-t-elle tous les aspects de la France en été ? Vous vous appuierez sur des exemples précis pour justifier votre réponse.*
Paris Plage n'offre pas tous les aspects de la France en été. Les Parisiens ne se déplacent pas beaucoup pour profiter de la plage alors que les déplacements massifs de la population caractérisent la saison estivale. Les axes vers les zones littorales méridionales et atlantiques voient une augmentation du trafic routier, des embouteillages aux dates des vacances. L'activité économique habituelle est modifiée par la fermeture d'usines, au profit des services liés au tourisme. L'encadrement d'animations sportives, la location de matériel, la restauration rapide, etc. connaissent un pic d'activité qui diminue ou disparaît une fois la saison terminée. « C'est mort », dit-on dans les stations touristiques après l'été, où la population est parfois multipliée par dix comme à La Baule. Les équipements prévus paraissent alors trop importants (immeubles vides, magasins fermés).

Choix 2 : Les migrations entre la métropole et l'outre-mer (p. 184)

1. *À qui s'adressent les propositions du Ladom ? Dans quel sens sont prévus les déplacements ? Pourquoi ?*
L'Agence de l'outre-mer pour la mobilité (Ladom) s'adresse en priorité aux jeunes gens qui désirent faire une formation qui n'existe pas sur place. D'autres personnes, celles qui doivent passer un concours ou un oral d'examen dans un autre DOM (département d'outre-mer), sont également concernées. Les déplacements sont majoritairement prévus vers la France et/ou les pays de l'Union européenne où se trouvent les lieux et les filières de formation. Les DOM sont des îles de faible dimension (sauf la Guyane) où n'existe qu'un nombre restreint de formations. Afin de donner aux habitants d'outre-mer le même accès aux études que les régions métropolitaines, les déplacements vers la France et l'Union européenne sont indispensables.

2. *En vous appuyant sur des exemples, présentez d'autres types de déplacements et de migrations entre la France et l'outre-mer. Quels problèmes retrouve-t-on dans tous les types de migrations ?*

Les migrations entre la France et l'outre-mer sont nombreuses et régulières. Les motifs de déplacements varient en fonction des motifs et de la durée. Les migrations résidentielles d'au moins cinq ans concernent les habitants d'outre-mer qui viennent en métropole pour trouver un emploi, le niveau de vie y est plus élevé, en particulier en Île-de-France. D'autres viennent pour leurs études ou pour parfaire leurs capacités, comme les sportifs de haut niveau qui n'ont pas sur place les équipements nécessaires. Dans l'autre sens, les ultramarins installés en métropole retournent au pays au moment de la retraite. De nombreux métropolitains s'installent dans les DOM, attirés par la vie dans les îles, en particulier à la Réunion. Les migrations de courte durée sont fréquentes, lors de fête de famille, d'hospitalisation, de deuil. Les métropolitains se déplacent vers l'outre-mer pour des motifs touristiques, des séjours ou des croisières dans les mers chaudes. Les déplacements se font par avion, moyen le plus rapide pour relier un continent à l'autre, mais les tarifs sont jugés trop élevés par les utilisateurs. Une politique tarifaire semble indispensable pour resserrer les liens de la communauté nationale (France et outre-mer) et assurer la continuité territoriale.

Pour l'examen

Sujet Bac 8 (p. 185 à 187)

Partie 1 : Géographie

Choix 1 : Acteurs et enjeux de l'aménagement des territoires français

Quels sont les trois enjeux majeurs de l'aménagement du territoire en France ?

Pour répondre à cette question, vous présenterez successivement les trois enjeux majeurs de l'aménagement du territoire en France, en rappelant les objectifs et les espaces français les plus concernés par chacun d'entre eux. Vous développerez brièvement pour chacun de ces enjeux en exemple précis d'aménagement.

L'aménagement des territoires en France répond à des enjeux économiques, sociaux et politiques, destinés à dynamiser la position de la France dans l'Union européenne et dans le cadre de la mondialisation des échanges.

L'équité territoriale désigne la volonté de rééquilibrer les territoires en développant leur potentiel et leurs atouts. Elle a aussi pour objectif d'assurer à tous les citoyens un égal accès à des services publics modernes. L'État favorise ces projets par des primes à l'aménagement destinées à aider les territoires en difficulté. L'Union européenne agit de la même façon par les fonds de cohésion. Les territoires les plus concernés sont les espaces ruraux en danger de désertification (ex. : la Communauté de communes du pays de Mormal et de Maroilles et le projet des «Terres du pays de Maroilles» destiné à attirer une main-d'œuvre qualifiée, jeune et dynamique), les espaces industriels en crise et en reconversion (le site minier de Noeux-les-Mines reconverti en parc touristique, «Loisinord»), les quartiers urbains marqués par le chômage et la précarité (le projet de revalorisation du quartier Nouveau Malakoff à Nantes).

La compétitivité correspond à l'objectif de préparer au mieux les territoires à la compétition économique liée à l'intégration européenne et à la mondialisation des échanges. Tous les territoires français sont impliqués. Pour cela, les acteurs contribuent à former des réseaux de transport modernes à portée internationale (plates-formes multimodales comme Roissy, lignes ferroviaires à grande vitesse comme le TGV-Est relié aux grands axes de la mégalopole européenne). Ils encouragent la formation de pôles d'excellence ruraux (ex. : Maroilles) ou urbains (ex. : technopôle de Meylan, dans la périphérie de Grenoble, spécialisé dans la génétique; pôle de compétitivité «industrie et agroressources» de Champagne-Ardennes et Picardie pour l'échelle interrégionale...). Les acteurs encouragent aussi les intercommunalités qui permettent d'engager des projets plus ambitieux (Marseille ambitionne de devenir une métropole «euroméditerranéenne» dotée d'industries de haute technologie et de services de pointe).

Le développement durable désigne l'ensemble des mesures destinées à économiser les ressources et à transmettre les territoires aux générations suivantes avec au moins autant de potentiel que les générations précédentes les ont transmis. Tous les territoires français sont donc concernés. Le développement durable associe la protection de l'environnement à la valorisation des territoires : réduction de la pollution atmosphérique (les projets de tramway électrique et de voitures électriques en libre-service de La Rochelle pour limiter la pollution automobile), traitement des eaux usées, économies d'énergie et de ressources (centres de recyclage; alimentation du tramway de Clermont-Ferrand à l'énergie solaire par des panneaux photovoltaïques), respect de la faune et de la flore (parcs naturels protégés par le Conservatoire du littoral)... Il fait partie intégrante de tous les projets d'aménagement actuels, dans le cadre des engagements nationaux et européens (sommet de Copenhague, 2009).

Choix 2 : Les transformations de l'espace productif et prévisionnel (p. 185)

La localisation des lieux de production industrielle a connu de profondes transformations depuis une cinquantaine d'années. Quelles sont ces transformations ?

Vous préciserez d'abord où étaient les anciens lieux de la production industrielle, puis vous indiquerez où se localisent les nouveaux. Vous présenterez enfin les différents facteurs qui permettent d'expliquer ces transformations.

La place de l'industrie en France s'est érodée depuis les années 1960 en ce qui concerne son importance dans le PIB et son importance dans la population active. Aujourd'hui, l'industrie ne représente plus guère que 20 % de la richesse et de l'emploi en France. Cette mutation s'est accompagnée d'une profonde transformation des lieux de la production industrielle. Il y a une cinquantaine d'années, la production industrielle était extrêmement diversifiée, couvrant toutes les spécialisations, de l'industrie lourde aux biens de consommation, et obéissait à des impératifs stricts de localisation. L'industrie lourde (sidérurgie, métallurgie, chimie de base) était localisée à proximité des sources d'énergie (charbon, hydroélectricité) et des matières premières locales (minerai de fer, sel, potasse) ou des lieux d'importation (pétrole, bauxite...). Elle était localisée également à proximité des voies de transports pouvant acheminer des pondéreux (voies d'eau, chemin de fer). L'industrie de transformation était plus dispersée et se situait là où il y avait une tradition industrielle (Alsace et région de Rouen pour le coton), là où il y avait de la main-d'œuvre et là où il y avait un marché de consommation. C'est ainsi que les grandes régions industrielles étaient la région du Nord – Pas-de-Calais, la Lorraine, certaines vallées alpines pour ce qui concerne l'industrie lourde. Les concentrations urbaines, en particulier celles de Paris et de Lyon, étaient de grands foyers d'industries de transformation (ex. : textile, chimie fine et pharmacie, automobile, produits agroalimentaires). Les ports pouvaient concentrer à la fois des industries de base (sidérurgie à Caen et à Dunkerque ; pétrochimie au Havre, à Marseille et dans les estuaires de la Loire et de la Garonne ; constructions navales à Saint-Nazaire et à Toulon...) et des industries de transformation (agroalimentaire à Nantes et à Marseille).

Aujourd'hui, l'industrie lourde a périclité, et les bassins industriels anciens ont été abandonnés ou se sont difficilement reconvertis, par exemple dans d'autres industries comme l'automobile ou dans les services. La production industrielle conserve des fleurons tels que l'aéronautique, le matériel ferroviaire, le matériel militaire, l'agroalimentaire. Elle est liée de plus en plus aux activités tertiaires (recherche scientifique et technologique), au savoir-faire de sa main-d'œuvre et aux opportunités d'accessibilité (autoroutes, TGV et aéroports). Elle s'est dispersée dans une sorte de croissant périphérique partant de la Bretagne, passant par l'ouest du territoire, puis le sud, pour rejoindre le littoral méditerranéen, là où se sont multipliées les technopôles et les pôles de compétitivité. Les grandes aires industrielles se situent dans la périphérie des grandes villes et, en particulier, dans la région parisienne et la région lyonnaise, qui restent respectivement la première et la deuxième région industrielle de France. Ces mutations sont dues à de multiples facteurs :

– la mondialisation permise par la révolution des transports (rapidité accrue, acheminement de masse par la conteneurisation, diminution des coûts) et le triomphe du libéralisme (diminution des droits de douane, par exemple). Cette mondialisation entraîne des délocalisations industrielles, en particulier dans l'industrie lourde et dans les industries de main-d'œuvre, dans le cadre d'une division internationale du travail ;

– la transformation de la production industrielle qui requiert aujourd'hui une part importante d'immatériel (recherche). La matière grise nécessaire à ces industries ne peut être attirée que là où elle peut trouver des conditions de vie agréables (cadre de vie, loisirs, université...) ;

– la politique économique des pouvoirs publics ou des collectivités locales qui ont cherché dans les années 1960-1970 à mieux répartir les activités sur le territoire par des politiques de décentralisation et de déconcentration, et dans les années 1990-2010 à promouvoir la performance par la création de pôles de compétitivité.

Partie 2 – Éducation civique : Droits de l'homme et action internationale

L'aide au développement, une action internationale (p. 185)

Vous montrerez quels autres acteurs internationaux peuvent appuyer les efforts d'une ONG dans l'aide au développement. Vous expliquerez comment ils peuvent agir et quelles peuvent être leurs motivations.

De nombreux acteurs s'impliquent dans la protection et l'amélioration des droits économiques et sociaux des sociétés. Elles contribuent à des projets de développement à long terme des sociétés fragilisées par la misère et les crises. Ces projets sont destinés à améliorer la situation économique générale de ces populations, leur niveau de scolarisation, leur état de santé, afin de réduire la pauvreté qui conduit à des crises économiques et politiques fréquentes. De nombreuses ONG (Solidarités, Action contre la faim, Architecture et Développement...) s'impliquent dans l'aide aux pays en développement. L'ONU, l'Union européenne et de nombreux États investissent également dans de tels projets. Les citoyens désireux de s'engager peuvent les soutenir par des dons ou par des actions bénévoles. L'action internationale peut aussi passer par des entreprises privées, telles que Danone qui propose des yaourts spécialement enrichis pour lutter contre la malnutrition ou des laboratoires qui proposent des campagnes de vaccination ou de distribution de médicaments. De telles entreprises peuvent agir pour des raisons humanitaires. Leurs actions sont alors accompagnées de celles d'ONG ou soutenues par des institutions internationales. D'autres utilisent cet engagement dans des perspectives plus économiques : bénéficier de retombées positives aux yeux des consommateurs du monde entier, aider des PED à se développer et investir sur le long terme en prenant position sur des marchés de consommation prometteurs... Certaines entreprises mêlent les deux aspects de l'activité : aide humanitaire et recherche de bénéfices. L'aide au développement est encouragée par la Déclaration universelle des droits de l'homme, elle répond à l'esprit de fraternité et de solidarité internationale qu'elle protège.

Partie 3 : Histoire - Sujet d'étude 4 : Le monde depuis le tournant des années 1990

Choix 1 : La chute du mur de Berlin (p. 186)

1. *Présentez l'événement (date et lieu), le contexte historique et les acteurs qui figurent sur les documents.*
L'événement en date du 9 novembre 1989 est la chute du mur de Berlin. Construit en 1961 pour arrêter la fuite des Allemands de l'Est vers l'Ouest, plus riche, le mur réputé infranchissable séparait la ville en deux. À la suite de la politique de non-intervention à l'extérieur menée par M. Gorbatchev après 1985, les pays de l'Europe de l'Est aspirent à se libérer de l'emprise soviétique. Le mur tombe sous la poussée des Berlinois de l'Est et sous l'œil passif des gardes-frontières après une annonce du gouvernement autorisant toute sortie de RDA à titre personnel.

2. *Dans quel climat la chute du mur de Berlin s'est-elle déroulée ? En quoi s'agit-il d'un événement historique ?*
La chute du mur de Berlin s'est déroulée dans un climat de joie, de réconciliation, d'unité et de fraternité. L'événement est historique puisqu'il met fin à quatre décennies de séparation, les Berlinois retrouvant leur famille, leurs amis.

3. *Que réclament les Berlinois après la chute du mur ? Quelles seront les conséquences de leur manifestation l'année suivante ?*
Après la chute du mur, les Berlinois réclament l'unification de l'Allemagne. Celle-ci entrera en vigueur l'année suivante ; l'Allemagne formera un seul État.

Choix 2 : Le 11 septembre 2001 (p. 187)

1. *Que s'est-il passé le 11 septembre 2001 aux États-Unis et comment la presse américaine perçoit-elle ces événements ?*
Le 11 septembre 2001, le territoire américain est la cible d'attentats terroristes simultanés, visant les symboles de leur puissance. La presse américaine perçoit ces événements comme une déclaration de guerre, un désastre sans précédent (l'« apocalypse ») qui va changer le monde.

2. *Que décide le président américain à la suite du 11 septembre ? En quoi ce type de conflit est-il nouveau ?*
À la suite du 11 septembre, le président américain décide de faire la guerre au terrorisme international en éradiquant les réseaux terroristes et leurs complices. Ce type de conflit est nouveau car il ne s'agit pas d'affronter une armée régulière mais de traquer des ennemis cachés et dispersés.

3. *Quelle conception des rapports mondiaux G. W. Bush affiche-t-il ?*
Pour G. W. Bush, le monde est partagé entre le bien et le mal ; les États-Unis qui représentent le bien par leurs valeurs (« courage, souci de l'autre ») vaincront les terroristes, agents du mal.

4. *Comment ce discours a-t-il été concrétisé dans les faits ? Donnez deux exemples.*
Dans les faits, ce discours a été concrétisé par :
- fin 2001, en Afghanistan (refuge des terroristes), l'intervention armée d'une coalition sous commandement américain pour traquer les membres du réseau Al-Quaida jugés responsables des attentats ;
- en 2003, une guerre à l'Irak, décidée unilatéralement par les États-Unis pour chasser le président S. Hussein soupçonné de détenir des armes de destruction massive.

Pour l'examen

Sujet Bac 9 (p. 188 à 190)

Partie 1 : Histoire

Choix 1 : Les États-Unis et le monde (1917-1989) (p. 188)

1. *Par quels moyens les États-Unis entendent-ils arrêter l'expansion du communisme dans le monde? Donnez un exemple de réussite et un exemple d'échec.*

De tradition isolationniste, les États-Unis restent à l'écart des affaires européennes durant la première moitié du XXe siècle, sauf durant les deux guerres mondiales où ils interviennent tardivement, au nom de la défense de la liberté et du droit, suivant les principes de leur modèle. Grands vainqueurs ayant accédé au rang de superpuissance en 1945, comme l'URSS détentrice d'un système idéologique opposé (le communisme), ils entendent organiser un nouvel ordre international fondé sur le concert des nations dans le cadre de l'ONU, afin d'assurer la paix et la sécurité dans le monde.

Mais, face à l'emprise soviétique sur l'Europe de l'Est, ils décident en 1947 d'arrêter l'expansion du communisme en Europe et ailleurs dans le monde. Dès mars, le président H. Truman lance sa doctrine d'endiguement (ou «containment»). L'application économique en est le plan Marshall, une aide matérielle et financière proposée en juin et indispensable à la reconstruction de l'Europe dévastée par la guerre. Proposée à tous les États européens, l'aide américaine est acceptée par la plupart des pays de l'Ouest, elle est refusée par l'URSS qui ne veut pas dépendre de son rival et, sous sa pression, par les pays de l'Europe de l'Est. Dans une Europe divisée en deux blocs opposés, les pays de l'Ouest adhèrent au camp américain. Politiquement, les États-Unis tissent un réseau d'alliances militaires défensives autour de l'URSS de façon à l'encercler, à contenir le communisme dans ses limites : L'OTAN (Canada et Europe de l'Ouest, 1949), l'OTASE (pays de l'Asie du Sud-Est), l'ANZUS (Australie et Nouvelle-Zélande), le pacte de Bagdad (États du Moyen-Orient). La flotte militaire américaine, présente sur toutes les mers, peut intervenir à tout moment. En 1948, les États-Unis parviennent au moyen d'un gigantesque pont aérien à contourner le blocus de Berlin-Ouest mis en place par les Soviétiques, qui vont devoir ainsi renoncer à s'emparer de cette partie de la ville; Berlin-Ouest reste dans le camp occidental. En revanche, en 1973, après des années de lutte armée contre le Nord-Vietnam communiste qui veut s'emparer du Sud-Vietnam resté libéral, les États-Unis, enlisés dans cette guerre, sont contraints à quitter le pays. En 1975, le Vietnam unifié est un État communiste.

2. *Qu'entend-on par «dissuasion nucléaire»?*

La politique de la course aux armements conduite par les États-Unis et l'URSS débouche sur la dissuasion nucléaire; chaque camp s'arme à outrance tout en sachant qu'il n'utilisera pas ses armes, car celui qui attaquera le premier sait qu'il sera détruit par la riposte de l'adversaire. Le but est de faire peur, de dissuader l'autre d'attaquer.

3. *Pourquoi dit-on que Berlin est un symbole de la guerre froide?*

On peut dire que Berlin est un symbole de la guerre froide. En effet, la ville est coupée en deux parties séparées par un mur réputé infranchissable. Elle est à l'image de l'Allemagne partagée en deux États appartenant à des blocs opposés, tout comme l'Europe est divisée en deux camps de part et d'autre du rideau de fer. Berlin-Ouest fait partie de la RFA liée au bloc occidental et constitue une enclave libérale dans la RDA communiste, intégrée au bloc soviétique. La chute du mur de Berlin, en 1989, et la réunification allemande, en 1990, marquent la fin du monde bipolaire et de la guerre froide.

Choix 2 : Le monde depuis le tournant des années 1990 (p. 188)

Répondez en quelques lignes à chacune de ces questions

1. *Pourquoi la guerre froide s'est-elle terminée au tournant des années 1990?*

2. *Pourquoi qualifie-t-on les États-Unis «d'hyperpuissance» en 1991?*

3. *À quelles menaces et à quelles nouvelles puissances les États-Unis sont-ils confrontés à partir des années 2000?*

Au tournant des années 1990, la disparition du bloc soviétique met fin à la guerre froide. Parvenu au pouvoir en 1985 en URSS, alors en faillite économique (conséquence de la course aux armements), M. Gorbatchev entreprend une politique de profondes réformes pour moderniser et libéraliser le pays : transparence à l'intérieur, ouverture et non-intervention à l'extérieur. Ainsi, il laisse le rideau de fer s'ouvrir entre l'Autriche et la Hongrie au printemps 1989, le mur de Berlin tombe en novembre. L'année suivante, sans intervention de l'Armée rouge, les républiques Baltes (annexées en 1940) se détachent de l'URSS, les pays de l'Est se libèrent de la tutelle de Moscou et abandonnent le communisme, l'Allemagne divisée (symbole de la guerre froide) est réunifiée. En 1991, le pacte de Varsovie est dissous, l'URSS renonce au parti unique puis disparaît en tant qu'État. C'est fin du monde bipolaire et de la guerre froide.

Les États-Unis, qui voient leur modèle triompher, sont en situation d'hégémonie. Le grand rival n'existant plus, ils sont l'unique superpuissance, une hyperpuissance puisqu'ils sont les seuls à détenir tous les éléments de la puissance : un vaste territoire et une importante population (puissance territoriale et démographique), une économie forte (première puissance industrielle mondiale, commerce florissant), un PIB élevé (puissance financière), une armée importante et moderne (puissance militaire), des média renommés et une langue prépondérante (puissance culturelle).

À partir des années 2000, les États-Unis sont fragilisés. Le 11 septembre 2001, leur territoire est la cible d'attentats terroristes qui traumatisent le pays et le monde par le nombre de victimes innocentes, le mode opératoire (détournement d'avions de ligne que l'on fait s'écraser sur les symboles de la puissance américaine), la simultanéité (à quelques minutes d'intervalle). Après avoir déclaré une guerre sans merci au terrorisme international, les États-Unis s'enlisent en Afghanistan (2001), puis en Irak (2003). Ils sont aussi préoccupés par la prolifération nucléaire. En effet, échappant à tout contrôle, des pays se dotent de la bombe atomique (Corée du Nord) ou sont soupçonnés de l'obtenir (Iran). Dans un monde devenu multipolaire, les États-Unis doivent compter avec de nouveaux rivaux. Alors que les pays riches et industrialisés sont frappés de plein fouet par la crise économique et financière, des puissances émergentes enregistrent une croissance élevée et voient leur part dans le PIB mondial augmenter rapidement. Ainsi, la Chine, forte de son importante population et détentrice de l'arme atomique, est devenue en 2010 la deuxième puissance économique, devançant le Japon. L'Inde suit, tout comme le Brésil, le Mexique, la Russie, l'Afrique du Sud…

Partie 2 – Éducation civique : Droits de l'homme et action internationale

La liberté de la presse dans le monde (p. 188)

Expliquez tout d'abord à quel principe de la Déclaration universelle des droits de l'homme se rapporte la liberté de la presse. Précisez ensuite, à l'aide d'exemples, si cette liberté est défendue partout dans le monde, puis comment se manifeste la solidarité internationale dans le milieu de la presse.

La liberté de la presse se rapporte aux libertés d'opinion et d'expression, défendues dans les articles 18 et 19 de la Déclaration universelle des droits de l'homme. Cette liberté n'est pas défendue partout dans le monde ; les régimes de dictature contrôlent l'information et, en particulier, la presse, et n'entendent pas laisser filtrer d'opinion négative sur leur politique. Ils ne tolèrent aucune opposition. L'affiche relative au gouvernement de Fidel Castro à Cuba dénonce le contrôle de la presse par les militaires et le gouvernement, contrôle qui peut conduire à des arrestations et des violences envers les journalistes d'opposition. La Chine, qui condamne Liu Xiaobo pour ses articles sur Internet en faveur de la démocratie, est un autre exemple d'atteintes aux libertés de pensée dans le monde. L'affiche de Reporters sans frontières relative aux degrés de liberté de la presse selon les États du monde en 2011 montre que dans la majorité des États du monde la presse subit des pressions et parfois un contrôle. Les PED sont particulièrement concernés (Afrique du Nord et de l'Est, Proche et Moyen-Orient, Asie et Amérique centrale). Les PID, en revanche, respectent la liberté de la presse. Le milieu de la presse manifeste cependant une solidarité internationale pour défendre cette liberté. De nombreuses ONG (*Amnesty International*, Reporters sans frontières, *Human Rights Watch…*) dénoncent les violations de la liberté d'expression et, en particulier, de la presse. L'affiche de Reporters sans frontières, qui trace l'état de la liberté de la presse dans le monde, est réactualisée annuellement et diffusée dans le monde entier pour sensibiliser l'opinion internationale. Les campagnes d'information des ONG et de l'ONU dénoncent fréquemment les régimes coupables d'atteintes à ces libertés. Ces organismes interviennent parfois pour négocier la libération des journalistes et écrivains emprisonnés ou malmenés par les États autoritaires. Cette liberté est fondamentale car elle a la force d'indigner l'opinion publique et de faire pression sur le gouvernement en place. Elle est un bon indicateur du degré de démocratie et de respect des droits de l'homme qui caractérise chacun des États du monde.

Partie 3 : Géographie – Sujet d'étude 9 : L'Union européenne et ses territoires

Choix 1 : les frontières de l'Union européenne (p. 189)

1. *Quel est l'intérêt de la photographie du document 1 ? De quel événement s'agit-il?*
La photographie montre deux chefs de gouvernement, le chancelier autrichien et le chancelier slovaque, en train de scier ensemble une barrière douanière à un poste-frontière. Cette photographie met en avant un geste symbolique, celui de l'ouverture des frontières, consentie par les autorités, approuvée par l'UE (comme l'atteste la présence des drapeaux autrichien, slovaque et européen en arrière-plan). Le document montre également la joie des nouveaux États membres en train de rejoindre l'espace Schengen, la zone de libre-échange de l'Union européenne dénuée de frontières intérieures. Le 21 décembre 2007, la Slovaquie, huit autres États de l'Europe de l'Est et Malte, intégrés en 2004 dans l'Union européenne, ont rempli les conditions économiques nécessaires pour rejoindre l'espace Schengen.

2. *Quelles en sont les conséquences pour les frontières de l'Union européenne?*
Les frontières extérieures de l'Union européenne s'agrandissent vers l'Est pour accueillir ces nouveaux États dans la zone de libre-échange. Les frontières douanières s'abaissent entre l'Europe centrale et ces huit États, tandis que des contrôles renforcés s'établissent aux frontières extérieures. L'espace Schengen est en contact avec les Balkans et avec la Russie.

3. *D'après ces deux documents, quel est l'intérêt du traité de Schengen et quelles en sont les limites?*
Le traité de Schengen abaisse les frontières douanières intérieures entre les pays membres. Il facilite donc la libre circulation des personnes, des biens, des capitaux et des services entre ces États, qu'il intègre dans un espace économique accru et solidaire. Il permet ainsi la réalisation de projets transfrontaliers dont les retombées économiques bénéficient à plusieurs territoires qui coopèrent les uns avec les autres (comme le COPIT, cité précédemment, ou le projet de sentiers de randonnée adaptés à la logique des reliefs, relevant d'une administration transfrontalière). Il permet également la réconciliation entre l'Est et l'Ouest, séparés pendant la guerre froide par le rideau de fer.
Le traité de Schengen présente cependant quelques limites : l'absence de douanes et de frontières intérieures inquiète certains défenseurs de l'Europe des nations qui, comme le président tchèque, craignent une perte d'identité nationale. En dépit du renforcement de la surveillance aux frontières extérieures, certains craignent que l'absence de frontières intérieures ne permette l'entrée sans possibilité de contrôle sur le territoire d'une concurrence illégale ou d'une immigration non désirée. D'autre part, tous les États membres n'ont pas encore la capacité d'intégrer l'espace Schengen, ce qui peut créer des tensions. À l'inverse, certains États non membres (Suisse, Norvège, Islande) en font partie, ce qui peut être vécu comme la volonté de profiter des avantages du marché commun sans en assumer toutes les contraintes, notamment celle de solidarité économique avec les territoires moins avancés.

4. *Quelles frontières de l'Union européenne restent cependant surveillées et actives?*
Les frontières extérieures sont activement surveillées, pour assurer la protection du marché commun contre la concurrence étrangère. Une politique commune d'immigration, ainsi qu'une coopération accrue entre les justices et les polices européennes sont en cours depuis le traité d'Amsterdam (1997) et ont encore été renforcées lors du traité de Lisbonne (2010).

Choix 2 : Un grand projet européen : Ariane (p. 190)

1. *Comment le photographe montre-t-il qu'Ariane est une réalisation européenne?*
La photographie fait apparaître le logo de l'agence spatiale européenne (ESA); le site mentionné est le centre spatial guyanais de Kourou, territoire d'outre-mer français. Enfin, les accélérateurs de la fusée portent les drapeaux des principaux États européens constructeurs.

2. *Dans quels domaines économiques s'inscrivent le projet Ariane et les sociétés Astrium et Arianespace?*
Le projet Ariane s'inscrit dans l'industrie de haute technologie (aéronautique, informatique, électronique) et dans les services de pointe aux entreprises

et aux particuliers (télécommunications, observation planétaire). Les sociétés Astrium et Arianespace sont des firmes transnationales, car elles possèdent des filiales dans de nombreux États européens.

3. *Quelles sont les différentes missions de la fusée Ariane ?*
La fusée Ariane 5 est utilisée pour lancer des satellites en orbite géostationnaire. Leurs missions sont diverses : scientifiques, géographiques, politiques, économiques... Arianespace réalise ainsi des expériences scientifiques, améliore les réseaux de télécommunication (télévision en haute définition, Internet, portables...). Les satellites permettent également des études météorologiques et cartographiques relatives à la planète. Enfin, les satellites lancés par Ariane 5 peuvent aussi observer et surveiller l'activité des populations, dans le but du maintien de la paix. Ariane 5 peut aussi contribuer, par les modules légers qu'elle transporte, à ravitailler la station spatiale internationale.

4. *En quoi la fusée Ariane est-elle un succès économique pour l'Union européenne ?*
La fusée Ariane est une réussite, comme en attestent ses retombées économiques positives pour l'Union européenne et pour ses actionnaires. Arianespace a placé en orbite la moitié des satellites commerciaux du monde entier, soit 285 satellites placés en orbite avec succès en trente ans. La fusée fait intervenir les États les plus riches d'Europe de l'Ouest, groupés autour de la mégalopole européenne. Les entreprises les plus impliquées sont françaises (CNES) ou multinationales (ASTRIUM, qui fabrique et assemble l'essentiel des fusées). La collaboration économique des États est nécessaire face au financement massif initial requis. Elle consolide la construction géoéconomique de l'Union européenne.

Arianespace s'impose face à la concurrence internationale par sa réputation de sécurité, de fiabilité, par son respect des délais impartis, par sa capacité d'adaptation aux besoins de sa clientèle. Elle reste compétitive par des investissements massifs dans la recherche. Arianespace continue à trouver les moyens financiers nécessaires pour saisir les marchés, particulièrement ceux que les concurrents (États-Unis, Russie, Chine, Japon) ont délaissés. Elle contribue ainsi à faire de l'Union européenne une puissance économique impliquée dans la haute technologie et les services de pointe à l'échelle mondiale.

Notes

Éditions Foucher – Vanves – août 2011 – 01 – BA - DL / DC

Imprimé en France par EMD S.A.S. – 53110 Lassay-les-Châteaux – N° de dossier 25398 – Dépôt légal : août 2011